老贝云创富 第 **2** 季

AS THE CLOUDS LAND

云落地

朵朵都是金钱雨

YOU'LL SEE THE DROPS OF GOLD RAIN

BANK INDONESIA
SERIBU RUPIAH

50000

REPUBLIKA HRVATSK

陈贝帝 著

柳传志荐书，易定宏、姚永龙赠序

让云定义你的企业，让你的企业实现云转型。伊玛作为一个初创公司，从《云创富》到"云创富系统"，从2015年推出的"云创富系统1.0版"，2016年升级为"云创富系统2.0版"，以"亏钱赚市场"的商业方式，让云迅速落地，用了不到两年的时间，便使伊玛市场份额发生了黑客式的增长，从而成为业界一匹突如其来的黑马。

新 华 出 版 社

图书在版编目（CIP）数据

云落地：朵朵都是金钱雨 / 陈贝帝著. —北京：

新华出版社，2016.12

ISBN 978-7-5166-3044-0

Ⅰ.①云… Ⅱ.①陈… Ⅲ.①企业管理—研究 Ⅳ.①F272

中国版本图书馆 CIP 数据核字（2016）第 306823 号

云落地：朵朵都是金钱雨

作　　者：陈贝帝

策　　划：陈贝帝　刘　锋　　　　　封面设计：华图设计中心

　　　　　姚中发　闫士红　　　　　版式设计：黄生雨

责任编辑：郑建玲　　　　　　　　　插　　图：陈贝帝

出版发行：新华出版社

地　　址：北京石景山区京原路 8 号　邮　　编：100040

网　　址：http：//www.xinhuapub.com

经　　销：新华书店

购书热线：010－63077122　　　　　中国新闻书店购书热线：010－63072012

照　　排：华图设计中心

印　　刷：三河市刚利印刷装订有限公司

成品尺寸：170mm×240mm

印　　张：16　　　　　　　　　　　字　　数：200 千字

版　　次：2017 年元月第一版　　　　印　　次：2017 年元月第一次印刷

书　　号：ISBN 978-7-5166-3044-0

定　　价：46.00 元

前　言

陈贝帝

当前，我国 60%～70% 中小企业仍处于传统业态，不知其云所以然，这些企业如不及早云转型，不与云接轨，在 3～5 年之内被淘汰那是必然的。这不是夸大其词，也不是危言耸听，这是时代的潮流，发展的大势，谁也阻挡不了的。

而在另一个层面上，云又被一些机构和专家说得天花乱坠，让大家觉得云里雾里，晕头转向，无所适从。所以，此书删繁就简，直接了当，一目了然，就云落地的问题，为中小企业提供了一个非常直观而简化的"九大操作技术指南"。

云落地的"九大操作技术指南"，比如人类财富是如何从丛林走向云端，"四张网进化"如何使人类的物理财富变成云财富，中小企业如何从"第三个 SaaS 云层"去寻找当今财富的入口和路径，传统企业如何"原子比特化"去构建企业新的云资产，等等，这都是中小企业所面临而且必须解决的问题。

为了配合对云落地的理解和操作，我特别组织了一个专家团队，重新调研、分析、编写了全球范围内 28 个在各行业具有代表性的"云落地案例"，如谷歌的"第一朵云"、英特尔的"云孵化"、亚马逊的"买卖云"、微软的"觉醒云"、联想的"软化云"、华为的"法外云"、滴滴的

"打车云"、脸谱的"社交云"等，并以三个名叫"原子人"、"比特人"和"数据人"的外星人对此进行分析、研究和讨论，其目的是告诉大家，云是一种潮流和趋势，顺应者才不会淘汰和淹没。

但云落地，又不是一个单纯的技术问题，而是一个很核心的世界价值观的问题。因为，在这个云时代，社会或商业的意义不是由生产者所赋予的，而是由消费者即产品的接受者所赋予的。为此，中小企业必须通过新的财富价值观，比如"财富结点的传递能力"、"倒置经济体系"、"黑客式增长模式"来重建一种新的财富生产方式，使企业的经营行为具有更高的价值空间和现实意义。

为了把"云落地"落到实处，检验它的效果，让这种方法论变成一种商业模式，我还以股份的形式与广州伊玛公司合作，创建了一个"云创富系统"，并从 2015 年的"云创富系统 1.0 版"，到 2016 年升级为"云创富系统 2.0 版"，以"亏钱赚市场"的商业方式，让云迅速落地，只用了不到两年的时间，就使伊玛市场份额发生了黑客式的增长，今年营收力争突破亿元大关，从而成为业界一匹突如其来的黑马。

一句话，让云定义你的企业，让你的企业实现云转型，就是这本书的全部用心和目的。

名家特别推荐词：

互联网、云计算、大数据等技术手段的应用，使得大量的中小企业和注重个性化需求的个别消费群体，成为了商业中的主要顾客。所以，云技术与传统产业的对接，会改变传统的商业模式。从结果看，大致会产生这么几个效应：长尾效应、免费效应、迭代效应和社交效应。从这个角度上说，这本书有很好的现实和指南意义。

—— 联想董事长柳传志致词

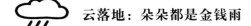
序　1

易定宏

　　陈贝帝打了两天的电话，才找到了我。原来，我去了西藏，去登圣山了，下山之后，才有了信号。我这才知道，他要我为他的新书《云落地》作序。我当然乐意为他站台，因为这书与华图也是有故事的。

　　陈贝帝上一部书《云创富》就是从华图获得灵感的。华图的高度分享，也就是他所说的"云分享"，让华图从 10 万元起家，经过 15 年的快速发展，随着新三板的上市，其市值已达到 27.58 亿元了。归根结底，这都是华图高度分享所带来的果实和景象。

　　让我高兴的是，陈贝帝并不是一个单纯的坐而论道的人。他把他的云思想体系用到了实践之中。他与广州伊玛公司合作，把《云创富》变成了"云创富系统"，继而变成了"云创富生态圈"，经过两年的实践，使这个年轻的创业公司发生了黑客式的增长，今年营收力争过亿元大关。这就是云分享的威力所在。

　　我粗略地看了一下，陈贝帝的《云落地》是《云创富》的续集。如果说，《云创富》是当今创造财富的方法论，那么《云落地》就是这个创富方法论的一个云技术操作系统。如何运用先进的云技术，将云端的财富化云为雨，并且使之落到自己的田园里，就是这本书所要解决的问题。应该说，它对当今中小企业实现云转型具有很重要的借鉴意义。

很巧的是，华图上个月刚好与 IBM 在京签约，联手打造华图的"云服务平台"，其意图和目的是，以最好的方式实现"教育＋科技＋全球视野"的全新产业模式。这也是华图实现云转型的具有战略意义的一步。

早在 2010 年，华图就开始了互联网信息化领域的布局。2015 年初，华图为开拓移动互联网领域，组建了华图在线 APP 开发团队。当下，华图选择了与"百年老店"IBM 合作，所要打造的就是的"智慧教育"，就是云端平台。这一步走好了，华图的在线教育将从 2.0 时代步入 3.0 时代，从而打开全球教育领域新形态的一重大门。

回过头来看，互联网已经走过了大型机时代、B/S 时代，迎来了一个全新的云时代。在大型机时代，讲究的是如何"控制"；在 B/S 时代，讲究的是如何化解"信息孤岛"；而在云时代，讲究的是如何重新定义技术与人、信息之间连接的价值所在。

苹果重新定义了手机，亚马逊重新了书店，淘宝重新定义了商店，软件的价值定义了硬件的价值，而云的出现，则重新定义了人类财富的组织方式和生产方式。

一句话，让云定义你的企业，你将会从中受益无穷。

互联网是个"连接大于拥有的时代"。云技术不是一种单纯的技术，而是一种繁殖力极强的商业模式。它不仅重构了商业世界，而且也在向公共服务领域延伸，包括金融、政务、制造、教育等传统领域，甚至更多的未知领域。它更伟大的价值还在于作为一种平台能力，给人类带来前所未有的颠覆和创新。

法国哲学家孔多塞说得好："仅仅做好事是不够的，必须用好的方式去做。"

（序者系华图教育集团董事长，曾荣膺 2012 年度中国教育风云人物）

2016 年 8 月 6 日于北京

序　2

姚永龙

我正在中科院力学所做"水倒流"实验时，贝帝把他的《云落地》稿子拿过来了，他要请我作序。只是粗略翻看了一下，我就决定了，我很乐意完成这个事。

他的《云创富》我作了序，那是因为他为在这个时代创造财富提供了一种新的方法论。而《云落地》则为这个方法论提供了一整套的操作技巧和落地方法，这对我国中小企业云转型确实具有非常重要而现实的意义。

此前，多少年来，他只要回到北京，就一定会来看来我做实验。做这样的实验是很枯燥的，但他会津津有味地一直陪我到深夜。我曾对他说过，陪我喝酒的人有很多，但能与我对话的人却少而又少，而你就是其中一个。

我的这个"水倒流"实验，其实就是一个做功效率大于一的实验装置。在此之前，世间未曾有一实验装置的做功效率达到一，更无做功效率大于一的实验装置，而我费时九年，终于研制出做功效率大于十的实验装置，并完成了这个具有颠覆性的论文。

我第一次从实验与理论上证实：在自然与现有技术条件下，不仅可制造出做功效率大于十的实验装置，而且这个实验装置可在两小时内完成十万千瓦级的能量输入和百万千瓦级的能量输出。也就是说，这个实

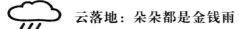

验的普遍应用将给世人源源不断地提供足够的、廉价的清洁能源，将人类引领到不因能源匮乏而发生战争的时代。

从某种意义上说，这就是一种真正的"云能源"。为此，人类渴求几千年的能源独立，它不仅可以存在于一个国家，而且对于一座城市、一个小区域、一个村镇、一个工厂、一座办公大楼，甚至一个家庭也是可能的。这就是我毫不犹豫愿意为他这本书写序的原因所在。

在我看来，此书帮助中小企业实现云转型，它的现实意义是不可估量的。对于中小企业来说，在这三个云层中，无论是 IaaS 云层，还是 PaaS 云层，由于实力问题他们都是可望而不可即的，而 SaaS 云层则给他们带来了前所未有的野心。因为它的出现，从此中小企业无需对技术和资源进行大量投资时，就可以与大型企业站在同一竞争水平上了。

从此，工业时代的"大而全"企业将一去不复返，取而代之的是互联网时代"小而美"企业。正如《道德经》所言："不为大，故能成其大。"为什么？因为这时候，中小企业讲究的是"形小神大"，讲究的是云分享、云组织和云连接，讲究的是"人均产值"而不是"人海战术"。一句话，讲究的是如何"把市场做大、把自身做小"的问题。

记住："不为大，故能成其大"，这就是这个云时代的奇妙之处。

（序者系中国科学院物理学家，曾荣膺"中国十大青年科学家"称号并登上天安门城楼观礼台参加国庆大典）

2016 年 6 月 16 日于北京

目　录

前　言 ……………………………………………………………………… 1

名家特别推荐词 ……………………………………………… 柳传志　3

序　1 ……………………………………………………… 易定宏　4

序　2 ……………………………………………………… 姚永龙　7

第一章　从"水应用形态"看人类财富从丛林走向云端

　　云落地操作技巧指南：当人类财富形态一步步从采猎性、生物性、物理性、固态性走向数字化、液态化、云雨化时，同时也从丛林走向了云端，从物理世界走向了云世界。所以，在这个时代，你必须以云的方式去思考和创造一切，去改变人类生存状态和财富意义。

——陈贝帝原创观点

◎云版案例 1：贺兰山的"史前狩猎场" ……………………………… 4

外星人讨论：贺兰山的"无字文献"、"系尾猎人"和"猎人工厂" …… 6

◎云版案例 2：银雀山的"井田农庄" …………………………… 10

外星人讨论：银雀山的"青铜光辉"、"异族征伐"和"奴隶工厂" … 12

◎云版案例 3：福特的"流水线" …………………………… 16

外星人讨论：福特的"鲁日时代"、"容器人"和"流水线工厂" …… 18

◎云版案例 4：谷歌的"第一朵云" …………………………… 23

外星人讨论：谷歌的"云的基因"、"云的野心"和"云端工厂" …… 26

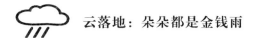

第二章　从"四张网进化"看人类物理财富如何变成云财富

　　云落地操作技巧指南：互联网的进化过程，其实就是一个现实世界不断云化的过程。它不仅让人类从有限的物质空间走向了无限的虚拟空间，更重要的是，它让人类财富形态一步步远离物理形态，走向数字货币，走向云端世界。

——陈贝帝原创观点

◎云版案例5：英特尔的"云孵化" ·············· 34

外星人讨论：英特尔的"仙童之芯"、"斩断之芯"和"云中之芯" ··· 37

◎云版案例6：网景的"云雏形" ················· 40

外星人讨论：网景的"1995神话"、"第一滴血"和"不朽流星" ····· 44

◎云版案例7：亚马逊的"买卖云" ··············· 48

外星人讨论：亚马逊的"热带河流"、"虚拟货币"和"误入云端" ····· 51

第三章　从"第三个云层"找到云财富的入口路径

　　云落地操作技巧指南：云是人类最大的解放者，SaaS是中小企业的大救星。对于中小企业来说，既不要去管IaaS的"第一个云层"，也不要去管PaaS的"第二个云层"，只要把精力、时间、注意力放在SaaS的"第三个云层"上就可以了。你所要关注的，重点已不再是基础技术，而是化云为雨的接入方法了。

——陈贝帝原创观点

◎云版案例8：Salesforce的"终结云" ·············· 60

外星人讨论：Salesforce的"象背舞者"、"111模式"和"云层生态图" ··· 63

◎云版案例9：Workday的"复仇云" ··············· 68

外星人讨论：Workday的"数字极客"、"世纪之争"与"硅谷精神" ··· 71

◎云版案例10：八百客的"海归云" ··············· 75

外星人讨论：八百客的"山寨胜利"、"本土再生"和"云上集成" ··· 78

第四章　从"云里雾里"选择适合企业的云提供商

云落地操作技巧指南：如何从"云里雾里"选择适合企业的云提供商，找到那个最好的"云龙头"，如简单且便捷的、适合创业公司的亚马逊 AWS 模式，全面而人性化的微软 Azure 模式，"改变游戏规则"的 IBM 蓝云模式，高效而灵活的英特尔至强 E5 模式等。它们不仅是个技术体系，而且还是一个价值体系，需要从成本、效率以及文化和哲学的角度去考察。

——陈贝帝原创观点

◎云版案例 11：微软的"觉醒云" ·································· 86
外星人讨论：微软的"温特主义"、"十年迷航"和"云端追赶者" ··· 88
◎云版案例 12：IBM 的"云迷局" ································ 93
外星人讨论：IBM 的沃森哲学、蓝象转型、云上智能 ·········· 95
◎云版案例 13：阿里的"云而上" ································ 99
外星人讨论：阿里的"达摩折指"、"阿里云"和"云生态圈" ········ 102

第五章　从"迁徙公有云"确立企业云化的解决方案

云落地操作技巧指南：人类历史上最大规模的迁徙，是向互联网的迁徙，从物理世界迁徙到云世界。那里有三块硕大的云朵：公有云、私有云和混合云。不过，最适合中小企业云化的是公有云。为此，企业在向公有云迁徙的过程中，记住这句话很重要：评估现状是前提，解决应用是关键，兼容未来是方向。

——陈贝帝原创观点

◎云版案例 14：苹果的"云终端" ································ 110
外星人讨论：乔布斯的"海盗船"、"十年放逐"和"云端苹果" ······ 113
◎云版案例 15：联想的"软化云" ································ 118
外星人讨论：联想的"柳氏基因"、"PC 荣耀"和"腾云计划" ······ 120
◎云版案例 16：华为的"法外云" ································ 124
外星人讨论：华为的"海盗精神"、"宪章时刻"和"第二个苹果" ······ 127

第六章　从"云雨池化"找到企业云财富的落地方式

云落地操作技巧指南： "行至水穷处，坐看云起时"。在这个云时代，你只有拥有了"你云了我，我也雨了你"的价值观，你只有具备了"翻云覆雨"的能力，你只有建立了"云雨池化"的商业模式，才能真正做到化云为雨，使之落地，并且落到你自己的蓄水池里。

——陈贝帝原创观点

◎云版案例 17：陌陌的"陌生云" ·· 135

外星人讨论：陌陌的"创业空间"、"生存缝隙"和"云的根基" ······ 138

◎云版案例 18：e 袋洗的"泡沫云" ·· 142

外星人讨论：e 袋洗的"特许加盟"、"网联卡"和"腾云而上" ······ 146

◎云版案例 19：饿了么的"外卖云" ·· 149

外星人讨论：饿了么的"打猎割肉"、"两个轮子"和"变形虫" ······ 152

第七章　从"原子比特化"构建企业核心的云资产

云落地操作技巧指南： 人类从原子世界到比特世界的进化是不可抗拒的，我们不能以原子世界眼光去看待比特世界发生的事情。对于中小企业来说，应该通过原子世界观比特化、原子生产方式比特化、原子资产所有制比特化、原子产品功能比特化的方式，去扩大云资产的比例，并让它处于核心位置。

——陈贝帝原创观点

◎云版案例 20：Veeva 的"医疗云" ·· 161

外星人讨论：Veeva 的"寻找蓝海"、"造富盛宴"和"云端之上" ··· 163

◎云版案例 21：滴滴的"打车云" ·· 167

外星人讨论：滴滴的"零度存活"、"从 0 到 1"和"云的罗生门" ··· 170

◎云版案例 22：俺来也的"筋斗云" ·· 174

外星人讨论：俺来也的"职业娱乐化"、"懒人经济"和"资产云端化" ··· 177

第八章　从"云水系统"重建企业新的财富生产方式

　　云落地操作技巧指南：在这个云时代，社会的意义不是生产者赋予的，而是消费者即产品的接受者赋予的。所以，中小企业必须通过"新的财富价值观"、"财富结点的传递能力"、"倒置经济体系"、"黑客式增长模式"来重建一种新的财富生产方式，使人类因为意义而获得更高的价值。

——陈贝帝原创观点

◎云版案例 23：Facebook 的"社交云" ………………………………… 185

外星人讨论：脸谱的"钱而下云而上"、"黑客式增长"和"云端总统" …… 189

◎云版案例 24：WeWork 的"房产云" ………………………………… 193

外星人讨论：WeWork 的"类谷歌办公"、"新的社群"和"云上房产" 197

◎云版案例 25：oTMS 的"货的云" …………………………………… 200

外星人讨论：oTMS 的"物流进化"、"进化不革命"和"生态意义" …… 203

第九章　从"云创富系统"探索伊玛云财富的实战奥秘

　　云落地操作技巧指南：伊玛作为一个初创公司，从《云创富》到"云创富系统"，从 2015 年推出的"云创富系统 1.0 版"，到 2016 年升级为"云创富系统 2.0 版"，即"云创富生态圈"，以"亏钱赚市场"的商业方式，让云迅速落地，只用了不到两年的时间，就使伊玛市场份额发生了黑客式的增长，本年度营收力争突破亿元大关，从而成为业界一匹突如其来的黑马。

——陈贝帝原创观点

◎云版案例 26：伊玛的"云创富系统" ………………………………… 212

外星人讨论：伊玛人的"洛德雅"、"大医美"和"半医美" ………… 215

◎云版案例 27：伊玛的"微信云" …………………………………… 220

外星人讨论：伊玛人的"外化大脑"、"灵魂场所"和"腾飞翅膀" …… 222

◎云版案例 28：伊玛的"云文化" …………………………………… 226

外星人讨论：伊玛人的"云分享"、"云组织"和"云连接" ………… 228

后记 …………………………………………………………………… 232

第一章

从"水应用形态"看人类财富
从<u>丛</u>林走向云端

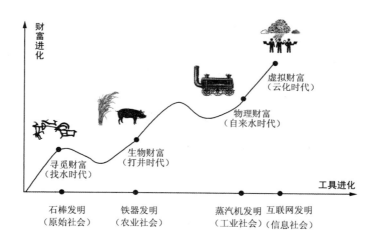

从"水应用形态"看人类财富从<u>丛</u>林走向云端

云落地操作技巧指南：人类财富形态一步步从生物性、物理性、固态性走向数字化、液态化、云雨化时，同时也从丛林走向了云端，从物理世界走向了云世界。所以，在这个时代，你必须以云的方式去思考和创造一切，去改变人类生存状态和生存意义。

——陈贝帝原创观点

如果站在人类历史长河来看，人类的进化是以分享为路线图的，人类财富的进化是以劳动工具为不同财富形态的。其中，分享是人类进化中一个失而复得的价值观，而财富形态则是人类一个由硬而软、由实而虚的升华过程。

从原始社会的"混沌分享"，到奴隶社会的"掠夺分享"，到封建社会的"等级分享"，到资本社会的"异化分享"，直到网络社会的"云端分享"，人类社会的财富生产方式，也终于从弱肉强食的"丛林法则"走向了"我赢你也不输"的"分享法则"。这是人类财富生产的一个分水岭，它为人们提供了一个新的云创富方法论。

在人类历史上，分享只是昙花一现，它最初有如石器时代划过的一颗流星，在金属时代只留下一个光明的尾巴，便悄然地沉寂了。直到硅器时代，随着云计算和互联网的出现，分享才从几千年的沉睡中被激活了，并重返了人类社会。

人类大部分时间是生活在丛林之中的。人类历史不过几百万年，其中99％的时间都是在丛林中度过的。虽然人类早在5000年前便进入了文明社会，但在思维上还是从属于"丛林法则"，并没有真正走出血腥丛林。

让人类真正走出丛林的，是一块并不起眼的硅石。就是这块来源于沙子的硅石，它让知识成为了这个时代的第一生产要素和关键财富形态，它让分享成为这个时代的一个基本文化符号，并将人类带入一个没有丛林和金字塔的硅器时代，即云创富时代。

所以，人类财富形态的进化，实际上就是一个"水应用形态"不断改变和升华的过程。从"采猎财富"到"生物财富"到"物理财富"再到"云端财富"，它所对应的就是一个从"找水时代"到"挖井时代"到"自来水时代"再到"云化时代"的进化过程。

人类原始社会是一个"找水时代"。它的财富工具是石棒和弓箭，它的关键财富形态是丛林中的果实和野兽，它的财富分配方式是共享制，它的财富生产是寻觅方式，像寻觅水源一样，当一处枯竭了再另找一处，以维持人类的简单生存。

农业社会是一个"挖井时代"，它的关键财富形态是土地，它的财富分配方式是地租制，它的财富生产方式是种植和养殖，各自打井各自用，自给自足，彼此封闭，虽然缺少商业交易，但它维持了人类社会生活的相对稳定。

工业社会是一个"自来水时代"，它的财富工具是机器和厂房，它的关键财富形态是资本，它的财富分配方式是薪水制，它的财富生产方式是流水线，像自来水从管道流出一样，不用提，也不用挑，只要你找到属于你的那个水龙头，财富就会流到你的水桶里。

信息社会是一个"云化时代"，它的财富工具是计算机、互联网和云计算，它的关键财富形态是信息和知识，它的财富分配方式是平衡对流制，它的财富生产方式是思想、知识、信息、创意的合成和演绎，像云雨一样分布和流动，让它从云端落下来，就是你的雨，就是你的财富。

历史经验表明，每一次关键性的科学技术发明，都会带来一个新的财富工具，如采猎时代的石棒和弓箭、农业时代的铁犁和耕牛、工业时代的机器和工厂、信息时代的计算机和互联网等，都给人类开辟了一个全新的财富空间。

让云端财富落地的，不是别的，就是这个时代的关键财富工具。如果说石棒是丛林财富的起始点，铁犁是生物财富的转折点，蒸汽机是物理财富的放大器，那么计算机和互联网则是云端财富的孵化器，它将人类的财富放到了一个虚无缥缈的虚拟世界。

一根粗糙的石棒在古老的猿人手里挥舞了几十万年，一个牛在前、人在后、中间一张铁犁的场景在中国大地上延续了几千年，但它们所创造的财富都是有限的。19世纪的牛顿力学、20世纪初的爱因斯坦的相对论和紧随其后的量子理论出现之后，人类的物质财富从宏观世界进入了微观世界，并且财富总量爆长，尤其诞生于20世纪末、成熟于21世纪初期的计算机与互联网技术，又把人类的财富形态从物理世界推向了比特世界。

这就是人类财富进化的轨迹。你从中可以发现，人类财富形态不仅

一步步从采猎性、生物性、物理性、固态性走向数字化、液态化、云雨化，而且也从丛林走向了云端，从物理世界走向了云世界。

在当今这个时代，以往弱肉强食的"丛林法则"已行不通了，取而代之是共生共荣的"分享法则"：你云了我，我也雨了你，你只有为别人创造价值，最后才能为自己创造价值。分享愈众，收获愈多。谁敢于分享，这个世界将是谁的。

为此，时代关键性的财富工具一旦改变，不仅你的思维方式就得变，你的价值观念要变，就连你的玩法也得变。在这个时代，你必须以云的方式去思考和创造一切，去改变人类生存状态和生存意义。

这就是当今云创富时代的本质和逻辑！

◎云版案例 1：贺兰山的"史前狩猎场"

贺兰山的"狩猎场"，是原子人用岩画记录下来的一个史前遗址。它位于宁夏西北部，南北走向，绵延起伏 300 多公里，山势险峻，犹如奔驰的骏马。在古代，这里山岭高耸，草木葱郁，水源充足，丛林中飞跑着众多的凶猛野兽，是原子人得天独厚的逐猎之地。

岁月失语，惟石可言。贺兰山的岩画，记录了远古人类放牧、狩猎、祭祀、争战、娱舞、媾和等生活场景，还有虎、狼、豺、豹、熊、鹿、野牛、山羊等多种动物图案和抽象符号，其中人首像占了总数一半以上。这是原子人对大自然和食物的崇拜和图腾，也是原始人所记录的一个生动而凝固的狩猎场。

在贺兰山狩猎场，原始人有步猎、骑猎和车猎等；狩猎方式有单人猎、双人猎、三人猎、围猎等；在集体围猎时，原始人使用绊兽索、飞石索、石球、投枪、弓箭等，应有尽有，姿势生动，场面宏大，形成人类最早而简单的生产方式。

在人类与野兽的对抗之中，为了捕获那些赖以维持生存的猎物，为了躲避那些凶猛野兽的攻击，为了获得那些高于植物热量的动物肉食，人类不得不运用自己高于其他动物的智慧，去创造具有特殊意义的工具和方法，去达到可持续的生存目的。

尤其在集体围猎活动中，还产生了一种系尾猎人。原始人为了捕猎野兽，不得不进行各种伪装来接近它们。这些系尾猎人，常会伪装成某种动物形象的模样，以此来迷惑其他的动物，如伪装成雌性动物引诱雄性动物等，以便出其不意将其一举捕获。

人类是一种没有凶爪利齿而行动缓慢的动物，肯定敌不过凶猛的野兽，只有依靠集体合作，才能发现、追踪和堵截在丛林中奔跑着的庞大而凶猛的野兽。这样，由集体围猎而产生的语言和观念，以及协同作战，把一个松散的人类群体变成一个有组织的经济实体。

在狩猎工具上，当时狩猎人使用更多的是弓箭，其次是石球和石索——它们是比弓箭更为古老的一种狩猎工具，具有很强的杀伤力。同时，原始人还使用"坠石狩猎"的技术，在大石块下落过程中，实现能量的转化，让大石块击中猎物。

在狩猎半径上，由于没有任何代步工具，原始人的活动半径因为脚力而划定在百里以内。依当时原始人的脚力，平时的狩猎半径大约是50里，冬天则缩短到20里。所以，太远的地方，狩猎人很难涉足。

在狩猎规则上，已有相当完善而约定俗成的猎杀观念，如少打，不泛打，打雄不打雌，打老弱病残，不打幼、青、壮兽，不猎杀头羊，不把一群野兽打尽等，都是从人类生态食物链的可持续性去考虑的。

在狩猎分配上，也是公平而平等的。无论是谁，无论打到什么猎物，无论猎物大小，都不能独自占有，人均一份，即使是没有劳动能力的老人和孩子，也不例外。这是人类最早的，也是混沌的分享制度。

在狩猎文化上，贺兰山的岩画作为人类留存下来的最早的原始艺术文化之一，它是植根于狩猎生活之中的。为此，原始人每一次狩猎之后，他们都会环圈而舞，模仿飞禽走兽的动作和声音，再现猎人单独与猛兽拼搏斗、厮杀的情景，借此来庆贺丰收的成果和娱乐之情。

猎狩是原始人主要的生产方式，飞禽走兽是原始人关键的财富形

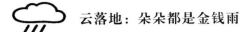

态。从以果子为标志的采摘经济到以野兽为标志的狩猎经济，这是一种生产方式的进步，也是一种财富形态的升华。从这个意义上说，贺兰山的古老狩猎场，正是人类创造的一种新的生产方式和新的财富空间。

外星人讨论：贺兰山的"无字文献"、"系尾猎人"和"猎人工厂"

原子人、比特人和数据人来到了位于宁夏西北部贺兰山的"岩画狩猎场"。在这个史前岩画遗址中，数千幅粗犷浑厚、形象生动、栩栩如生的狩猎岩画，散落分布于山势高峻、奇峰叠嶂、泉水潺潺、逶迤绵延的豁了口沟谷两侧山岩石壁上。置身其中，有如穿越时空，重温历史。他们三人在此进行了为期一周的考察，最后在那幅素有"镇山之宝"之称的太阳神岩画前坐了下来，对这个古老案例做了考古式的分析、研究、挖掘和讨论。

数据人说："贺兰山岩画，起始于旧石器时代，终于西夏时期，不仅记录了原始社会的狩猎场景，也再现了先人从野蛮走向文明的光辉历程。狩猎是人类经济的童年游戏，也是人类最古老的生产方式，可以说，没有狩猎也就没有人类的诞生。它的价值和意义，不止是体现在学术上和艺术上，更多的是体现在人类的生存方式上。今天，我们来讨论和探求一下这个案例，看看它透露出一种什么样的文化信息，给我们带来什么样的思考和启示，从中获得一些什么样的借鉴，也就不虚此行了。"

原子人："我先说吧。这些古老的岩画，是刻在岩石上的狩猎图案，是史前人类活动的真实记录，它不仅是原始人最初的岩石艺术，更是那个狩猎时代的第一部'无字文献'。"

比特人："那时还没有文字呀？"

原子人："对。祖先留下的这些岩画，不是涂鸦，而是我们认识人类的一个时空隧道。通过这个隧道，我们穿越过去，就可以与那些史前的狩猎人进行对话。"

比特人："那就去穿越一下吧。"

原子人："可以说，这些岩画的出现，是人类真正的开始。"

比特人："为什么？"

原子人："那些刻在冰冷石头上的岩画，表面上看，它是狩猎人通过想象刻画出来的简单图案，但实际上，是人类具有了从具象到抽象的思维，用符号记录了自己的思考和生活，所以这是他们写下的第一部'史前文献'。"

比特人："这也是一部'无字史诗'。"

原子人："对。这些狩猎岩画，它们不是孤立存在的，而是一个意义聚合体。所谓取景于物，独体为文，合体为字，就是这个意思。如果说那些独体岩画是人类的文字之根，那么这些合体岩画，就是一部华丽的史书了。"

比特人："写着他们一个个生动的狩猎故事。"

原子人："对。贺兰山的岩画，让人震撼的，是显示了人类的智慧的进程。从某种意义上说，人是符号的动物。狩猎人有了符号化的思维，才有了符号化的行为，才有了符号化的岩画。与动物相比，狩猎人不再生活在一个单纯的物理世界之中，而是生活在一个由他们创造的符号宇宙之中。这不仅是狩猎人的生存方式的进步，更是人类思维方式的进化！"

说到这里，比特人与数据人发出了喝彩声。

比特人："原子人说得太好了！贺兰山的这些岩画，就是一部史前的文献，一部华丽的史诗，一部庞大的书卷，但它更多的是记录原始人的一种狩猎生产方式。所以，今天我来说说那个时代的'系尾猎人'。"

原子人："猎人的尾巴？"

比特人："对。有尾巴的猎人，叫做'系尾猎人'。这些尾巴大多为狼、虎、熊、豹等猛兽之尾，垂于臀后，夹于胯下两腿之间。在贺兰山的岩画中，有三分之一的猎人是系尾猎人。"

原子人："为什么？"

比特人："系尾猎人作为一种尾饰人物，它的象征意义是很明显的，

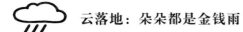

它不仅是一种捕猎伪装，而且也是一种人物标志和部落图腾。"

原子人："捕猎伪装？"

比特人："对。就是狩猎人披着兽皮，夹着兽尾，甚至发出兽吼声，装扮成野兽的样子，以此迷惑野兽，接近野兽，直到射杀野兽。"

原子人："就是模拟猎兽。"

比特人："对。在那个狩猎时代，系尾猎人，就是专业猎人，不同的尾饰显示不同级别，只有打到了大猎物或凶猛野兽的猎人，才能获此殊荣。"

原子人："就是'持鞭人'吗？"

比特人："对。这些猎人不仅用虎的皮、爪和牙齿，以及野牛的皮和角来装饰自己，也用这些庞大而凶猛的野兽尾巴来点缀自己。久而久之，这些猎人的尾饰，不仅成了显示勇敢、代表力量的标志，同时也是战胜大野兽的象征。"

原子人："就像如今的职称和军阶？"

比特人："太对了。在原始社会，衣食之物大都来源于狩猎，捕获野兽成了先民的生存之道。对于人类而言，动物无论在速度、力量和体能上都远胜人类，因而对它们能跑能飞的神奇能力感到不可思议，进而产生崇拜。所以，系尾猎人不仅成了氏族尊崇的人物，而且他们的尾饰也成了氏族部落的图腾象征。"

说到这里，原子人与数据人响起了掌声。

数据人："你们说得太精彩了！从'史前文献'到'系尾猎人'，实际上所反映的是一种思维方式的进化，一种生产方式的进步。所以，我来说说'猎人工厂'的观点。"

原子人："在原始社会，狩猎的目的，就是解决人类最基本的吃的问题，这是人类最早追求的财富形态。为了生存，原始人大都成为狩猎者，狩猎是他们的生产方式。这样，就有了人类第一个经济组织，叫'血缘家族公社'，从这个意义上说，贺兰山的岩画狩猎场，就是原始人一个规模很大的'猎人工厂'。"

原子人："就像现在的企业吗？"

数据人："对。它具备了现代工厂生产的一切要素和条件。"

原子人："举例说明一下。"

数据人："你看，它的厂房，就是大丛林；它的生产工具，就是那些棍棒、石器、投枪和弓箭；它的狩猎半径，就是他们的上班路程；它的工人和技术人员，就是那些没有尾饰的猎人和系尾猎人；它的厂长，就是那些部落的长老和酋长。"

比特人："那它的企业文化呢？"

数据人："狩猎规则是他们的企业文化，也是他们的狩猎核心价值观，除了少打、打雄不打雌、打老弱病残、不打幼青壮兽、不猎杀头羊之外，他们围猎时，不会把一群野兽打光，会留下活口，让它们回去通风报信，叫那些幼小的野兽赶快逃走。"

比特人："这是一种生态式的猎杀。"

数据人："对。他们最精彩的企业策划就是围猎。狩猎既是个体行为，也是集体行为，它是协同合作的活动，也是多种工具并用的结果，所以，演变出人类最早的配合战术。这种围猎战术，由于需要相互提醒，协调动作，指挥作战，所以，它最大的贡献，就是让人类产生了伟大的语言。"

原子人："那它的财富分配呢？"

数据人："其实，人类从采集经济进入狩猎经济，这个投入成本是非常巨大的，它所付出的是生命，而回报却微不足道。在这个食物生产过程中，猎物就成了他们最基本的财富形态。他们财富的分配方式，是共同分享，彼此均沾，人人有份，连上山的猎狗和猎鹰也有份。"

比特人："为什么？"

数据人："因为，猎鹰和狗在狩猎人眼中，有很高的地位，与它们合作，才能获取猎物，狩猎人对它们充满了一种神性的敬畏。所以，任何的贪心和私自占有猎物，都会引来上苍的迁怒，招来不祥的下场。"

比特人："那这个丛林里的野兽打完了怎么办？"

数据人："那时候，原始人对于财富没有太多概念，当这个狩猎场的野兽打得差不多了，就开始迁徙，寻找下一个狩猎场，从而完成了一次财富形态的转换。所以，那个时代的财富形态，就像寻找水源一样，找到了就用兽皮袋或竹筒把水背回来。当这里的水枯竭了，就再寻找下一个水源，如此迁徙下去。"

至此，原子人与比特人击掌而呼，赞叹不已。

◎云版案例2：银雀山的"井田农庄"

与贺兰山"史前狩猎场"不同的是，银雀山的"井田庄园"是用竹书记录下来的。古代无纸，在竹简上记事书写。后人称编缀成册的竹简为竹书。

银雀山位于山东临沂东南处，山麓花朵形似云雀，故得此名，是战国井田制的发祥地之一。当时在银雀山汉墓出土的竹简《田法》记载："五十家而为里，十里而为州，十州而为乡。州、乡以地次授田于野，百人为区，千人为域。"即在以家为单位组成的行政区划州、乡中按夫授田，百人、千人所受田组成相应地块区、域，皆为以夫授田。

当时的井田，不仅是始于夏、兴于商、终于周的一种土地制度，更像是青铜时代的一座座大大小小的工场或公司。因为奴隶主把耕地划分为一定大小的方田，周围有经界，中间有水沟，阡陌纵横，像一个"井"字，以便于管理。所以，《孟子》、《周礼》及《诗经》等书中均称之为"百步为里，名曰井田"。

与所有井田一样，银雀山农庄的井田，"井"是灌溉单位，八家共用一井，一口井之水量可用来灌溉一井的田地所需；"田"是一井的面积，为方一"里"，可容纳十个劳动力；一百井是方十里，叫一"成"，可容纳九百个劳动力；一万井是方百里，叫一"同"，可容纳九万个劳动力。此外，在井田的外围还挖有较深的壕沟，既可防止奴隶逃走，又可作为御敌之用。

银雀山的井田农庄，属周王所有，分配给庶民使用。领主不得买卖和转让井田，还要交一定的贡赋。所有的井田，中间为公田，周边为私田，其比例是1∶8。他们把位于河流附近的、最肥沃的土地作为公田，留给了自己，并强迫和驱使奴隶集体耕种，一起劳作；把郊外及贫瘠的土地作为私田，分给同族的普通劳动者或住在野外的庶人。"雨我公田，遂及我私"，正是当时井田大景象的真实写照。

在银雀山《田法》上，不仅按家授田，还有严格的干预措施：在督促生产上，一年受田收获粮食少入百斗、二百斗、三百斗者，分别处以罚为公人一岁、二岁、黥刑以为公人的刑罚；带头不事生产者，遣入军队干苦活危险活，每天只给口粮三分之一斗，不给肉吃；在组织生产上，当国家主持大规模兴修农田灌溉水利时，农户主必须提供种子、耕牛、农具等生产资料，在某种程度上解决生产困难；在提供保险上，针对"籴甚贵伤民，甚贱伤农"的情况，设平籴之法，"取有余以补不足"，为农民提供灾年保障。

银雀山井田农庄的生产率是依据所授土地而定的，并收取一定的剥削果实，既有劳役剥削，也有实物剥削，其剥削率大致在十分之一到十分之二之间，最低二十之一，最高百分之二十五。正如马克思所说，它是建立在土地国有的基础上，地租与赋税合为一体，其剥削形式与剥削率基本一致。

银雀山井田农庄的户籍管理制度，与严密的井田制是一致的，即"五家为邻，五邻为里，四里为酂，五酂为鄙，五鄙为县，五县为遂，皆有地域沟树之"，禁止随意迁徙。不论国家以何种形式授田予民，户口是其直接依据，也是征收赋税徭役的基础。国家按一定规格强制编制劳动者，施行联保，并用暴力予以控制。所以，它只有对井田劳动者人身的超经济控制，才能在授田条件下保证剥削利润的实现。

银雀山的"井田农庄"倒闭，是由于商鞅"废井田，开阡陌"的变法。当这些全国性的"井田工场"一夜之间化为乌有时，取而代之的是私田吞噬公田的、土地私有化的、家庭作坊式的生产方式。从此，一张铁犁、一头耕牛、一个农夫三点一线的古老生产方式和场景，在中国延续了几千年而褪之不尽。

外星人讨论：银雀山的"青铜光辉"、"异族征伐"和"奴隶工厂"

原子人、比特人和数据人来到了位于山东临沂银雀山的"井田工场"。在临沂的东南处，有两座婉约而秀丽的山峰，一座叫金雀山，另一座叫银雀山。战国时代的《田法》竹简就是在银雀山汉墓出土的。他们在此进行了为期四天的考察，并对这个案例做了考古式的挖掘、分析、研究和讨论。

数据人说："说起银雀山汉墓，大家都知道《孙子兵法》、《孙膑兵法》竹简就是从那里出土的，却不知战国时期的《田法》竹书也出自那里。正是这部不同寻常的《田法》竹书，不仅是我们研究延续了1500年的井田制的重要依据，也是我们探求'银雀山井田工场'的全新资料来源。以古喻今，今天我们在此讨论一下这个案例，不仅可了解青铜时代的生产方式的兴衰，对我们在新经济的条件下如何做好与之相适应的商业模式也是有所帮助的。"

原子人："我先说吧。在15世纪以前，中国的科学技术在世界上保持了千年的领先地位，为什么？就是因为中国的四大发明——造纸术、印刷术、指南针和火药——曾经改变了世界。但我今天要说的是，中国光辉灿烂的青铜文明。"

比特人："这是一个伟大的时代。"

原子人："对。青铜时代经历了夏、商、周三个朝代，前后1500年，正是从那个时代开始，古代中国迈开了世界文明史上领先的步伐，与古巴比伦、古埃及、古印度一起，给人类创造了最辉煌的上古文明。"

比特人："这是四大文明古国。"

原子人："在古代，青铜又叫'美金'，铁也叫'恶金'。史书上说，美金以铸剑戟，试诸狗马；恶金以铸锄，试诸壤土。在那个时代的人看来，青铜是高贵的，而铁是下贱的。"

比特人："这也有贵贱之分吗？"

比特人："是的。青铜有一个从至尊的变化过程，它开初为劳动的生产工具，进而为杀戮的兵器，最后成为祭祀的礼器，王者的象征。"

比特人："九鼎之尊？"

原子人："对。但它最本质的意义，就是让人类走出了野蛮，走向了文明。由此，就有了银雀山井田工场的诞生。"

比特人："此话怎讲？"

原子人："到了青铜时代，人类的生存方式发生了巨大的变化，那就是从过去寻觅食物走到了生产食物的阶段。它的意义在于：由于青铜的使用，人类从大自然食物的寻觅者变成了大自然食物的生产者，这个伟大的转变，让人类从大自然的奴隶变成了大自然的主人，从这个时候开始，人类才真正成为自己命运的规划者和主宰者！"

说到这里，比特人与数据人发出了喝彩声。

比特人："原子人说得太好了。井田的诞生，是因为青铜的劳动工具的出现，让人类丢掉了石头和弓箭，走出了丛林，走向了农业。但我想说的是，任何事情都是一柄双刃剑。青铜既有光辉的一面，也有罪恶的一面。这就是'异族征伐'。"

原子人："部落战争？"

比特人："对。青铜时代是一个战争频繁的时期，在1500年间，氏族、部落之间的异族征伐，夏、商、周之间的王朝更替，春秋五霸、战国七雄之间的穷兵黩武，从未停止过，在这个金戈铁马、刀光剑影的时代，铸造青铜的技术、能力、数量也就成了一个部落或国家的实力符号。"

原子人："得青铜者得天下。"

比特人："对。最早将青铜用于大规模战争的是上古时期的蚩尤。他凭借先进的青铜兵器，每战必胜，所向披靡。黄帝与蚩尤九战不胜，败阵而归。后来，黄帝也效仿蚩尤，以青铜铸剑，才击败蚩尤。历史上说黄帝是以天道打赢的，实际上是借助了青铜的威力。"

原子人："我有个问题，青铜时代打了1500年的仗，打得天昏地黑，史书上说是血流漂杵，雨血三朝，聚骨如岳，到底为了什么呀？"

比特人："问得好。相对于石器来说，青铜制作的生产二具，极大地提高了生产能力，但它的硬度不够，也不太锋利，不能开垦大片的土地，所以，需要大量的奴隶劳力，才能满足井田生产的需求，像银雀山这样的井田工场，消化奴隶的规模在两万人左右。"

原子人："我明白了。这些部落战争和异族征伐，其目的是获得更多的俘虏，充实到井田的奴隶生产之中。"

比特人："对。征伐异族的俘虏是奴隶的最佳来源。开初打仗，抓来的俘虏是杀掉的，但后来被留下来当俘虏，用于井田的劳动生产，这是一件有利可图的事情。"

原子人："成本也是最低的。"

比特人："不过，这些从敌方俘虏转化而来的奴隶，他们的命运也是最悲惨的。白天，他们在鞭子下从事艰苦的井田劳动或青铜铸造；夜晚，为了防止逃跑，他们被戴上枷铐，关在低矮黑暗的房子里，就像对待牲口一样。"

原子人："其实，奴隶就是会说话的牲口。"

比特人："所以，青铜器时代是一个特别古怪的时代，一边闪耀着青铜文明的光辉，一边流淌着奴隶的鲜血。青铜让人类有了更加锋利的杀人武器，也让人类有了比石器效率更高的生产工具，但更重要的是，它让人类第一次有了劳动剩余，从而有了私有财富，有了阶级，有了国家，有了新的社会秩序。"

说到这里，原子人与数据人响起了掌声。

数据人："你们说得太给力了。从'青铜光辉'到'异族征伐'，实际上说明了一个道理，谁有更先进的生产工具，谁就有了时代的话语权，甚至战争也成了它的一个服务者。所以，我来说说银雀山的'奴隶工厂'的观点。"

原子人："井田工场吗？"

数据人："对。在我看来，银雀山的井田工场，就是中国农业时代第一个工厂或公司。"

原子人："为什么？"

数据人："从政商关系看，青铜是当时政治、经济、文化、科技水平的集中体现，是时代的放大器，对大规模青铜生产、铸造的控制和掌握，对青铜生产工具的占有和使用，体现了一个部落或国家的硬实力。它是时代的一个大金矿，像银雀山工场这样的企业依附其下是很自然的事情。"

原子人："有道理。"

数据人："从经济学角度看，井田制是最伟大的经济学发明。人们将田里的土地划分为九块，成'井'字形，分块而治。井田之中，既有公田，也有私田，比例是一比八，分得私田的奴隶，要首先无偿耕种公田，来养活土地所有者，然后才能耕种自己的小块份地。这叫'雨我公田，遂及我私'。"

比特人："公田的人叫'国人'，私田的人叫'野人'。"

数据人："对。实际上，这就是一个企业，一个工厂，奴隶主是法人，是厂长，奴隶是工人，分块而治的'十人有沟，九夫为井'，就是一个个车间，一个个工位。其商业模式是以劳力当利润、抵工资，各取所需，实现一种商业交换。"

比特人："但奴隶是被迫的、强制的劳动呀？"

数据人："对。从生产方式上看，井田制的土地所有权属于周王，银雀山工场的奴隶主只有使用权，而劳动者则是从战争中俘虏过来的奴隶。由于当时生产力水平低下，所以只有实行井田耕作方式，强迫奴隶集体耕种，用大规模的奴隶劳力，才能赚取十分微薄的剩余价值，才能换取像银雀山工场这样的企业的生存机会。"

原子人："用现在的话来说，银雀山工场是一个劳动密集型的企业。"

数据人："太对了！青铜文明是伟大的，虽然它带来了残酷而频繁的战争，但它让人类第一次有了开垦土地的能力，第一次赚取了剩余价值，第一次走出了丛林，走向了井田，走向了企业，走向了一个新的经济形态。"

原子人："这是人类最早企业的雏形。"

数据人："对。最关键的是，它让人类追求财富形态，从狩猎经济的'找水时代'上升为农业经济的'打井时代'：青铜是它的劳动工具，奴隶是它的工人，土地是它的生产方式，通过挖井的方式，用提桶把水提上来，完成了人类财富形态的一次大转换，开启了人类获取新财富的大时代！"

至此，原子人与比特人又是击掌而呼，大声叫好。

◎云版案例3：福特的"流水线"

亨利·福特自T型车问世以来，他的毕生愿望就是要使福特公司以每分钟一辆的速度生产汽车。"福特生产方式"实施以后，这个愿望终于实现了。所以亨利·福特在他59岁那年宣称：人类发现了一位神明。大规模的生产已成为人类"新的弥赛亚"，也就是"新的救世主"。

事实上，"福特生产方式"也确实掀起了世界范围内具有历史进步性的大量生产的产业革命。有的评论家甚至将"福特生产方式"的历史作用与瓦特发明蒸汽机的历史功绩相提并论。

这种新的生产方式，就是福特流水线。

1903年7月推出的福特牌T型轿车，实现了一个典型的从穷小子到亿万富翁的美国梦。一些美国人曾把亨利·福特列为有史以来仅次于耶稣基督和拿破仑的第三号伟人。

亨利·福特出生于美国密歇根州迪尔本郊外的农家，他的祖父乔治·福特是爱尔兰人，是随大批爱尔兰移民远渡重洋，来到美国鲁日河定居的。少年福特从未受过正规教育，但他自幼就有机械天才。

在少年福特的床头柜里面，整整齐齐地摆放着钻孔机、锉刀、铁锤、铆钉、锯子、螺栓和螺帽。这些工具中有几种还是七岁的福特自己改装制作的。

福特的家人总是把家里的钟表藏在最保险的地方，因为稍不留神，它们就会被小小的福特拆得七零八落，即使是一些华丽昂贵的怀表，也同样难以幸免。

1896 年，亨利·福特制造出自己的第一辆汽车，这是福特在自己的小作坊里敲敲打打弄出来的。虽然简陋而土气，但别小看了它，这是福特汽车王国迈出的第一步。

1903 年，他创办福特汽车公司，并在这一年推出了第一辆福特牌 T 型轿车。就凭它的发力，创造了一个奇迹，到上世纪 20 年代，福特公司已经发展成为当时世界上最大的汽车公司。

因为，他创造了世界汽车制造史上的"福特生产方式"，即大规模低成本用流水装配线生产汽车的模式。这不仅深刻地影响了人类的产业进程，而且也是汽车制造方式上的一次革命。

亨利·福特对照美国肉类联合加工中心芝加哥的肉牛屠宰流水线，首创了汽车大规模装配线的生产和管理方法，即著名的"福特流水线"。"福特流水线"这个词语，在产业界意味着"像福特那样大规模地生产"，对世界工业的发展影响巨大。

在美国芝加哥的肉类食品工业中心，这里的机械化屠宰场是由一条条流水线组成：一头头活牛被赶进屠宰流水线的起点，到流水线终端时，整牛已被分解成一块块"零件"，随后发送到全美各个肉类市场。

福特的一个职员，在参观了这个屠宰场后获得了灵感，发明了福特汽车生产流水线。所不同的是，二者的流程恰好相反：芝加哥的屠宰流水线是将一头整牛一块一块肢解成"零件"；而福特创造的汽车生产流水线则是将一个个汽车零部件组合成一辆整车。

事情的经过是这样的：一位名叫威廉·柯兰的工长前去屠宰场参观回来后，把工人制造磁电机的工作分解开来，让工人们站在一条传送带旁边操作，机器动而人不动，结果装配一台磁电机的时间从原来的 15 分钟缩短到了 5 分钟。

这只是开始。当 T 型车上 1500 个其他零部件，都采用这种流水线操作时，奇迹发生了：过去福特生产一辆汽车需要 12 小时，现在每 10 秒钟就可以下线一辆汽车了，并且售价也从 825 美元降为 240 美元，从

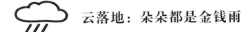

而一举打败了竞争对手，奠定了福特帝国的地位。

到 1914 年，路上行驶的每两辆汽车中就有一辆是福特汽车。然而福特的工人只有 13000 人，其他规模类似的汽车厂却需要 66000 工人才能产生这样的效率。到了 1927 年 5 月 27 日，当最后一辆 T 型车离开生产线时，已经有 1500 万辆福特汽车被售出，而且福特在 21 个国家装配他的黑色汽车。

此时福特的霸气，从他生产 T 型车的颜色就可以看出，它只有黑色。亨利·福特曾有一句很不讲道理、但很傲气的名言："任何顾客可以选择他所愿意的颜色，只要他的选择是黑色的就行。"

"福特流水线"的生产方式，主要体现在生产力效率方面，其思想精髓是：创造性采用新的能源，全新设计生产体系和工作方式，优化组织生产力要素，重新定义了产品规格，让人们 3 个月工资能买一辆汽车。

可以说，当福特汽车公司生产出世界上第一辆属于普通百姓的汽车 T 型车时，世界汽车工业革命就此开始了。福特成功的秘诀只有一个：尽力了解人们内心的需求，用最好的材料，由最好的员工，为大众制造人人都买得起的好车。

1947 年 4 月 7 日，亨利·福特伟大而荣耀地走完了他的一生。但人们还记得他曾经做过的事，在将他送往墓地的那一天，美国所有的汽车装配线停工 1 分钟。在过去任何一位美国商人逝世时都没有享受到如此殊荣，以后也不会发生。

因为，他是第一个让世界从马背跃到汽车上的人。

外星人讨论：福特的"鲁日时代"、"容器人"和"流水线工厂"

原子人、比特人和数据人来到了位于美国密歇根州迪尔本的福特总部。这座远离闹市的公司总部大楼，简约而大气，沉静而傲气，看上去不是一座办公楼，而是一个汽车博物馆，包括福特 T 型车、肌肉车、皮卡车、林肯座驾都在这里云集和展示。他们三人在此进行了为期一周的考察，对这个案例做了历史性的分析、研究和讨论。

数据人："福特公司创立于 20 世纪初，凭借老福特的'制造人人都买得起的汽车'的梦想和远见，在历经一个世纪的风雨沧桑之后，终于成为底特律的三大汽车巨头之一。在这个过程中，福特有过辉煌，也有过败落，但不管怎样，它那开创新纪元的 T 型车，改变了整个世界。现在，我们来讨论一下这个案例，从中挖掘一些有价值的东西，对做好互联网时代的企业也是很有意义的。"

原子人："还是我先说吧。美国是个崇拜个人奋斗的国家，而福特就是这样一个民族英雄式的成功者。美国媒体曾把老福特列为有史以来仅次于拿破仑和耶稣基督的第三号伟人，就是基于他在汽车领域所创造的辉煌和奇迹。所以，今天，我来说说福特的'鲁日时代'。"

比特人："鲁日时代'？"

原子人："对。福特开创的那个以流水线作业为生产方式的时代被称为'鲁日时代'，所以，'鲁日'也就成了流水线的代名词。福特就是它的缔造者。"

比特人："也叫'鲁日城'吗？"

原子人："对。福特所建造的那个鲁日城，它的贡献就是使汽车成为多数人买得起的商品，而不只是富人的玩具，从而使美国成为了一个汽车轮子上的国家。"

比特人："为什么？"

原子人："在那个鲁日时代，福特从采矿到汽车生产，所有的供应都是依靠自身体系。福特不仅在巴西购买了 250 万英亩森林开垦种植园，用于生产轮胎用的橡胶，还购买了密歇根州的铁矿山、煤山和山地，甚至连做油漆的黄豆都产自福特旗下的农场。从黝黑的矿石进厂到亮闪闪的汽车出厂，每隔 10 秒钟就能生产一辆 T 型车，于是，这座鲁日城成了一个奇妙而不可思议的造物主。"

比特人："我不明白，为什么叫鲁日时代呀？"

原子人："鲁日是福特老家的一条美丽的河流，它是从印第安人部落流淌下来的。老福特还在小时候就经常跟着父亲，赶着马车，沿着这条鲁日河小路，从迪尔本来到这里，天长日久，他孕育了一个伟大的梦想。"

比特人："什么梦想？"

原子人："就是让老百姓买得起车的梦想。老福特力排众议，出手惊人，一口气买下了鲁日河流域及休伦河流域几乎全部的二十座水磨坊，全都改成利用水利的乡村工厂，大兴土木，开始了他晚年的最大胆、最具争议的工业实践。"

比特人："结果呢？"

原子人："这就是今天人们所看到的一个非常奇特的福特生产帝国，一个号称世界上最大的工业城，一个在周围方圆60英里范围内、散布着大大小小20座乡村工厂、93座工业建筑、8万个操作工人的汽车流水线总装车间。因规模庞大，相当于一座城市，人们称之为'鲁日城'，它成为了福特'鲁日时代'的一个文化地标。"

说到这里，比特人与数据人响起了掌声。

比特人："说得太好了！正是这个'鲁日时代'，让第二次工业革命达到了高潮。而鲁日城就是福特建立的一个完全自给自足的工业金字塔，这是他的梦想，也是那个工业时代的价值观。不过，鲁日城的流水线，它带来了前所未有的效率，但也异化了人，让人成了机器的一部分。所以，我今天谈谈'容器人'的观点。"

原子人："容器人？"

比特人："对。福特流水线作为一种新的生产方式，它的精髓在于重新定义了生产力效率，让小轿车成为平民也买得起的交通工具。它造化了人，但也把人变成一个符号，一只大甲虫，一部机器的奴隶。"

原子人："把人变成了一个壳。"

比特人："对。在流水线的摧残下，人的内心，就像一个罐状的容器，只有外壁的碰撞，没有内心的交流，孤立而封闭，有时把人逼向了疯狂的边缘。"

原子人："在福特公司也是这样吗？"

比特人："不错。1913 年，福特公司每雇用 964 人，只有 100 人留下来，工人们纷纷旷工、逃离。在公司工人大量流失的情况下，福特发动了那场著名的每天 5 美元工薪制的革命。"

原子人："但也招来业界的一片骂声。"

比特人："对。资本家是骂他的，股东也是骂他的，但工人是高兴的，不仅工人服服帖帖了，公司员工队伍也被稳定了。"

原子人："此后，劳资关系就不紧张了吗？"

比特人："哪有这么简单。实行 5 美元工薪制，只是暂时缓解了劳工情绪，调和了劳资矛盾。没过多久，又是故态萌发，哪怕后来推行了每天 6 美元、7 美元工薪制，也不解决问题。这让福特非常痛苦，迷惑不解。"

原子人："据说，福特找牧师去忏悔了？"

比特人："对。福特向上帝忏悔了，他想建立一个更宽厚、更人道的企业，但为什么还得不到工人的理解和宽恕？他的诚恳感动了那个牧师，后来那个牧师也成了他的员工，协助他一起来解决这个问题。"

原子人："解决了吗？"

比特人："回来后，福特就成立了一个福利组织，那个牧师就是负责人。这个组织，专门负责向工人低价销售一些生活用品。刚开始时，只是一些杂货和日用品，到后来则发展到供应粮食、衣服、鞋帽、能源等二十多种生活所需品，小到来自公司的农场所生产的牛奶、面包，大到收购煤矿保证工人生活所需的燃料，一年的花费在 1000 万美元以上。"

原子人："真是精诚所至。"

比特人："福特在牧师的启发下，悟出了一个道理：过去的 5 美元工薪制也好，后来 6 美元、7 美元工薪制也好，只把工人作为一个纯粹的'经济人'去看待，如今实行这些触及人性深处的'福利计划'，就是把工人当成'社会人'，从精神层面去解决这个问题，这样才把工人从一个'容器人'变回到一个'完整人'。"

说到这里，原子人与数据人报以热烈的掌声。

数据人："你们说得太有见解了！从'鲁日时代'到'容器人'，这是工业时代的天空所投下的一个阴影，福特为此做了探索性的努力，所以成了后人效仿的偶像。但鲁日城的意义，更重要的是它创造出了一种新的生产方式，重新定义了工厂和它的产出方式，并让这个世界加快了 9 倍的运行速度，从马车上跳到了汽车上。所以，今天我来谈谈福特的'流水线工厂'。"

　　原子人："就是它的生产自动化？"

　　数据人："对。对于生产流水线，福特的灵感来自于屠宰场。当他看到一只牛先是被电击，再放血，然后开膛破腹、分割、吊装，并由不同的人在同一个地方完成时，他受到了启发，发明了世界上第一条拆卸生产流水线，这一创举使 T 型车一共达到了 1500 万辆。售价也从最初的 4700 美元，降低至 240 美元，把这个世界装在了轮子上。"

　　原子人："由此诞生了每 10 秒生产一部汽车的神话。"

　　数据人："对。福特是第一个把大规模流水线作业引入汽车制造业的人。不同的是，屠宰场是把部件卸下来，而福特是把零件装上去。他把 T 型车的整个生产过程分解为 84 个步骤，仅仅组装一个发动机的环节，就被他分拆成了 86 道工序。所有车间，全部安装了自动生产流水线，产品的生产工序被分割成为一个个的环节，川流不息的传送带，把整个工厂联系在一起。"

　　比特人："成了一个有机的生命体。"

　　数据人："对。它的最大的贡献，就是创造一个全新的生产方式，让人类的财富形态从狩猎经济的'找水时代'、农业经济的'打井时代'走向了工业经济的'水管时代'：只要找到那个水龙头，并把它拧开来，就可以让水流到你自己的提桶里。这种新的财富生产方式，让工业时代只用了 500 年的时间，就创造了比农业时代五千多年还要多的财富总量，从而又一次完成了人类财富形态的大转换，走向了人类新财富的广袤空间。"

　　至此，原子人与比特人又是击掌而呼，喜形于色。

◎云版案例 4：谷歌的"第一朵云"

在谷歌的前台，挂着一个巨大而明亮的 LCD 屏，上面不停翻滚着杂乱无章的词汇，它告诉所有来到谷歌的人：每秒钟，Google 会从全球搜索的关键词中随机抓一个，扔在这里，让它产生无穷大的奇迹。它所象征的意义，就是人类对信息无止境的求索，这正是谷歌的灵魂所在。

谷歌总部并不像传统意义上的公司，人们更喜欢叫它谷歌校园。清幽的环境，独具创意的雕塑，免费的一日三餐、美食和瑜伽课程，打赤脚上班，带宠物去办公，到处弥漫着自由而轻松的气息，所以这里又被称为"极客天堂"。

更有甚者，谷歌有一条著名的规定：允许每位员工将 20％ 的工作时间私有化，让他们自由支配这部分时间。谷歌认为，时间是不可再生资源，要让员工最大限度挖掘潜力，去做他们自己认为更重要的事情。奇怪的是，公司许多顶尖项目，包括那些具有颠覆性的项目，都是从这 20％ 的时间中产生的。

其中，谷歌一个代号叫"Google 101 计划"的项目，就是来自于这私有化的 20％ 时间。它所带来的影响是不可估量的，因为它让传统的计算方式产生了一场颠覆的革命，这就是如今无孔不入、无处不在的云计算。

2006 年，谷歌一位 27 岁的、留着一头卷曲长发的工程师克里斯托夫·比希利亚回到母校华盛顿大学。他发现，大学里的计算机课程依然基于 PC 时代，与业界最新的趋势已经脱节。为了回馈母校，他决定帮助这些大学生以谷歌人的方式去思考和解决问题，让他们毕业后可以直接与业界的最新趋势接轨。

这一年的秋季，克里斯托夫·比希利亚在谷歌办公区偶然遇到了公

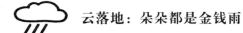

司首席执行官埃里克·施密特，他小心翼翼提出了自己的这个想法，希望利用自己的"20％时间"来启动一门他称之为"Google 101"的课程，在他的母校华盛顿大学首先进行，重点是引导大学生进行"云"系统的编程开发。

这一想法获得了施密特的支持。于是，比希利亚与华盛顿大学合作开设"云计算"课程。开始时，谷歌向华盛顿大学提供 40 台 PC 机，组成一个小型的"云"，用其强大的计算能力，帮助学生实现自己的想法。

这一计划得到谷歌高层的高度重视，迅速升格为公司一项重要战略。2007 年，这一计划被命名为"Google 101 计划"，在全球的大学推广。由此，谷歌正式提出"云"的概念，并正式拉开了一个时代计算技术以及商业模式的变革。

这就是云计算服务的雏形。用户只需要通过浏览器连接到谷歌，就可以进行相应的存储和计算处理。谷歌提供了在线文档处理，电子表格处理以及电子邮件、IM、日历、网页创建等服务，并能实现多人协同办公。

谷歌似乎是为云而生的。因为谷歌强大于无穷的搜索引擎就是云计算最早的应用之一。从这个意义上讲，谷歌是幸运的，一开始就坐在了"云"端，让一统天下的 PC 时代走向了终结。

在接下来的数月中，比希利亚的"Google 101 计划"不断发展和深化。为了弥补谷歌大规模计算能力的不足，谷歌与 IBM 最终达成了雄心勃勃的合作，把全球多所大学纳入类似 Google 的计算"云"中。

谷歌的"云"，实际上就是由几十万甚至几百万台廉价的服务器所组成的庞大网络。从单个性能来看，这些机器并不比家用台式机强大多少，但它作为一个网络存储，其海量的数据却是惊人的。它不仅可以容纳不计其数的网络数据拷贝，让搜索速度快如闪电，而且眨眼之间便能为数十亿的搜索提交答案，让它变成了一个智能化的机器人。

更可怕的是，与许多传统的超级计算机不同，谷歌的系统永远不会老化。一般来说，网络中的机器用了 3 年后就会落伍，就会被淘汰掉，而代之以性能更强的计算机。这意味着，"云"就像特殊生物一样，可以长生不老，没有终点。

如今，谷歌真正的竞争力，是建立了以廉价 PC 为节点的超大规模集群的构造技术，以其云集群独步天下。这个集群，它并没有一个中央处理器，但在地理位置上是遍及全美各地谷歌的数据中心，每个节点都是这个系统的一部分，一台廉价的 PC 机，在安装了集群软件后，立即融入到这个系统的"云"中。

所以，谷歌的"云"，当它飘浮在世界天空之上，是以一个新型的数据中心模式而出现的，这使它变得无所不能。它的想法是：所有终端设备都变成插头，只要输入一个关键词，你就可以找到任何你想要的信息，但插头背后所有复杂的事情都由谷歌来做。

正是谷歌的这个想法，使人类处理信息的方式发生了天翻地覆的变化。从历史上看，"云"的诞生和发展是有迹可循的，它同一百年前人类用电的进化是一个道理，当时的农场和公司之所以关闭了自己的发电机，那是因为可以从高效而快捷的发电厂购买电力。以谷歌设备为核心的云计算，它的最终目的，就是构建起跨越全世界的信息，供人们随时随地访问，获得他们想要的东西。而比希利亚的想法，正好为实现这个伟大的构想开辟了一条道路。

值得一提的是，在谷歌与 IBM 合作的当天下午，比希利亚和 IBM 公司的丹尼斯·全就被指派组建谷歌——IBM 的联合大学"云计划"，并负责实施，使之成"云"。对于比希利亚来说，从那时起"云计划"从"20％时间"变成了他的全职工作，变成了他生命中最绚丽的风景。

最终，它变成了谷歌的"第一朵云"，变成了一场全球性的云革命。

外星人讨论：谷歌的"云的基因"、"云的野心"和"云端工厂"

原子人、比特人和数据人来到了位美国加利福尼亚州山景城的谷歌总部。山景城过去是旧金山湾区中的一个驿站，如今成了硅谷最重要的组成地区，谷歌则成了它的一张名片。走进谷歌总部，入眼尽是一些独栋的低矮建筑，它不繁华，也不古典，但它弥漫着自由而轻松的气息，就像走进一个大学园区。他们三人在此进行了为期一周的考察，并对谷歌案例做了纵向的分析、研究和讨论。

数据人："上世纪末，谷歌在美国加州郊区的一个车库内正式诞生，当时它还是一家名不见经传的小型创业公司，但17年之后，它不仅成了世界互联网的最大搜索巨头，而且作为云计算的开山始祖，让世界天空中飘起了'第一朵云'。今天，我们来讨论一下这个案例，看从中能获得一些什么启示，以供后来人借鉴和创新。"

原子人："数据人说得好，谷歌飘起了世界'第一朵云'，让这个世界变得更加美丽而有趣。互联网将世界上的人联系在一起，而云计算将世界上的企业联系在一起，让这些企业有了更新的劳动工具，为创造财富开辟了一个更新的广袤空间。但我今天所想到的是，云计算为什么诞生在硅谷，为什么诞生在谷歌？所以，我今天的话题是谷歌的'云的基因'。"

比特人："云的基因？"

原子人："对。第一朵云的诞生，不是平白无故的，而是有其深刻原因的。这个原因，就是它的土壤，就是它的种子，就是它的基因。我发现，谷歌就是一个自由的极客天堂。"

比特人："像鸟一样自由吗？"

原子人："对。谷歌办公楼似乎不是工作场所，而是一个家，一个健身房，除了健身设施、按摩椅、台球桌外，还可以在公司扎帐篷。公司有一块巨幅白板正对大门，员工可以随便涂鸦，甚至骂老板。"

比特人："太开明了。"

原子人："员工可以打赤脚上班，带宠物上班，自己定上班时间，不仅如此，公司 100 英尺之内必定有食物，而且食物品种不少于 20 种，咖啡、冰激凌、酸奶、汉堡、三明治、巧克力、寿司、刺身、榨果汁等，应有尽有，不限时间。一边吃喝一边工作是员工的基本权利。"

比特人："简直是享受。"

原子人："在谷歌，员工与总裁的距离不超过三级，每个员工都可以零距离见到公司高层，而且，每到星期五，员工可以提出一些无厘头的非分要求，连员工要求公司购买单轨列车的愿望也予以满足了。"

比特人："太奇葩了。"

原子人："公司还拿出 20% 的时间，让员工私有化，让他们去做自己认为更重要的事情。结果，很多好项目都是从这 20% 的时间中产生的。其中，'Google 101 计划'就是这样开发出来的。"

比特人："太开放了。"

原子人："谷歌公司创始人毕业于斯坦福，这个大学有一个非常著名的校训，那就是'让自由之风劲吹'。我想，谷歌的'云的基因'，就是来自这种自由之风，来自斯坦福这个与众不同的校训。谷歌的做法，只不过是将大学那一套发扬光大而已。"

比特人："那斯坦福怎么教学生呀？"

原子人："斯坦福认为，大学的最高目标是教会学生'成人'，所以，他们的课程设计是以科学、艺术、文学、技术为排序和理念，鼓励着每一个有理想的人去创业、去突破。斯坦福没有围墙，没有校门，甚至看不到大学牌子，但在不到 35 年的时间里，从这里走出了谷歌、惠普、雅虎和 Snapchat 等无数企业巨头，正是'让自由之风劲吹'的结果。而这颗自由的种子，也就成了谷歌'第一朵云'的最初基因。"

说到这里，比特人与数据人发出了喝彩声。

比特人："原子人说得太好了。从斯坦福的'让自由之风劲吹'到谷歌的'第一朵云'，正是这种基因作用的效应。蚂蚁的基因是蚂蚁，大象的基因是大象。所以，我今天谈一下谷歌的'云的野心'。"

原子人："云的野心？"

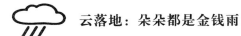

比特人："对。从谷歌创始人对公司的两次取名，就可以看出，他们是野心勃勃的。第一次取名，他们选了'googol'这个字号，是一个数学术语，10 的 100 次方，又叫古戈尔，只是公司创始人布林在注册时，误写成了'Google'，谷歌就这样诞生了。"

原子人："古戈尔？"

比特人："对。这是个能量极的词汇。打个比方吧，就算把全世界海滩上的沙子一粒一粒地数出来，把海洋里的水一滴一滴地计算出来，把整个星系中的恒星、行星、卫星、彗星和小行星全部数出来，所得出的数还是比古戈尔小很多。"

原子人："那是个无穷尽的数呀？"

比特人："不错。正是这一点，让布林和佩奇喜出望外，这就是他们要找的公司名字，与他们所要打造的海量数据搜索能力正好吻合，也与他们要改变世界的野心相匹配。所以，几年工夫，他们就成了一个世界性的、最大的搜索巨头。"

原子人："果然有霸气。那谷歌第二次更名呢？"

比特人："2015 年，谷歌重组之后，更名为 Alphabet，从此一个比谷歌还谷歌的大型企业又诞生了。"

原子人："它的野心比谷歌还要大？"

比特人："对。Alphabet 这个名字，译成中文叫'字母表'，这是一个更具野心、侵略性的公司名字。它把过去的谷歌变成了子公司，而字母表则变成了一个在它之上的母公司。"

原子人："为什么？"

比特人："谷歌成立字母表公司，也是有其野心的。因为它又要发动一场世界性的电力革命。这就是谷歌的'信息发电厂'，它要重温一百年前人类用电的历史演变：农场和公司逐渐关闭了自己的发电机，转而从高效的发电厂购买电力。这个'云计划'的野心，就是要颠覆传统电力行业的僵化模式，把计算能力分布到众人手中，为每一个人提供一种计算能力。"

原子人："这太宏伟了！"

比特人："但这不是童话，而是现实了。最近，美国 FERC 在经过审核之后，授予谷歌以市价在批发市场购销电力的权限。所以，谷歌问世时，口号是要组织全世界的信息，成为了搜索巨头，而今天的谷歌电力，目标是要组织全世界的能源，成为全球电力互联网的领头羊。从谷歌的两次取名，从组织全世界的信息到组织全世界的能源，你会发现，谷歌的野心是成为世界上最大的一朵云！"

说到这里，原子人与数据人响起了掌声。

数据人："你们说得太棒了。从原子人的'云的基因'到比特人的'云的野心'，说明了谷歌确实是一家希望改变世界、让世界变得更加美好的公司。所以，我今天来谈谈谷歌的'云端工厂'。"

原子人："云端工厂？"

数据人："对。从历史长河来看，互联网让人类走出了信息的孤岛，云计算重新定义了工厂，让全世界的企业联系在一起。而作为云计算始祖的谷歌，它不仅创造了人类第一朵云，而且很多无人敢想的云创意和云产品都源源不断来自它那里。"

原子人："所以，有人称谷歌为'云帝'。"

数据人："对。从谷歌到字母表，从组织全世界的信息到组织全世界的能源，从无人驾驶汽车、飞机到用于非洲投放 WiFi 的热气球，从无所不在的物联网到再生能源的地球碳中和，它所做的，不仅是改变世界，还要拯救世界。"

比特人："这是一个企业家做的事吗？"

数据人："所以，在全世界的想象中，谷歌的创始人和 CEO 是一些科技的理想主义者，是互联网时代的乌托邦者，实际上是骂他们书呆子。"

比特人："是呀。他们花了那么多的钱，做了很多国家层面的事情。"

数据人："其实，他们在追求一件更伟大的事情，那就是重塑生产力，创造一种云的生产方式。"

原子人："云端生产力？"

数据人："对。谷歌的做法是，它只以一个新型的数据中心模式出现，使之放在云端，所有终端设备都变成插头，数据的存储和运算能力都交给谷歌来做。"

原子人："用户只要拧水龙头？"

数据人："对。所有的人，只要插上插头，输入一个关键词，都可轻松获取电能、信息和大数据，在插头背后支撑着的所有复杂的事情，由谷歌来做，从而形成一种新的云端生产力，来提高这个社会的生产率。"

原子人："这太神奇了。"

数据人："这种云的生产方式，或者说云端生产力，对于大多数企业来说，就是要让他们实现云转型，使 IT 建设不再是花钱的成本中心，而是帮助企业节约成本、提高效能、创造价值的利润中心。更奇妙的是，它可以使这个世界上每一个企业或个人变得更具有能力和效率，去实现更多的梦想，创造更多的奇迹！"

比特人："这太有意义了。"

数据人："所以，谷歌的云端工厂，它最大的贡献，就是创造了一种云的生产方式。它让人类的财富形态，从狩猎经济的'找水时代'、农业经济的'挖井时代'、工业经济的'水管时代'，上升到了信息经济的'云时代'，从而又一次完成了人类财富形态的大转换，让人类财富从丛林走向了云端。这样，与云接轨，化云为雨，使之落地，让它流到你的田园和蓄水池，就成了我们获取财富的全新方式。"

至此，原子人与比特人又是击掌而呼，连声称好。

第二章

从"四张网进化"看人类物理财富
如何变成云财富

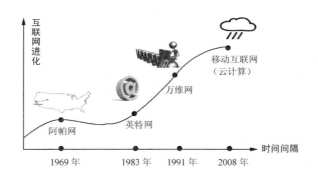

从"四张网进化"看人类物理财富如何变成云财富

云落地操作技巧指南：互联网进化过程，其实就是一个现实世界不断云化的过程。它不仅让人类从有限的物质空间走向了无限的虚拟空间，更重要的是，它让人类财富形态一步步远离物理形态，走向数字货币，走向云端世界。

——陈贝帝原创观点

人类是在不断的迁徙中完成环境改造和生命延续的。然而，人类最大、最壮观、最惊心动魄的迁徙，则是向互联网的迁徙。在这次迁徙过程中，不管是自然人，还是法人，包括了所有种族和肤色，都得抛下一切坛坛罐罐和杂念，大踏步地朝互联网走去。

不到半个世纪，这个最坚固的世界便烟消云散了。

诞生于1969年的阿帕网，原本是美国人冷战时期的一个产物，但它却成了上帝送给人类的一个最好的礼物。富有戏剧性的是，一个旨在核战争中免受毁灭性打击的系统，最后却成了和平条件下的民用交互通信网，这也是阿帕网始料不及的。

阿帕网发送的第一个信息是"L"和"o"。那年的一个晚上，一个包含五个字母的单词"Login"（意即"登录"），在键入"Lo"后，系统突然崩溃了，通信无法继续进行，为此，世界上第一次互联网络的通信试验仅仅传送了两个字母"Lo"，便死机了。

但它的意义却是重大且不言而喻的。它当初只有四个大学作为节点，但后来却蔓延到了全世界。它不仅产生了世界上第一个网民，而且给这个人类带来了一个全新的种族。所以说，阿帕网是人类互联网的祖先。

问世于1983年的因特网，是互联网的一个全新面孔。它不寻常之处，就是让普通电脑用户只需要一台个人计算机，一根电话线，一个调制解调器，就可进入网络世界。从此，互联网日益成为普通人日常生活的一部分。

因特网的伟大成功不是技术方面的，而是对人的影响。如果把网络看作是连接起来的计算机，这是不合适的。相反，网络把使用计算机进行传播的人连接了起来。所以，电子邮件在互联网中出现，这是一个奇迹般的进步，因为它对人的传播来说是一个全新的方式。

发明于1991年的万维网，这是一个世纪性的事件。这个发明者叫蒂姆伯纳斯·李，人们称他为"互联网之父"。有一次，他端着一杯咖啡，站在实验室窗前沉思，当怒放的紫丁香与杯中的咖啡香飘然而入时，他脑中的灵感刹那间爆发了。当时他想，人脑可以透过互相连通的神经传递信息，为什么不可以经由电脑文件互相连接形成超文本呢？这样，他让互联网有了人类大脑的雏形。

互联网的划时代意义，是把人与信息连接起来了。在此之前，计算机把信息进行了数字化，存储在了一个个的晶体管里，但这些信息是孤岛，你的就是你的，我的就是我的，彼此之间是孤立存在的。而万维网的出现，将这些信息孤岛连接了起来，形成了一个巨大的网络，让信息像河水一样流动了起来。

它的伟大之处，就是开创了互联网的免费之道。如果他将他的发明的申请知识产权，将成为全世界最富有的人。但他并没有这样做，而是将自己的发明公之于众，一夜之间，全世界网络公司风起云涌，大批互联网富翁纷纷诞生。

2008年6月10日，是一个移动互联网发展史上具有特殊意义的纪念日。苹果创始人史蒂夫·乔布斯向全球发布了新一代的智能手机iPhone3G，从此，开创了移动互联网蓬勃发展的新时代，并以摧枯拉朽之势迅速席卷全球各个角落。

移动互联网是人类进化非常特殊的一部分，它的目标就是实现人类大脑的充分联网。它是基于智能移动终端与无线网络相结合的，密切联结人们线上线下生活、工作和娱乐出入口的新通道。它不仅改变了人类的生活习惯，还改变了人类的生产方式。

尼葛洛庞帝在《数字化生存》书中说，"计算不再只与计算机有关，它决定我们的生存。"从此，它开始了人类一个全新的迁徙，人们从现实世界迁到数字世界，从物理世界迁到云端世界。

它迁徙的方式，就是"让云定义世界"。这不是好莱坞的台词，而是正在形成的现实场景。在这个迁徙过程中，云将定未来，定义一切，并以跨界的方式席卷一切，打破旧的秩序，重构新的世界，并成为这个世界的核心和灵魂，

云是人类社会数字化迁徙的结果。它不仅重构了人类的生产方式、工作方式和交际方式，也重构了人类的财富形态，即看得见、摸不着的数字货币。它不仅为人类提供了一个价值创造和价值交换的方法和方

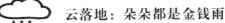

式，而且也让传统的实体财富变成了虚拟化的云端财富。

这就是人类迁徙的目的。它所要做的，就是重建一个与物理世界接近的虚拟世界，让物理世界的事物以信息的形式出现在虚拟世界，通过对信息的处理来帮助人们解决在物理世界难以解决的事情，其中包括财富不公的问题。

所以，阿帕网、因特网、万维网和移动互联网的进化，它们从一个各自孤立的区域网络到全球性的网络，其实就是一个现实世界不断云化的过程。更重要的是，它让人类财富一步步远离物理形态，走向数字货币，走向云端世界。

◎云版案例 5：英特尔的"云孵化"

英特尔有着三条著名的定律。第一条定律就是著名的摩尔定律：计算机芯片的集成度和运算能力每 18 个月翻一番；第二条定律：只有偏执狂才能生存；第三条定律：更快地发展计算技术和应用。在这三条定律作用下，英特尔不仅改变了世界，而且成为了这个硅器时代的云孵化者。

英特尔公司是全球最大的个人计算机零件和 CPU 制造商，它成立于 1968 年，总部设在硅谷，是 PC 芯片领域的世界统治者。1971 年，英特尔推出了全球第一台微处理器，它不仅带来了计算机、互联网和云计算的革命，而且改变了这个世界，让这个世界从原子化走向比特化。

从美丽的仙童到英特尔，这是一个耐人寻味的故事。硅谷的名字，起源于一个削尖了鼻子打探故事的酒鬼记者。但硅谷就像是一条时空的裂缝，透过这个裂缝，这些具有天才的牛仔们把他们的产品和理念输送到了全世界的每一个角落。

1955 年，晶体管的发明者之一威廉·肖克利回到了他的家乡——硅谷附近的帕洛阿尔托创办公司。但他是个非常糟糕的学者老板，很多追随他的人都离他而去，其中就有他的八个员工，创立了非常著名的仙童半导体公司。当仙童分崩离析之后，又衍生了无数的新公司，包括闻名全球的英特尔。

威廉·肖克利曾经怒不可遏地骂这八个人为"八叛徒"，因为他教会了他们如何打造出晶体管。但让他没有想到的是，其中两个叛逆者所创立的英特尔却改变了这个世界，与这个老师兼老板一起，成了这个云世界的孵化者。

早在 1965 年，英特尔创始人之一戈登·摩尔提出了著名的"摩尔定律"，即当价格不变时，集成电路上可容纳的晶体管数目，约每隔 18 个月会增加一倍，性能也将提升一倍。在其后的半个世纪里，整个计算机行业都遵循着摩尔定律的节奏突飞猛进，英特尔也很快成了一个改变世界的"超级工厂"。

从 20 世纪 70 年代起，英特尔的创始人摩尔就构筑了公司赖以成功的商业模式，即不断改进芯片的设计，以技术创新满足计算机制造商及软硬件产品公司更新换代、提高性能的需要。摩尔提出，计算机的性能每 18 个月翻一番，只有不断创新，才能赢得高额利润并将获得的资金再投入到下一轮的技术开发中去。

英特尔推出第一块用于个人电脑的 4004 型微处理器之后，又马不停蹄地推出了升级产品 4008，并应用于 CPU。一年之后，又开发出真正通用型的微处理器 8080，使英特尔成为 8 比特芯片市场的领导者。随后，英特尔又推出了速度更快、功能更多的 8085 型处理器，并调集人员开始研制更先进的 32 比特 432 型微处理器，从而始终牢牢地把握产品更新换代的主动权。

在英特尔担任了 11 年 CEO 的安迪·葛洛夫，曾在戈登·摩尔的邀请下加入了仙童半导体公司，后又自愿跟随戈登·摩尔的脚步，成为英特尔公司第三位员工。他的加盟，正好弥补了两位前仙童叛逆者的性格缺陷，成了英特尔真正的三驾马车。

葛洛夫的"只有偏执狂才能生存"的格言，不仅给英特尔带来了高效率，而且多次让英特尔化险为夷。最凶险的一次是 20 世纪 80 年代中

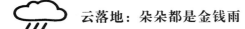

期，日本的存储器厂商几乎把英特尔逼入死角，英特尔最终不得不退出内存芯片的生产，而转入另一块比较新的领地，那就是微处理器的开发。这不仅帮助英特尔在激烈的竞争中得以生存，而且成为全球最大的芯片制造商。

英特尔第三条著名定律，就是更快地发展计算技术和应用。从微米到纳米制程，从 4 位到 64 位微处理器，从奔腾到酷睿，从硅技术、微架构到芯片与平台创新，甚至到为中小企业云转型提供 SaaS 服务的解决方案，这些不间断的创新，为英特尔注入新鲜活力。

2005 年至 2012 年，英特尔错失了移动互联网浪潮的七年大好时光，但英特尔并不气馁，随后作出了积极反应和战略补救，公司在云计算上下了最大的赌注，快速进入了物联网和智能穿戴芯片领域，为下一个浪潮的到来占得先机。

但这里要着重提到的是，英特尔作为一个计算机、互联网、云计算的孵化者所发挥的先驱作用。可以毫不夸张地说，当今声势浩大的 IT 革命所创造的辉煌，均可以追溯到一个小小晶体管的诞生。

这个硅器时代的一切，从计算机到互联网到云计算，都来源于一粒普通的沙子。来自于沙子的硅，在它变成了晶体管之后，就有了寄存器、电容器等元件，当把这些元件集成在一块硅片上，就诞生了第一个微型集成电路。

这样，奇迹就出现了。随着微处理器的出现，史上第一款便携式计算器便横空出世了。计算机、互联网、云计算的接踵而至，也就不足为奇了。从此，世界在云上，你我在云端，过去的神话变成了如今的现实。

所以，在这场把沙子变成珍珠的科技魔法中，作为芯片之王的英特尔是一个真正的云孵化者。

外星人讨论：英特尔的"仙童之芯"、"斩断之芯"和"云中之芯"

原子人、比特人和数据人来到了位于美国加利福尼亚州圣克拉拉的英特尔总部。这只是一座六层高的白色和蓝色玻璃幕墙建筑。在公司总部首层，印着大名鼎鼎的摩尔定律："每隔 24 个月，芯片上集成的晶体管数量将增加一倍。"他们在此进行了为期一周的考察，对英特尔案例做了调查、研究、分析和讨论。

数据人："如果说当年的蒸汽机、电力和流水线是人类新经济的先驱，那么英特尔的微芯片则是这个 IT 时代的不老英雄。至今没有哪个公司在 IT 行业持续统治长达二十年之久。不仅如此，它所推出的第一个微处理器，不仅带来了颠覆性的计算机、互联网和云计算革命，而且改变了这个世界。今天，我们来分析、探索、讨论这个案例，不仅对做企业有帮助，而且对认识这个世界也是有所裨益的。"

原子人："数据人说得好，英特尔在 IT 时代是一个不老英雄。它之所以基业长青，就是因为它有一颗仙童之芯。"

比特人："仙童之心？"

原子人："我说的是微芯片的'芯'。"

比特人："哦，明白了。"

原子人："大家知道，英特尔是来自美丽的仙童。没有仙童的'八叛徒'，就没有英特尔的诞生，没有仙童的晶体管，就没有英特尔的微芯片，就不会有改变世界的第一台微处理器，甚至改变人类历史的 IT 革命也得往后延期。"

比特人："也不会有硅谷的出现。"

原子人："对。正因为有了仙童之芯，才有了英特尔的奔腾之芯，才有了摩尔定律的威力，才有了英特尔的超级世界工厂，才有了人类向云端的大迁徙。"

比特人："奔腾之芯？"

原子人："对。从仙童之芯到奔腾之芯，是英特尔最委曲求全的时

期，也是英特尔最辉煌的时期，几乎让它到达了荣耀的巅峰。"

比特人："为什么？"

原子人："当时，英特尔还是一个初创公司，IBM已是一个蓝色巨人，为了搭上IBM这辆战车，英特尔与IBM签了一个极不平等的条约。这个条约，对英特尔来说几乎是剥夺性的。"

比特人："公司与国家一样，弱者无外交。"

原子人："英特尔在忍声吞气了三年之后，终于凭着它的奔腾之芯，就是以更快、更强、更低功耗的奔腾系列迅速取代了286、386、486、586等系列，终于把PC时代的王者IBM踩在了脚下，实现了咸鱼翻身，成了IT时代新的统治者。"

说到这里，比特人与数据人响起了掌声。

比特人："原子人说得很好，'仙童之芯'是英特尔的源泉，而'奔腾之芯'则是英特尔的爆发和崛起。那我来说说英特尔的'斩断之芯'吧。"

原子人："斩断之芯？"

比特人："对。英特尔创始人罗伯特·诺伊斯有一句名言，叫'不要被过去所阻碍，做些更精彩的事情'。那就是在摩尔定律的鞭策下，他们不断地去创新，再创新。但就是这么伟大的公司，也会犯错误，斩断了自己的移动之芯。"

原子人："为什么？"

比特人："这一刀下去，连英特尔人自己也没料到，让他们错失了整整七年之久的、最好的移动互联网浪潮。"

原子人："人家是七年之痒，英特尔是七年之痛。"

比特人："对。英特尔人也是由痒至痛的，甚至让他们感到痛不欲生，后悔莫及。"

原子人："有这么悲惨吗？"

比特人："差不多吧。当时，已经不可一世的PC芯片霸主英特尔，在多元化的扩张下，希望成为跨越IT与通信的平台企业。为此，英特尔果断进入手机芯片领域，从PC延伸到了手机，点燃了那团移动的烽火。"

原子人："这是独到的眼光啊。"

比特人："是啊。他们是一个伟大的夜行者，但错就错在他们缺乏耐心，没有等到曙光的到来。"

原子人："为什么？"

比特人："作这个决定的人，是英特尔前一任 CEO 贝瑞特，但 2005 年新上任的 CEO 欧德宁，很快作出了另一个决定，将处于严重亏损的通信与应用处理器部门出售，退出了手机市场，从此，关闭了通向移动互联网的大门。"

原子人："太可惜了。也关闭了通向未来的大门。"

比特人："对。只有时间，才是一块试金石。任何的决定，只有在时间的检验下，才知道是对是错。当 PC 业走到了衰退的拐点的时候，当移动互联浪潮悄然来袭的时候，英特尔终于后悔了。当时，他们挥泪斩马谡，以为是一个壮士断臂之举，没想到，这一刀下去，斩断的并不是一条残疾的手臂，而是一颗移动的心，一颗真正奔腾的心！"

说到这里，原子人与数据人报以热烈的掌声。

数据人："你们说得真是太精彩了。从仙童之芯到斩断之芯，说明了再伟大的人也不是神，再伟大的公司也会下昏棋。但在我看来，这是一件坏事，也是一件好事。"

原子人："为什么？"

比数据人："因为没有英特尔人的犯错，就不会有雅虎、微软、谷歌、苹果等新生代的机会。但也正是这些硅谷牛仔的立马叫阵，才又一次激起了英特尔人翻身上马的雄心。"

比特人："真是宝刀不老！"

数据人："对。在考察时，你们还记得英特尔博物馆那条霸气无比的标语吗？它是这样写的：今天，不论地球上、外、里，微芯片无处不在。"

原子人："它的野心，还在地球之外？"

数据人："对。英特尔人的地球之芯，已经无孔不入，但它要做的，不止这些，还要让地球之外的芯，也无处不在。所以，我今天来说说英特尔人的'云中之芯'。"

原子人："'云中之芯'？"

数据人："对。英特尔退出手机和平板市场的七年，也是英特尔错失移动互联网的七年，为了挽回这个战略失误，英特尔抓住云计算这根救命稻草，又在两大领域下了最大的赌注。"

原子人："作为救赎吗？"

数据人："不错。一方面他们把赌注下在了智能穿戴领域，为新时代的到来提供穿戴之芯，他们笃信智能穿戴设备将是下一个浪潮。"

原子人："这是一场新的革命。"

数据人："正是。另一方面，英特尔人认为，云计算是一场马拉松，而不是短跑。需要海量的、源源不断的计算能力才能持续下去。这就需要动力之芯。"

原子人："这正是英特尔人的长处和本领。"

数据人："太对了。英特尔错失了移动互联网时代的大蛋糕，但决不肯错过物联网时代的这场盛宴。所以，英特尔对于即将到来的物联网时代，不仅投入了巨大热情，而且下了最大的赌注，为这个新的时代提供更小、更快、更低功耗的云中之芯！"

至此，原子人与比特人又是击掌而呼，久久不能平息。

◎云版案例6：网景的"云雏形"

如果说万维网的发明人是这场 IT 革命的点火者，那么网景公司创始人就是互联网爆发的起飞者。万维网发明的第一个网页，让人类走出了信息的孤岛，而网景发明的第一个浏览器，使原本枯燥无味的哑巴因特网变成了图文并茂、声色并存的互联网，并且绚丽多彩，人气冲天。

从某种意义说，网景的浏览器就是人类最早的云雏形。

网景公司创立于 1994 年，以其生产的同名网页浏览器而闻名于世界。它是一个基于万维网的公司，创造了互联网时代的第一个财富神话，年仅 24 岁的公司创始人马克·安德森，在睡梦中便完成了从普通人到千万富翁的逆袭。但不幸的是，在"第一次浏览器大战"中，它被微软的强大实力所击败了。

马克·安德森出生在威斯康星州一个小镇的普通家庭，父亲是种子销售商，母亲是农产品售货员。他从 9 岁开始接触计算机，在图书馆自学了 Basic 语言。在读伊利诺伊大学时，他开始在学校里的国家超级计算中心工作，每小时可赚 6.85 美元，但他觉得工作很没意思，因为他发现大型机前途渺茫，不是他努力的方向。

但在 1991 年，瑞士人伯纳斯·李发明了万维网，激发了他的热情和想象力。当时的万维网由两部分组成，一个是 Web 服务器发布信息，一个是浏览器获得信息。但遗憾的是，早期的万维网只有文本，没有图像，没有声音，没有色彩，也没有类似 Windows 的界面，连操作指令也是枯燥乏味，难以记忆。

1993 年初，马克·安德森觉得万维网上加图形会更有意思，这个想法，让他开发了命名为"马赛克"的浏览程序，放到互联网上供人免费使用。数周内，全球数 10 万用户下载了该程序，一年内，用户超过 200 万。

马克·安德森的网页浏览器赋予了万维网极大的活力，人们突然发现，万维网是发布和交换信息最方便的地方。和传统印刷出版业相比，万维网具有实时性，而且成本很低，将文件发给世界上任何一个地方的任何人，费用几乎为零。

1994 年 3 月，马克·安德森成了这个时代第一个淘金的幸运儿。这一天，他像往常一样坐到自己的电脑前打开邮箱，忽然发现了一封来自一个陌生老头的邮件。在这封邮件里，一位老资格的硅谷风险投资家吉姆·克拉克邀请他一起合作，开发关于网络浏览器的新事业。

对于安德森来说，这简直是梦寐以求、从天而降的好机会。

1994 年 4 月 26 日，他们只谈了不到半小时，新公司就成立了，叫马赛克通讯公司，克拉克当即投资了 400 万美元，并把马克·安德森和他的伙伴们都拉到硅谷，集中全力开发新的网络浏览器。

不到两个月，马克·安德森日夜兼程，带领他的工作组成功开发了马赛克浏览器的新版本，并把它命名为"Navigator"，意即"导航员"，推向市场后，一下子占据了 80％以上的份额，大抢眼球。

1994 年 11 月，伊利诺伊大学将原来的浏览器技术转让给了一家名叫 Spy Glass 的公司。马赛克这个名字不能用了，于是马克·安德森把马赛克公司更名为网景公司，从此，这个名字响彻了硅谷，走红了全世界。

为了使公司更加专业，克拉克又请来了曾是联邦快递公司 CEO，老将巴克斯戴尔加盟，组成了三驾马车，让网景如虎添翼。一年以后，也就是 1995 年，网景公司走向股票市场，上市那天，网景的股票从 14 美元狂升至 75 美元，马克·安德森所持股份的价值已升至 1.71 亿美元，他也因此成了互联网行业的一匹黑马。从此，网景公司成了一个耀眼的明星公司。

当时才 24 岁的马克·安德森初出茅庐即荣耀加身，成为《时代》杂志的封面人物，被捧为"第二个比尔·盖茨"，并成了每一位梦想在万维网时代一夜暴富者的心中偶像。有人惊呼："我的天，这一定会改变世界！"

到了这时候，微软才觉醒了，并真真切切地感到了网景的威胁。这个软件业巨人受到了一群自命不凡、玩世不恭的新面孔挑战，而且他们都处在短兵相接的互联网入口上，于是，一场世纪性的"浏览器大战"不可避免地爆发了。

在 1996 年珍珠港事件纪念日，微软邀请了近 200 名记者和分析家，宣布了公司新的网络战略：公司从所有方向出击，提供更好、更快、免费的浏览器，并在 PC 操作系统上提供企业内部网的服务器软件，全部免费的产品包括网景浏览器最主要的产品线，一场残酷的商业战争就这样开始了。

但这是一场熊和鳄鱼的搏斗。

比尔·盖茨力排众议，决定对其他对手暂时一律放过，把网景公司列为头号竞争对手，拉入射程，把打垮网景视为生死之战。盖茨通知公司工程师，不管进展到何种程度，立即停掉手上的工作，全力投入到微软浏览器的开发上。

当时微软的口号是"关掉网景的空气供应，让它窒息"。于是，微软迅速地推出了一个新的浏览器产品。为了彻底摧毁网景，盖茨决定将这一产品实行免费开放，不久又把它和占全球 85％ 的装了 Windows95 操作系统的电脑进行捆绑，一下子就把浏览器市场的游戏规则给打乱了，让包括网景在内的所有公司和消费者都目瞪口呆。

1997 年年底，残酷的竞争形势使网景陷入困境。在微软的强大攻势下，为了抵抗其拥有雄厚财力的对手的赠送行为，它不得不把用于 Windows NT 的商业服务器软件削价至原来的 75％，对于一个成立不过三年时间的公司，这是一种难以承受的压力。

在微软的穷追猛打之下，网景无力回手，不得不进行战略转移，将经营重点从浏览器市场上转移开，将主要精力放于企业级电子商务应用程序套装软件上。虽然这个举措让网景又一次获得新生，但大势不可逆转，网景已开始成为了明日黄花。

1998 年 11 月，美国在线公司以 42 亿美元收购了网景。签合同的是美国在线，掏钱的却是微软。对微软来说，这 42 亿美元只是九牛一毛，但它把网景吞到肚子里，让它永世不再呼吸。网景得到了补偿，但失去了灵魂。

对于网景来说，这个教训太惨重了。网景的 CEO 巴克斯德曾对《时代》周刊记者说："互联网是一个不宽容错误的地方。如果这次微软错了，它就永远也找不到正确的道路了。"

这场战争结束了，微软拿到了圣杯，网景成了先驱。如果不以胜败论英雄的话，那么网景则是死而不朽的。因为，马克·安德森不仅点燃了这场 IT 革命的烽火，而且激活了全球互联网的能量，让它轰轰烈烈地进行下去，扩展到世界上任何地方和角落，并深刻影响到各行各业和每一个人的生活方式。

可惜的是，网景这个"云幻影"过早地被吞噬了。

外星人讨论：网景的"1995 神话"、"第一滴血"和"不朽流星"

原子人、比特人和数据人来到了位于加州山景城的网景总部。但它已经人去楼空，成了明日黄花。这座小城，既是硅谷的发源地，又是互联网的摇篮，曾在万维网时代一夜成为耀眼明星的网景公司，就是在这里冉冉升起，又极快地陨落了。他们三人在此进行了为期四天的考察，并对网景案例做了时代性的分析、研究和讨论。

数据人："山景城是一个轰动世界的小城，它是硅谷的一个缩影，但也是互联网创业者的一个坟场，网景公司就是其中之一。网景创立于1994 年，1998 年被美国在线并购，2003 年宣布解散。不过，网景的生是绚丽的，网景的死是壮烈的，其身后影响也是深远的、耐人寻味的。所以，今天我们讨论一下这个案例，挖掘一下它的价值，仍然有着很广泛而深刻的现实意义。"

原子人："数据人说得太对了。网景的诞生，它真正的意义，是给人类带来了破天荒的想象力。因为它发明了加入图片的网络浏览器，从而让万维网变得熠熠生辉，一下子进入了全球性的互联网时代。所以，我今天的观点，谈谈网景的'1995 神话'。"

比特人："1995 神话？"

原子人："对。人类最有想象力的就是神话。但人类神话的分水岭，则是以公元 1995 年为界线的。在 1995 年以前，人类只是依靠自己的想象力组织神话、描绘神话和讲述神话，只有到了 1995 年以后，奇迹才真正发生了，人类因为有了全球性的互联网，才把过去的神话变成了触手可及的现实。"

比特人："为何是 1995 年？"

原子人："1969 年成立阿帕网时，只有 4 个节点；1983 年有了因特网，但也只是个区域网；1991 年发明了万维网，人类才走出了信息孤岛；只有到了 1995 年，互联网才获得了爆炸性的成长。这是因为网景的出现。网景的浏览器，第一次带来了图文并茂的浏览界面，从而让因特网走出了象牙塔，走入了寻常百姓家，走向了虚拟世界，正式进入了全球性的互联网时代。"

比特人："有道理。"

原子人："而这个现实，是由万维网、浏览器和上网大军三个历史事件所构成的。继阿帕网、因特网之后，万维网的发明，像蒸汽机一样，掀起了一场 IT 革命，从此，打开了人类获取信息的方便之门。"

比特人："就是那个叫伯纳斯·李的美国人吗？"

原子人："对。他也被称为'互联网之父'。这个人很有意思。本来，他凭着这个发明，如果申请专利的话，他可以成为世界上最富有的人。但他没有这样做，而是把他的发明，也就是万维网的代码，免费公之于全世界。而他自己仍在清贫之中乐此不疲。"

比特人："但他让人类变得更加富有了。"

原子人："太对了。此后不久，世界上的网络公司便如雨后春笋般纷纷涌现出来，几年时间，便诞生了网景、雅虎、亚马逊、谷歌等互联网巨头，创造了一大批互联网富豪。"

比特人："网景抢了头筹。"

原子人："不错。万维网诞生三年后，网景公司推出了第一个网络浏览器，让原来处于象牙塔的因特网，变得图文并茂、生动万分，成了大众获取信息的新工具，顿时风靡了全世界。"

比特人："从文字到图片，让世界变得更好玩了。"

原子人："正是如此。1991 年，科学家伯纳斯·李发明了第一个网页，当时接入互联网的全球计算机，只有 20 万台；1993 年，网景发明了第一个浏览器，短短 4 个月，连接互联网的电脑就达到了 600 万台；1995 年是互联网的里程碑，在这一年，全球联网计算机超过了 2000 万台，世界上大部分国家都加入了互联网。这一年，也被定为国际网络年。这是人类从物理世界走向虚拟世界、把神话变成现实的开始。"

说到这里，比特人与数据人发出了喝彩声。

比特人："原子人说得太棒了。1995 年，当因特网因网景的浏览器

而迎来了第一波快速崛起时，微软的操作系统还没有浏览器，所以，这是互联网的入口之争，微软与网景发生战争是必然的。所以，我今天谈的观点，就是互联网丛林'第一滴血'。"

原子人："互联网也是丛林？"

比特人："尽管互联网回归了人类的分享本质，但丛林法则仍然不可避免。如果说网景是这个丛林中的小鹿，那么，它就是被微软这个独角兽所扑杀的。"

原子人："独角兽？"

比特人："对。在那个 PC 时代，微软就是一匹独角兽。微软是以视窗称霸世界的，当网景的浏览器以迅雷不及掩耳之势占据了互联网的入口时，盖茨突然觉得事情严重了。"

原子人："网景成了微软的敌人。"

比特人："盖茨意识到，这是一只可怕的拦路虎。当与网景谈判合作失败后，他作了一个决定，只有将它射杀，别无选择。于是，他发动了这场世纪之战。"

原子人："扼杀于网景羽毛未丰时。"

比特人："对。于是，盖茨选了一个日子，于 1995 年 12 月 7 日向网景发动了这场浏览器的战争。"

原子人："为何选择这一天？"

比特人："54 年前的这一天，日本偷袭了美国珍珠港。盖茨把微软看成美国海军，而把网景看成是重创美国海军的偷袭者。"

原子人："结果，新的太平洋战争打响了。"

比特人："对。微软当时的口号是'关掉网景的空气供应'。"

原子人："真是够狠的。"

比特人："盖茨开始反击了。他是一个善于把所有火力集中起来打歼灭战的人。在这一天，他发出了战斗指令，全公司所有工程师，不管什么项目或进展到何种程度，立即停掉手上的工作，全力投入到微软浏览器的开发上。"

原子人："有气魄。"

比特人："可想而知，这是一场独角兽与小鹿的猎杀。因为，网景仅凭一个浏览器与拥有完整操作系统的微软抗衡，力量实在太悬殊了。最后结果是在官司中解决的，微软间接地给了网景42亿安葬费，让网景体面地走下了历史舞台。"

说到这里，原子人与数据人响起了掌声。

数据人："比特人说得太精彩了。网景从诞生到结束，其寿命不到十年，而真正的存活期只有五年，就英勇而壮烈地死了。网景已死，但它的光芒却是不灭的。所以，我今天谈的观点是'不朽流星'。"

原子人："不朽流星？"

数据人："网景改变了世界，又被世界所吞噬了，不过，吞噬的只是它的躯体，它的光芒却是永远不灭的。所以，网景短暂的一生，就像划过天宇的一颗流星，虽然陨落了，但它那道拖曳出来的亮光，给人类留下了一个长尾效应。"

原子人："给人以启示。"

数据人："对。它成了互联网门口的一盏长明灯，照亮了后来人。网景虽然被微软这只独角兽吞噬了，但它没有白死，血也没有白流，因为在它被吃掉之前，与微软打了一场世纪官司，为它戴上了一顶因垄断而面临被分拆的紧箍咒，使它再也不能为所欲为。"

比特人："垄断是互联网的罪人。"

数据人："不错。网景成为了互联网的先驱，最壮烈、最有意义的是，它挡住了微软垄断的子弹，让同时代的 AOL、雅虎有了存活空间，让后来的谷歌、脸谱不再重蹈覆辙。所以，网景已死，但它的遗产是不朽的！"

原子人："精神长存。"

数据人："太对了。网景最大的价值，最大的贡献，就是改变了人们当时对于财富的看法。老牌的经济学理论认为，财富应该来源于积蓄、买卖、投资或几代人的奋斗，而无法解释网景的这种财富神话现象。美国通用电力公司花了43年的时间，才使市值达到27亿美元，而网景公司一夜之间就达到了54亿美元，轻松地超过了它一倍。这是一种财富悖论。但实际上，是互联网重塑了人类财富形态，开始了从工业经济向信息经济的过渡，实现了财富从物理化走向比特化！"

至此，原子人与比特人又是击掌而呼，雀跃不已。

◎云版案例7：亚马逊的"买卖云"

在万维网诞生的第五个年头，也就是1995年，当年轻有为的贝索斯离开华尔街去创业，开办了一家网上书店时，有一位大名人在《纽约时报》上说："亚马逊是注定要失败的，任何人在自己家的卧室里都能再建一个亚马逊。"但在二十年之后，亚马逊不仅由一家在线图书零售商，发展成为网上的沃尔玛，而且还成为了一家云计算巨头，在西雅图上空飘起了世界上"最大一朵云"。

这就是硅谷的奇迹，一个孕育、孵化和生产云的地方。

1965年，贝索斯出生于美国新墨西哥州中部大城阿尔布奎。他是一个私生子。1968年，母亲带着3岁的他嫁给了一个60年代初期的古巴移民，他跟随母亲进入了这个家庭，并用了继父的姓。但他们的感情却胜过许多亲生父子，一家人过得其乐融融。

1986年，贝索斯在美国普林斯顿大学毕业后，进入了纽约一家新成立的高科技公司。两年后，贝索斯跳槽到一家纽约银行信托公司，25岁时便成了这家公司有史以来最年轻的副总裁，管理价值2500亿美元的电脑系统。

但贝索斯并不为自己的成就满足，他还在继续前进。1990年，他看准了对冲基金的前途，便投身到华尔街的热潮之中，为一家知名券商服务，并成功地替公司建立了架构庞大、运作巧妙的对冲基金，并在1992年又成为该公司最年轻的第二号人物。

1994年，贝索斯在互联网上看到了一个数字：2300%，互联网使用人数每年以这个速度在成长。当时西雅图的微软已经逐渐长大了，这个数字激发了贝索斯的热情，他希望自己像比尔·盖茨一样，做一个互联网浪尖上的弄潮儿。

这三次跳槽，让贝索斯成就了一个网络商业传奇。

贝索斯辞掉了华尔街的工作，考虑着下一步怎么走。一天，他在开车途中，一个书店无意间映入他的眼帘，一个想法浮上了他的脑海：为什么不办一个网上书店，用崭新的方式销售图书和 CD 光盘呢？他觉得这个主意不错。

1995 年，贝索斯从纽约搬到西雅图，用 30 万美元的启动资金，从西雅图郊区租来了一个车库，创建了全美第一家网络图书零售公司。他用全世界最大的一条河流来命名自己的公司，希望它能成为图书公司中名副其实的"亚马逊"。

在公司起步阶段，为了让亚马逊在传统书店如林的竞争压力中站稳脚跟，贝索斯花了一年时间来建设网站和数据库，用了三个月时间对软件进行测试，直到满意为止。同时，对网络界面进行了人性化的改造，给客户舒适的视觉效果，方便选取服务。凭着这些优势，1995 年 7 月，亚马逊正式打开了它的"虚拟商务大门"。

此后，亚马逊进了公司的井喷时期。从 1995 年到 2005 年，他用了十年的时间，便完成了世界上"最大的网上书店"和"最大的在线零售商"的两次转型，不仅干掉了美国最大的巴诺书店，而且在市值上也把老牌的沃尔玛拉下了宝座。

更有戏剧性的是，贝索斯无心插柳柳成荫，在完成亚马逊"线上巴诺书店"和"线上沃尔玛"两次转型的同时，他歪打正着，误入云端，又让亚马逊成为了世界上"最大的云计算巨头"。

前树之因，后树之果。亚马逊最初的业务是在线销售书籍，后来又成了百货纷呈的在线商店。为了跟上用户规模的发展速度，亚马逊需要适应他们运营模式的硬件设备和软件系统。但不幸的是，在亚马逊发展的初期阶段，这种系统还没有诞生。为此，亚马逊除了自己研发以外，并没有其他的选择。

2004 年，亚马逊推出了一个新的产品 Merchant.com，为零售一类的商户搭建在线商店。亚马逊的基础架构飞速增长，但零售后台的软件系统却拖了后腿。为了解决这些问题，亚马逊的 IT 技术人员在贝索斯的压迫下，终于想出了建立简单、独立计算系统的方法。

这就是亚马逊零售业务的大规模分布式系统。当这一切完成后，亚马逊意识到他们不仅可以自己掌握主动权，而且研发成果还能为其他用户所用。由此，亚马逊自己研发的网络服务诞生了。

贝索斯说过，亚马逊作为电子商务公司，起初为了处理大数量的货品库存和分配，积累和完善了他们的大数据计算技术，所以这个领域中，就技术来说，亚马逊处于前端的位置。后来，贝索斯突然意识到，既然亚马逊本身拥有这么优秀的技术，为何要闲置在这里，为何不提供给其他人服务呢？

2006 年，亚马逊出其不意地推出了 Amazon S3 服务。不过，这只是云计算的雏形。S3 只是一项云存储，只是现在 AWS 功能的一小部分，现在它已经囊括了计算、数据库和网络等内容，成为了亚马逊云计算的旗舰产品。后来，它又成了亚马逊的弹性计算云，简称为"EC2"的云托管服务。

它的使用原理很简单，但很实用，即用户租用亚马逊云上的空间，只需为他们需要和使用的部分付费，其软件也是在运行的时候分配使用空间。云的每个部分都能提供给用户使用，他们只要按需购买，用多少付多少。

它的最大吸引力，就是用户通过云的方式，他们的软件就可以在大型计算系统上运行，既不必非要购买属于他们自己的物理硬件，也不必订购在数据中心的托管服务，从而大幅度降低了他们的 IT 成本支出，提升了运行效率。

从 2010 年左右开始，亚马逊的 AWS 逐渐引起了全球的关注。当时，硅谷和纽约的所有热门创业公司和政府机构趋之若鹜，都开始利用 AWS 来运行网站。2013 年，占据约三分之一北美网络流量的视频服务巨头 Netflix 已经将全部计算任务交给亚马逊云。

到了 2015 年，通过不断地完善服务，亚马逊已经成为当时最大的云服务提供商。现在世界上有成千上万的公司使用 AWS 来运营它们的业务，按照亚马逊的说法，"它们坐落于 190 个国家，这也就是它们所有在地球上的分布"，在全球性的云计算上，亚马逊已经成为实际意义上的"最大一朵云"。

它的戏剧性还在于：为什么 AWS 云计算服务是亚马逊先做出来，而不是谷歌？因为谷歌的技术实力和大规模计算需求和能力比亚马逊更强，更有理由抓住了服务广大中小互联网创业公司这个机会。

这是一个技术问题，但更是一个哲学问题。贝索斯曾经说过："从创办亚马逊的经历中让我懂得了，坚持一个新事物或者在某一领域成为领袖，需要能够在很长一段时间内愿意承受误解。"

所以，亚马逊能成为世界上"最大一朵云"，关键的不是它的技术，而是它的思想。

外星人讨论：亚马逊的"热带河流"、"虚拟货币"和"误入云端"

原子人、比特人和数据人来到了位于美国太平洋西北区西雅图的亚马逊总部。公司创始人贝索斯在当年选址时，一眼就看中了这座小城中的联合湖畔，认为这里很有灵气。如今亚马逊总部已经占据了附近的14 座建筑物，但雄心悖悖的贝索斯正在这里构建一个公司城市化的美国梦想。他们三人在此进行了为期一周的考察，并对亚马逊案例作了纵横捭阖式的分析、研究和讨论。

数据人："亚马逊是一个互联网时代的弄潮儿。从最初在网上卖书撬开一个市场缺口，到现在已成为了全球最大的电商巨头，并超越沃尔玛，登上了全球零售业的王者宝座。2015 年，亚马逊市值冲破 2600 亿美元，一举超过市值 2335 亿美元的老牌巨头沃尔玛。这是一个标志性事件，它不仅是亚马逊对于沃尔玛的胜利，更是互联网新兴业态挑战传统业态取得的胜利。所以，今天我们来讨论亚马逊案例，从中挖掘一些思想和启示，这是一件很有意义的事情。"

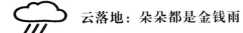

原子人："数据人说得好，这是一个历史性的事件，它不仅是一个商业的胜利，而是意味着人类开始大规模地向云端迁徙。贝索斯就是一个向云端迁徙的先驱，他只用了20年的时间，就超越了具有65年历史的老牌巨头沃尔玛，从一个网上书城变成了一个超级公司，在这个飞跃中，我看到了一条世界河流的真正力量，那就是亚马逊河。所以，我今天谈的观点，是亚马逊的'热带河流'。"

比特人："亚马逊河吗？"

原子人："对。贝索斯刚创业的时候，他就希望公司所有的人，包括他自己在内，都能够从长远的角度思考问题和解决问题。于是，他想到了亚马逊河。"

比特人："为什么是亚马逊河？"

原子人："亚马逊河不仅是世界上流量、流域最大，支流最多的河流，而且是热带雨林物种最多的河流，号称为'世界植物王国'。而且，亚马逊河来源于古希腊神话'女儿国'，是世外桃源的象征。所以，他要取一个类似的公司名字，来表达他的想法、愿望和理念。"

比特人："那它寓意什么？"

原子人："亚马逊创始人贝索斯来自华尔街，除了金融之外，他很关心互联网的成长。他从互联网每年以2300％的增长速度中，看到了巨大的商机。他创业的时候，正是万维网诞生的第五个年头，并且选择了图书这个行业，亚马逊河正好符合他为公司取名的三个条件。"

比特人："哪三个？"

原子人："首先，这个公司名字的头一个字母一定带'A'，这样公司的名字才能够依靠字母排序而排在最前面，网上搜索时容易注意到这个公司；其次，他希望公司像世界上最大的河流——亚马逊河看齐，并像亚马逊河一样奔腾不息，勇往直前；再者，亚马逊河处于热带雨林，充满了新奇与惊险，值得人们深入，他要让进入亚马逊书店的消费者，其心情与收获与进入亚马逊森林相似，获得探险和体验的快乐。"

比特人："名正言顺，出手不凡。"

原子人："事实上，贝索斯的创业，就是按照'亚马逊河三段论'

发展、壮大、扩张起来的，从一个零售巨头变成了一个云计算巨擘。"

比特人："亚马逊河三段论？"

原子人："对。在'亚马逊河上游'是起步阶段，做了一个'网上最大的书店'，把当时美国最大的巴诺书店干掉了；在'亚马逊河中游'是壮大阶段，做了一个'线上沃尔玛'，成了全球最大的网络零售巨头，又把老牌巨头沃尔玛从宝座上拉下了；在'亚马逊河下游'是扩张阶段，做了'云计算的布道者'，确立了'最以客户为中心的企业'为目标，让亚马逊成为了一家云计算服务的提供商，帮助了很多中小企业走上了成功之路！"

说到这里，比特人与数据人发出了喝彩声。

比特人："原子人说得太形象了。在我看来，贝索斯干掉巴诺书店，刷掉沃尔玛，并不是他的目的。他真正的野心，是基于线上沃尔玛之上，是回归华尔街，回归金融，做一个更赚钱、更大的事情。所以，我今天谈的观点，是亚马逊的'虚拟货币'。"

原子人："就是亚马逊币吗？"

比特人："对。2013年5月13日，亚马逊推出了虚拟货币——Coins，也叫'亚马逊币'。它是与美元挂钩的，1美元可购买100个亚马逊币，在亚马逊平台上购买应用或应用内物品。"

原子人："那它与比特币有什么不同？"

比特人："它们相同的是，都是属于虚拟货币，都是网络经济的新产物，不同的是，比特币是可开采的数字货币，但每10分钟只能产生25比特币，它是独立的，没有中央银行，也不会通货膨胀，你要获得它，只有靠你的智慧去寻找和开采。而亚马逊币是由企业发行的数字货币，它的中央银行就是亚马逊，行长就是贝索斯。"

原子人："那企业为什么要发行虚拟货币呢？"

比特人："从理论上说，这是虚拟货币的一条演化之路，从电子代金券到电子钱包币再到虚拟性货币，就是这样一个轨迹；但从实用主义来说，这也是企业在长尾交易中的一种捞钱方式。"

原子人："为什么？"

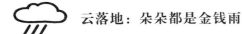

比特人："因为，虚拟货币不仅可以诱惑人们花钱，还可以掩饰支付真实货币所带来的痛苦，这就像在赌博中，把真金白银转化为抽象的筹码，可以淡化或忘掉入局者这个钱是怎么花掉的。"

原子人："那亚马逊币也是这样吗？"

比特人："对。不同的是，'亚马逊币'除了包含亚马逊一种诱导机制外，还代表了亚马逊更大的野心。"

原子人："为什么？"

比特人："它的悬念在于：亚马逊拥有了一个全球性的线上购物帝国，随着"亚马逊币"的登场、普及和深入，它的终极目标，肯定不是目前应用类的程序、游戏和项目，而是购买所有的实物商品，你们想想看，如果它也与国际汇率挂钩的话，那将产生什么样的影响力？"

原子人："难道它也要做'第二美元'的统治者？"

比特人："这也许正是亚马逊的野心所在。因为目前亚马逊公司已计划扩大亚马逊币的使用范围，如亚马逊币的条款已注明：销售税也可用亚马逊币支付；一种名为'21比特币电脑'的产品已经进入亚马逊的订单，并由在线亚马逊配送了。由此可见，亚马逊已开始为它的野心做这种准备了。"

说到这里，原子人与数据人响起了掌声。

数据人："比特人说得太有见解了。不错，亚马逊的野心，不止是网上图书，不止是线上零售，而终极目标在云计算。亚马逊从一个电商巨头到一个云计算霸主，这似乎有些风马牛不相及，但实际上就是这样的，无心插柳柳成荫。所以，我今天谈的观点，是亚马逊的'误入云端'。"

原子人："歪打正着吗？"

数据人："对。亚马逊创始人是一个天生的天才，开初做的一些事情，总是得不到别人的理解。"

原子人："此话怎讲？"

数据人："亚马逊做云计算，不是刻意去做的，而是误入云端。早在2000年，亚马逊推出了一个新的产品Merchant.com，为一些零售商搭建在线商店，从而建立了简单、独立计算系统的方法。后来发现，这些方法不仅可以用于零售商，还有更广泛的市场。2006 年，亚马逊出其不意地推出自己的计算租赁系统，也就是后来的云计算品牌亚马逊网络服务。"

原子人："就是有名的 AWS 吗？"

数据人："不错。也叫亚马逊的'弹性云'。AWS 的最大魅力，就是节约了成本，而且效率更高。其内容涵盖了计算、数据库、网络、支付、存储、应用和其他的服务，与传统 IT 支出相比，其成本减少了三分之二。"

原子人："低成本是最大的吸引力。"

数据人："太对了。但在 AWS 刚推出时，业内很多人却不以为然，觉得那只不过是一个玩具而已，没有多少人真的会跑在这朵'云'上去。"

原子人："新事物总是要被质疑的。"

数据人："正是如此。由于 AWS 内容全面，加上灵活而简易的按需付费业务模式，亚马逊的云计算产品有了惊人的拓展，不仅逐渐引起了全球的关注，用户遍及全世界 190 多个国家，而且成了人类云计算发展史上的一个里程碑。"

比特人："那它与谷歌比较一下，你是怎么看的？"

数据人："谷歌与亚马逊都是云计算的先驱，又是云计算的野心家，两者都在争夺云计算的统治权。他们几乎站在同一个起点上，谷歌提出了'云计算'的概念，它的云计算是有理论基础和指导的，而亚马逊的云计算是事后总结出来的，开初并不知道自己走在云上，而是误入云端。所以，他们的区别在于，谷歌是世界上'第一朵云'，而亚马逊则是世界上'最大一朵云'。"

至此，原子人与比特人又是击掌而呼，大为赞许。

第三章

从"第三个云层"发现云财富的入口路径

从"第三个云层"发现云财富的入口路径

　　云落地操作技巧指南：云是人类最大的解放者，SaaS是中小企业的大救星。对于中小企业来说，既不要去管IaaS的"第一个云层"，也不要去管PaaS的"第二个云层"，只要把精力、时间、注意力放在SaaS的"第三个云层"上就可以了。你所要关注的，重点已不再是技术，而是用户的需求了。

——陈贝帝原创观点

当 Salesforce 树起了一面 SaaS 软件大获成功的旗帜，它也就成了全球 SaaS 业务模式的创始者。然而，它最大的贡献，就是为当今中小企业的 SaaS 业务展现了一个美妙而具有诱惑力的前景。

尽管那个终结软件的时代还没有到来，但 SaaS 急匆匆的脚步声已扑面而来了。当老牌的 IBM、Oracle、SAP、微软等软件巨头意识到了它的重要性时，也开始拥抱了 SaaS 及其按需计算的业务模式了，并给这个市场带来了更重的火药味。

从此，SaaS 成了中小企业的大救星。因为企业与个人用户无需再投入昂贵的硬件购置成本，只需要通过互联网来购买租赁计算力，"把你的计算机当做接入口，一切都交给互联网，交给无所不能的云，去干任何你想做的任何事情！"

这就是当初并不看好、但后来渐入佳境的"第三个云层"。

在云的摸索中，人们已经走过了大型机时代、B/S 时代和云计算时代。在大型机时代，人们说得最多的是如何控制；在 B/S 时代，人们说得最多是信息孤岛；在云计算时代，人们说得最多的是"软件即服务"，及如何让云落地的问题。

在一路跌跌撞撞之后，在一番云谲波诡之后，人们才突然意识到：应用才是云计算的根本，将传统资产虚拟化才是云计算的本分，将充满矛盾的、刚性的物理世界柔化才是云计算的正道。

只有到了这个时候，人们才明白：人类社会发展至今，已经出现了"第五大公用资源"让人们分享，那就是继传统的水、电、煤气和电信之后，前些年才诞生的、近似天方夜谭的云计算了。

如果用一个通俗的比喻来说，云计算有三个云层：核心层是 IaaS、中间层是 PaaS、外围层是 SaaS。这就是这个看似神秘、但又无所不能的云计算处于这个物理世界的三个基本形态。

第一个云层 IaaS 是基础设施，从中获取虚拟的硬件资源，它包括网络、计算、存储、机房、环境、电源、散热和制冷等；第二个云层 PaaS 是系统平台，从中获取可编程的环境，它包括 Wed 服务、应用服务、数据库挖掘和管理等；第三个云层 SaaS 是软件即服务，它直接获取软件应用服务，可广泛应用到政府、医疗、交通、媒体、金融和企业等传统行业，并通过它的业务方式为终端客户提供云服务。

如果说得再通俗一些，云是传统物理世界虚拟化的一个过程。未来的工厂或公司，实际上就是一个云与非云的结合体。非云就是传统经济实体的厂房、机器和设备，而与它对应的云，就是 IaaS、PaaS 和 SaaS 了。后者对前者的虚拟化，就是传统资产的一个云化的过程。

在这个云时代，IaaS 就是一条条又宽又直且有护栏的高速公路，PaaS 就是一辆辆公路上飞奔的汽车，而 SaaS 则是一个个运输货物的物流公司，你所要做的，就是如何使它运转起来和忙碌起来。

对于中小企业来说，尤其是创业者，既不要去管 IaaS 的"第一个云层"，也不要去管 PaaS 的"第二个云层"，只要把精力、时间、注意力、创新力放在 SaaS 的"第三个云层"上就可以了。在这个时候，你所要关注的重点已不再是技术，而是用户的需求了。

在 SaaS 的"第三个云层"的应用上，它不仅可以为你提供标准化、高效率的办公、财务、CRM、ERP、电子商务的解决方案，还可为你的公司发展降低成本为你创造财富寻找到新的业务增长点和爆发点。

首先，SaaS 是企业应用软件的一个超市。在这个超市上，中小企业所需要的通信、办公、产品、销售、人力资源、财务等一切管理都可以在这里得到，你只要从中自由挑选，取其所需，只要通过注册、登录门户的方式，只要通过订购、付费、开通三个步骤，就可以简单而快捷地享受到各种 SaaS 服务。

其次，SaaS 可以提供"傻瓜式管理"。如果按照传统的 IT 构建模式，一般需要几个月，甚至半年的时间才能使它系统运转起来。而在这个模式下，便捷、易用性强的 SaaS 软件可以让用户单位管理员在三天内做完系统的安装、初始设置、用户录入和权限分配。用户只要经过一次简单培训后，一天之内就可学会简单操作，一周之内就可熟练操作大部分的功能，并让 SaaS 系统有效地运行起来。

再者，加快产品决策和上市的速度。按照传统的软件包装模式，一般需要半年至一年的时间才能完成产品创意、设计、研发、测试的过程。而在 SaaS 应用模式下，企业不仅可以更好地交流产品数据和工作流程，加快产品决策的速度，而且可以利用 CRM 产品模式，即"CRM＋开发平台＋其他应用"，不仅可以加快产品上市的速度、延长产品生命周期，而且可实现可控成本、快速实施、快速上线、精准化管理等目的。一般产品的开发，只要一个月甚至几周的时间就可以完成。

最后，SaaS 应用迎合了移动互联时代企业的价值诉求。在传统互联网模式下，个人用户需要购买授权才能使用某个厂商的软件或软件包，不仅成本高，维护复杂，人才难求，而且周期长。而 SaaS 是将软件作为一种服务提供给用户，用户则根据自己的实际使用情况支付费用，操作方便简单，且不受任何时间、空间、地点的限制和束缚。所以，SaaS 的出现，是一种颠覆性的革命。

这就是 SaaS 为什么受到中小企业重视和青睐的原因所在。它不仅把办公桌搬上了云端，将员工、客户、合作伙伴每一环都连接起来，大大地提高了运行效率，而且通过按需付费的方式，将企业固定成本转变为可变的运营成本，避免了企业过度的 IT 投资和 IT 队伍建设，提升了企业 IT 运维水平和安全性，这所有的一切，正是符合了移动互联时代企业"轻资产"的转型方向。

但如何从"第三个云层"中找到云财富的入口路径，最关键的是如何选择一个适合自己的 SaaS 方案，提升企业的 SaaS 应用水平，实现企业的 SaaS 财富梦想。最专业的答案是：可根据需求变化而定制的 SaaS 方案，或者说 SaaS 应用模式。

从选择的方向来说，中小企业必须重点考虑 SaaS 服务成本、投资回报率、服务水平协议；从匹配的要素来说，还必须仔细观察 SaaS 服务提供商的服务类型、文化差异、技术策略、用户价值、分享方法和解决方案。

尤其重要的是，还需要特别细心而慎重选择 SaaS 供应商。无论是国际老牌的 IBM、苹果、微软、亚马逊、戴尔、惠普、思科、甲骨文等 SaaS 供应商，还是国内新秀的阿里巴巴、腾讯、华为、联想、八百客、世纪互联等 SaaS 供应商，都需要中小企业睁大眼睛去寻找，去选择，去取舍，最重要的是，他们能够为你度身定制的 SaaS 服务。

所以，"第三个云层"就是当今人们发现财富的入口路径！

◎云版案例 8：Salesforce 的 "终结云"

马克·贝尼奥夫在美国是一个具有传奇色彩的人。他在 27 岁的时候，就是软件巨头甲骨文历史上最年轻的副总裁。上个世纪末，他预见到，如果将互联网与传统软件连接起来，将是一个前途无量的新式商业模式。于是，他离开了甲骨文，创立了 Salesforce 公司，不仅成了 SaaS 企业互联网的鼻祖，而且成为了全球按需 CRM 解决方案的领导者。

这就是 Salesforce 开先河的 SaaS，即软件即服务，由云计算所产生的 "第三个云层"。

马克·贝尼奥夫 1964 年出生在旧金山的一个商人家庭，父亲在那个年代经营着一家名为 Benioff 的百货公司，祖父发明了 BART，即旧金山湾区快速交通系统，而他自幼聪慧，在高一时就写了第一款软件 "变戏法"。

他与朋友创办第一家公司的时候，才 15 岁。这是一家自由软件公司，叫 "Liberty Software"，为 Atari800 开发冒险游戏。当时游戏卖得很好，每个月赚 1500 美元，已经足够让当时的他用自己的钱过上舒坦的日子。

1986 年，马克·贝尼奥夫从美国加州大学毕业之后，在苹果公司工作，随后加入甲骨文公司。仅仅三年之后，25 岁的贝尼奥夫就成为了甲骨文最年轻的副总裁，是当时甲骨文 CEO 拉里·埃里森的得力助手。

1995 年，亚马逊、eBay、雅虎等才刚刚成立，处于蹒跚起步阶段。这一年，微软也发布了 Windows 95，取得了很大的成功，并以软件市场的新霸主头衔进入到了 PC 时代。当时，马克·贝尼奥夫已嗅到了互联网的那股硝烟味，他也希望通过互联网做些什么，但只是一个念头而已。

一次偶然的机会，让他萌发了创业的决心。1998 年秋，在甲骨文的一次内部讨论会中，马克·贝尼奥夫听到了网络服务取代软件包的可能性，凭着对软件产业的了解，他立刻发现这个模式有着足够的破坏力，足以颠覆现有的软件产业。

这个模式的核心概念就是：使用者不需要再在自己的计算机上装任何软件，只要连上网络，就可以透过浏览器，完成使用各类软件的功能。更重要的是，它可以让企业软件进入新的商业模式——软件通过互联网租赁使用，从而开创一个新的无软件时代。

他意识到：投入这个模式，这是一个改变软件产业的机会。

1999 年 3 月，当互联网泡沫正在全球蔓延时，他创立了 Salesforce 公司。就像其他许多企业一样，Salesforce 刚开始也是一家很小的创业公司。但它并不像一些新创公司那样从简陋的车库开始，而是在旧金山被称为高级社区的电报山租下了第一个办公场所，它依山傍海，面对旧金山湾，可以看到很美丽的海景。

事实上，公司初期并没有一个特别周密的计划，而只是一个想法，或者说一个宏伟的目标。随后，马克·贝尼奥夫用了整整两年时间来组建研发队伍，搭建系统，对 SaaS 业务模式进行潜心探索。

直到 2001 年初，公司才有了第一个正式产品，但这一年只有三个客户。由于公司没有知名度，人们并不接受 SaaS 模式，怀疑这种方式是否可靠和适用，刚开始的一些客户都是很小的企业。

不过，由于马克·贝尼奥夫给公司制定的宗旨是"卖服务不卖软件"，以"终结软件者"的口号杀向市场，并以快速、简单、低成本大打产品服务的差异牌，终于在市场上亮出了一道美丽的风景线。

真正的转机出现在 2004 年。这一年，公司成功在纽约证券交易所上市，随后公司经营开始出现赢利，其用户从小企业扩展到大企业、全球 500 强的大企业，包括花旗银行、摩根士丹利、Dell、ebay 等知名公司，也赢得了他们的信任。

2015 年，公司营收达到了 50 亿美元，但它的市值却高达 500 亿美元。如果这个模式持续扩大发展，那么微软、甲骨文等软件巨头赖以生存的软件包市场，将被侵吞大半，而马克·贝尼奥夫就是这场蛇吞象大戏的表演者。

但它的成功，本质上是一种商业模式的进化和转换。

SaaS 这种模式，平心而论，它并非 Salesforce 的独创。事实上，之前昙花一现的 ASP 也做过此类的尝试和努力。但是，当时互联网条件并不成熟，加上网上交付技术缺陷，最终 ASP 失败了。

在 Saleforce 创立之前，传统 CRM 软件的模式主要为本地运行模式，即需要每个客户安装、配置、管理、维护硬件和网络服务等，软件提供商必须为各种软件提供支持，并需要与不同的硬件和操作环境相兼容，才能有效运行。

这种模式最大的缺陷，就是成本高昂，升级也不方便，在管理上存在不小的难度。而且，它的安装率、使用率和投资回报率都比较低，且不能够同时满足各种规模企业的需求。

2000 年，马克·贝尼奥夫推出第一款 SaaS 产品，即 SalesCloud，之后不断推出新的版本，从最初的一个版本增加到五个版本，添加新的功能，增强用户体验，适应不同规模的企业。

而且，Salesforce 所提供的服务每月租赁价格从 2 美元、50 美元到几百美元不等，可以满足中小型企业及大型企业的需求。而在本地运行模式中，企业花费在软件定制、硬件安装和维护等上面的费用要高达数十万美元。

在取得初步成功之后，Salesforce 已不满足于在线 CRM 服务，而是在向 SaaS 供应商的基础架构平台发展。也就是说，它从云计算 1.0 时代走向了云计算 2.0 时代，从 SaaS 的"第三层云"走进了 PaaS 的"第二层云"。

这就是 Salesforce "第二层云"的 PaaS 平台建设了。它建立了一个软件开发平台 force. com 和一个交易平台 appexchange. com，使用它提供的语言 Apex Code，第三方开发者可以在 force. com 上自主开发一些附加功能模块，比如人力资源管理、项目管理等，并通过 appex-change.com 交易出去。

这种思路与 Web2.0 的理念很相似，几乎是异曲同工。第三方可以通过这个平台获得赢利，而他们的加入也会丰富 Salesforce.com 上可选的应用模块，从而建立起一个更大的产业生态圈，增强 Salesforce 的竞争力和迭代力。

众所周知，在 1999 年之前，市场上已经存在许多 CRM 软件，即客户关系管理，但那时市场份额大多被甲骨文、微软、SPA、思爱普等大型软件公司占据。此后，在 Salesforce 的攻势下，这些软件巨头开始向 SaaS 模式的按需付费低下了高昂的头颅。

Salesforce 公司最大的成功在于终结了软件时代，开辟了"软件即服务"的新式商业模式。在这个 SaaS 市场上，2003 年的市场规模为 23 亿美元，2007 年达到了 80 亿美元，到了 2015 年则超过了 1000 亿美元，而且势头凶猛，正是 Salesforce 把这些传统软件巨头逼到了墙角。

这就是马克·贝尼奥夫"第三个云层"，即 SaaS 的威力。

外星人讨论：Salesforce 的"象背舞者"、"111 模式"和"云层生态图"

原子人、比特人和数据人来到了位于旧金山米什湾的 Salesforce 公司总部。这座办公大楼是一个开放空间，与外界连通，可欣赏到米什湾的美丽景色，沿途的零售商铺与超市林立，融入都市大环境之中。但在它的对面，Salesforce 正在建造一座 62 层的公司摩天大楼，站在顶楼，旧金山奥克兰海湾大桥的景色可以一览无遗。他们三人在此进行了为期一周的考察，并对 Salesforce 案例展开了饶有兴趣的分析、研究和讨论。

数据人："在 2010 年前后，SaaS 与云计算一起成为了两大技术热点，引爆了全球市场。Salesforce 是全球 SaaS 业务模式的创始者，也是当今开展 SaaS 业务最为成功的公司之一，从 SaaS 领域真正挖到了真金白银，2015 年市值高达 500 亿美元，而且还呈现出一种上升趋势。今天，我们在此讨论 Salesforce 案例，探讨它的成功，挖掘它的价值，寻求它的启示，这是一件很有意义的事情，希望大家畅所欲言。"

原子人："数据人说得对，Salesforce 是 SaaS 之父，是全球按需 CRM 解决方案的领导者。它拥有业界无可比拟的客户成功率。当前，全球有 29800 多家公司和 646000 名注册用户正使用它的 SaaS 模式，就是一个很好的证明。但我想说的是，它如何从一个不毛之地打开这个市场的。所以，我今天谈的观点，是'象背舞者'。"

比特人："就是在大象背上跳舞的人吗？"

原子人："对。早在 21 世纪之前，大多数企业信息是各自孤立存在的，如果说要他们把他们的数据存储在第三方企业的服务器中，由第三方拥有和经营应用程序，哪怕是一个想法，也是可恶的。"

比特人："有如一座座信息孤岛。"

原子人："不错。所以，那时候软件与服务器是异地分居的。而这个市场被甲骨文、微软与 SAP 三分天下，别人难以染指。但 Salesforce 出现了，事情就不同了，它挥起了 SaaS 之剑，成了这个软件行业的搅局者。"

比特人："对，也成了软件终结者。"

原子人："马克·贝尼奥夫把自己当作蚂蚁，站到大象背上去跳舞。当时，这些大象并不在意，甚至嘲笑它，但随着时间的推移，当他开始成了一只独角兽时，也就把大象压得喘不过气来了。"

比特人："那他是怎么做到的呢？"

原子人："他打的就是差异化，把大象们的阵脚打乱。他把"NO·SOFTWARE"即"终结软件"口号，不仅做成 LOGO，而且印在所有的载体上，包括咖啡杯、出租车上，并制成徽章要求员工戴上，公司 800 电话也变成了 1－800－ NO·SOFTWARE。"

比特人："让蚂蚁爬满大象身上。"

原子人："正是如此。他还做了一种马克杯，印上著名分析师的一句引文：'醒醒吧，Salesforce 的对手，Salesforce 是一匹极具威胁的黑马,将会逐渐成为 CRM 市场的领跑者'。在大会上到处散发,让所有喝咖啡的人都看到。"

比特人:"让蚂蚁钻到大象心里去。"

原子人:"太对了。马克·贝尼奥夫用蚂蚁去搔大象的痒处,抓大象的痛处,钻到大象心里去,激怒它们,让它们生气,让它们失去冷静,再让它们还击,由此产生眼球效应。"

比特人:"这样大象就中计了。"

原子人:"你太聪明了。马克·贝尼奥夫用这种方式,让 SaaS 成了一种企业软件新的交付方式,让 CRM 跃上了云端。亚马逊、杜邦、摩根士丹利、诺基亚、美林证券和斯特普尔斯、花旗银行、摩根士丹利、日本邮政等行业巨头以及众多的中小企业都在 Salesforce 的平台上安营扎寨,成为 Salesforce 的忠实用户。同时,也迫使微软、甲骨文、SPA 等软件巨头向按需计算低下了高傲的头颅。这样,他只用了五年的时间,就完成了 Salesforce 的野蛮生长,从一只无足轻重的蚂蚁成长为一匹体量巨大的独角兽!"

说到这里,比特人与数据人发出了喝彩声。

比特人:"原子人说得太好了。不错,Salesforce 是一个野蛮成长的创业公司,从一个充满斗志的新贵转变为一个行业领导者,不是一件简单的事情,只有把它当成一个事业来做,斗志昂扬,并热衷于探索其工作的意义,才有可能达到自己目的。在此过程中,马克·贝尼奥夫的一些价值观是今天的创业者应该学习的。所以,我今天谈的观点,是 Salesforce 的'111 模式'。"

原子人:"就是他的慈善模式吗?"

比特人:"对。这是他在甲骨文公司工作十年后,为了是否离开公司创业,所经历的一次痛苦的思考和灵魂的重生。"

原子人:"为什么?"

比特人:"他在甲骨文是一个奇才:23 岁成了公司新客户最多的销售员,25 岁时成为个人计算机部门的经理,27 岁成为公司最年轻的副总裁。此时,公司首次公募,他的身价已超过 1000 万美元。在这个坎上，他在考虑继续留在公司还是另起炉灶去创业，同时，他也扪心自问：究竟投身商业还是慈善事业？为此，他陷入痛苦与迷茫之中。"

原子人："这是个两难境地。"

比特人："对。于是，他休假了三个月，在夏威夷租住了一个海滩小屋，和海豚一起游泳，之后又去了印度旅行，乘坐谷物船游历阿拉伯海，并认识了一个叫玛塔·阿姆里达南达玛依的拥圣者，是她拯救了他的灵魂，让他顿然开悟。"

原子人："有何机缘？"

比特人："这位拥圣者告诉他，一个人在追求事业雄心的过程中，还要回报世界。这让他心里一亮：他不一定非得在经商与行善之间做出选择。"

原子人："这两者是合而为一的。"

比特人："所以，在他创业后，他希望慈善不仅仅是一种生活方式的选择，而是要成为公司遗传基因的一部分。如果让你的公司在盈利之余对社会有所贡献，这是一个恒久的话题，也是他创业之初就要解决的问题。"

原子人："这样，就诞生了'111 模式'？"

比特人："对。也就是说，在公司初创时，他就制定了一个捐赠制度，即捐献公司 1% 的股权，1% 的员工时间，以及 1% 的公司产品，所有的一切都将用于慈善。不仅自己公司这样，也鼓励其他企业加入到这个慈善系统之中。"

原子人："这是个了不起的解决方案。"

比特人："他在招聘新员工时，除了基本的竞争力外，更看重的关键品质是'回馈社区的兴趣'。也就是说，在 Salesforce，员工不仅要符合他广泛的云理念，还要认同他的慈善捐赠原则。"

原子人："这就是公司文化的基因。"

比特人："对。他很早就发现，钱只是表面，不能带来真正的快乐，因此'111 慈善模式'成为了 Salesforce 公司 DNA 的一部分。这个价值观不仅有益于社区，也有益于公司，让他们相信自己更有价值，工作更快乐，并把这种快乐寓于社会价值之中。"

原子人："当时的社会反响怎样？"

比特人："华尔街资深分析师认为，这个办法巧妙地为公司赢得了更多的支持，让公司以较短的时间进入了高速发展期。外界不仅把Salesforece比作'黄金鸟笼'，员工赶都赶不走，而且谷歌和其他企业纷纷效仿了这个'111模式'，创办了多家10亿美元以上的基金会，从事社会公益事业，让慈善之风吹遍硅谷和全球各个角落。"

说到这里，比特人与数据人响起了掌声。

数据人："比特人说得太深刻了。马克·贝奥尼夫把慈善做成了一个回馈体系，让硅谷科技巨头争相效仿，这是一件不简单的事情。但他又是个让硅谷巨头又爱又恨的人，他曾从甲骨文一个人出来，16年之后，又让甲骨文以440亿美元天价鲸吞回去，成了业界一大传奇。但他这样做，外界并不知道他真实的想法。所以，我今天谈的观点，就是它的'云层生态圈'。"

原子人："云的形态吗？"

数据人："对。如今，Salesforce成了云计算行业的一块'金色宝石'，关键是它首创的'软件即服务'，不仅终结了传统软件，而且初步呈现了一个云生态的体系。"

原子人："此话怎讲？"

数据人："众所周知，互联网企业经历了三个发展阶段，即工具型、平台型和生态型。在这些企业的生态链上，一般是生态型的吃掉平台型的，而平台型又吃掉工具型的。这就是互联网创业的进化线路图。"

比特人："也是大鱼吃小鱼吗？"

数据人："不。它是快鱼吃慢鱼。马克·贝奥尼夫最了不起的是，他把互联网与软件结合起来，开创了最早的企业互联模式，建立了他的SaaS帝国。他最大的贡献，就是让Salesforce从工具型的企业走向了平台型的企业，也就是从SaaS走向了PaaS，从第三层云走向了第二层云。"

比特人："你的意思是他要走向第一层云？"

数据人："对。第一层云，叫 IaaS，这是云计算最基础的部分，也是最烧钱的部分。甲骨文之所以用它体量的四分之一鲸吞 Salesforce，是因为它受到了 Salesforce 的威胁，需要 Salesforce 的第三层云和第二层云来形成云计算的航母战斗群；而并不缺钱的 Salesforce 之所以让甲骨文并购自己，是因为它需要甲骨文的第一层云，从而形成 Salesforce 强大无比的'云层生态圈'，让 Salesforce 走得更远、更久和更有生命力！"

至此，原子人与比特人又是击掌而呼，久不平息。

◎云版案例 9：Workday 的"复仇云"

Salesforce 是 CRM 系统的终结者，而 Workday 则是 HR 系统的终结者，如果说 Salesforce 是 SaaS 的一面旗帜，创造了客户资源系统的"第三个云层"，那么 Workday 则把这面旗帜插到了更高的山巅，让 SaaS 在人力资源领域升起了一片硕大的云彩。

Workday 是一个硅谷老者创业的故事。杜菲尔德这次创业是从他 65 岁开始，当他把 Workday 做得炉火纯青时，他已是 75 岁的古稀之年了。但由它所产生的江湖恩怨，跌宕曲折，比当年乔布斯被苹果赶走后卷土重来的故事更加轰轰烈烈，更有狗血剧情。

这是一个波澜起伏的时代。在硅谷一场著名的 Peoplesoft 即仁科公司被恶意收购之后，故事并不是到此为止，而是由此诞生了另一家更有戏剧性的公司。这个公司，就是将 RH 送上云端的 Workday。

它从诞生之日起，就备受关注，抢尽眼球。十年来的迅猛发展，不仅让其跻身人力资源领域首屈一指的云供应商，更是给其当年不可一世的对手即甲骨文公司一记当头的重拳。

因此，这是一朵因屈辱而起、为正义而生的"愤怒云"。

Workday 的创始人戴夫·杜菲尔德是软件业永恒的追风者。上世纪60年代，他是硅谷一个搞技术的年轻人，也是一个不停追赶时间的人。1987年，他离开IBM，驾驶一辆满载计算机打孔卡的保时捷，奔走在大学校园之间，不遗余力地兜售自己研发的一款可以帮助学校更有效地安排期末考试的软件。

杜菲尔德从未放缓前行的脚步。也就是在这一年，他创办了仁科公司。这一年，他已47岁了。这是他的第四次创业，他把他的房产抵押出去，但他并不担心，因为他清楚自己正在追求着什么。后来，仁科成为世界第二大应用软件公司。

正在此时，杜菲尔德遇到了他人生的滑铁卢。2004年，他所创办的仁科公司，在经历了18个月的收购抵抗后被甲骨文恶意收购了。随后，他也被甲骨文扫地出门，甚至连交接工作也未安排。与此同时，时任仁科董事会成员的阿尼尔·布哈斯里等多位高管也被赶出了仁科公司。更糟糕的是，不到一年之后，甲骨文无情地解雇了原仁科公司一半以上的员工，使之流离失所。

正是为了帮助遭到解雇的前仁科员工，出于义愤，也为了正义，他与布哈斯里联合起来，先是成立了一笔基金来帮助失去工作的员工，随后又成立了Workday公司，把当时从甲骨文离开的仁科旧部招募其下，与甲骨文展开了王子复仇式的决战。

与仁科公司一样，Workday最先专注于人力资源软件开发，但它是在线的SaaS软件。当时，这些软件强大的功能，足以供一个位列福布斯全球企业2000强的公司使用，哪怕Workday当时还没有这样的客户，他们也是以这种高目标来要求自己的。从一开始，他们就站在这个制高点上。

这意味着，使用Workday在线软件的公司，可以更加轻松地创建并记录员工档案资料，无论是驻英国员工的宗教信仰情况、驻印度员工的血型、驻德国员工的残疾状况，还是驻中国员工的家庭住址，他们所创建的数据结构和在线服务，可以适应全球和当地的各种需要。

Workday最早研发的软件并不完美，但每过90天就会出现一个更好的版本。软件升级不仅快速，而且非常流畅，尤其与其他企业软件升

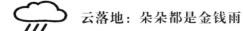

级时出现的种种冲突相比，它让客户看到了他们需求的未来。

成立之初，Workday 便迎来了一次考验。当时，由于工资管理系统过于复杂，Workday 当初在这方面做得并不好。但当 Workday 的第七位客户麦基食品公司明确要求"这套系统必须有"时，最终，这套工资管理系统成为了 Workday 产品阵容的组成部分。

后来，Workday 处理工资单的能力从 35000 人增加到 100000 人规模，大大地增加了对世界级大企业的吸引力。如此一来，让客户收获到了 Workday 预期中那种使用集中维护的同版本软件的好处，并且一开始就牢牢抓住大型客户。

它的优势还不止于此。相较于传统软件来说，Workday 客户的整体成本可以节省 40％。因为 Workday 提供的在线服务，其软件安装和升级费用会大幅度降低，当它的价格只有传统软件公司所需成本的"零头"时，可想而知，这个世界什么事情都可以发生。

随着 Workday 的不断成长，它先进而灵活、涵盖面广阔的版本终于赢得福布斯全球 2000 强企业的认可，相当一部分大型公司已经抛弃了甲骨文和 SAP，转而采用 Workday 的产品。不仅全球闻名的奇基塔公司和拥有 16 万员工的伟创力公司先后成为 Workday 的客户，而且连日产、时代华纳和惠普等公司也相继投入了 Workday 的怀抱。

尤其是 Workday 成功让世界第五大保险公司、英国最大的保险公司英杰华集团的欧洲子公司采用其系统。而在此之前，英杰华是甲骨文的拥趸。这一虎口夺食之举，也让甲骨文进一步意识到 Workday 的实力，从此寝食难安。

2012 年，甲骨文以每股 46 美元的价格收购人才管理云服务商 Taleo，总收购金额高达 19 亿美元。Taleo 是人才管理解决方案领域的领先企业，要是没有 Workday 的出现和咄咄逼人，它根本就不会收购 Taleo。

但好戏还在后头。三年之后的 2015 年，甲骨文又被大量放血，以它四分之一的体量 460 亿美金收购了企业云服务的领导者 Salesforce，以换取它在 SaaS 领域的未来。

这就是甲骨文恶意收购 Workday 所吞下的苦果。虽然甲骨文的魔头拉里·艾里森以 100 亿美元的高价让仁科公司的独立董事们纷纷屈从于他的诱惑，但被他赶走的 Workday 创始人杜菲尔德让他以五倍的价钱加以偿还和救赎。

Workday 作为基于人力资源管理软件的 SaaS 领头羊，它真正的威力，不是它如今高达 119 亿美元的市值，不是它讲述了一个王子复仇的成功故事，而是它代表了一种时代趋势，它像龙卷风一般席卷美国和欧洲市场，正在动摇甲骨文和 SAP 的根基。

因为，未来的 HR 在云端，当下的竞争不是钱，而是未来！

外星人讨论：Workday 的"数字极客"、"世纪之争"与"硅谷精神"

原子人、比特人和数据人风尘仆仆地来到位于美国加州普莱森顿的 Workday 总部。它是旧金山东湾附近的一个小城市，大多数建筑都是平房，也很少看到霓虹灯，但由于硅谷的兴起，这里很快变成了一座明星城市。它距离甲骨文总部不到 30 英里，而且很多世界 500 强公司齐集在这里。他们在此进行了为期六天的考察，并对 Workday 案例作了商业上和人伦上的深刻剖析和广泛讨论。

数据人："众所周知，杜菲尔德曾一手创立了仁科软件公司，并成为北美人力资源软件的第一品牌，与甲骨文、SAP 形成三足鼎立之势。但在甲骨文一场恶意收购之后，他们并不就此屈服，又创立了 Workday 公司，与甲骨文展开了一场生死相搏的厮杀，并取得了巨大的成功。它的成功，不仅是商业模式上的胜利，同时也是商业精神上的胜利。所以，我们今天来分析和讨论这个传奇式的案例，从中获得一些借鉴和启示，它的历史意义和现实意义都是极其可贵的。"

原子人："我来先说吧。这个案例，是一个很有内涵和剧情的故事。一场旷日持久的恶意收购，因仁科股东挡不住诱惑而溃败，以甲骨文的胜利而告终，于是，引起了一场前所未有的江湖世仇式的决斗。所以，

我今天谈的观点，就是杜菲尔德这个'数字极客'。"

比特人："为何说他是一个数字极客？"

原子人："现在的世界，就是一个由数字原住民、数字移民和数字难民三部分人组成的世界，而杜菲尔德就像一个数字土著人，当他遇到了甲骨文这个野蛮人的入侵，尽管力量对比悬殊，他仍然毫不犹豫地拿起了武器，与甲骨文进行这场不在一个等级上的战争。"

比特人："并且，讲述了一个王子复仇式的故事。"

原子人："对。在硅谷的战争，不再是过去的刀剑和短枪，而是一大堆的现金和一行行代码。在这场战争中，甲骨文是一个庞然大物，一个恐龙级的世界公司，但杜菲尔德却取得了胜利。"

比特人："为什么？"

原子人："他赢得了这场战争，有两个至关重要因素，一个是在道德层面上，他站在了正义的一方，俘获了人心，让仁科旧部同仇敌忾，报一箭之仇；另一个因素，也是最重要的因素，就是趋势，他站在了时代趋势的风口上，在软件领域先人一步地走向了云端。"

比特人："顺势而为。"

原子人："太对了。不仅如此，他还筑起了一道无懈可击的防火墙。为了吸取被甲骨文恶意收购的教训，杜菲尔德在创立 Workday 时，建立了一个巧妙的投票权结构，让他和他的联合创始人对公司拥有 67%的表决权，避免像仁科公司这样的悲剧再次发生。所以，从这个意义上说，这是一场江湖世仇的厮杀，但更是一段数字极客的传奇。"

比特人与数据人发出了喝彩声。

比特人："原子人说得太好了！杜菲尔德不仅是一个数字极客，而且是一个超越了年龄、老当益壮具有牛仔侠义的数字极客。表面上是一场江湖仇斗，但实际上是一种新旧时代的较量。所以，我今天谈的观点，是'世纪之争'。"

原子人："世纪之争？"

比特人："对。杜菲尔德创立仁科公司的时候，正是从大型机平台转向个人计算机的时代，由于它恰逢其时的商业应用，仁科公司迅速做大了。不过，当仁科遭遇恶意收购后，杜菲尔德创办了 Workday 公司，之所以敢于与甲骨文这样的老牌巨头宣战，是因为他看到了下一次软件大迁徙，将是从个人计算机转向云端。"

原子人："这是他的底气？"

比特人："太对了。他创立了仁科公司，便是把人力资源软件作为一个系统独立推广，并建立了一整套的语言，集成开发环境以及相应的生态系统。这就是传统的 C/S 模式，即客户机/服务器的构架模式。1995 年网络技术爆发之后，他更是花了大价钱，把仁科完全迁移成一个 B/S 构架的系统，也就是浏览器/服务器的买断模式。所以，他成立 Workday 时，一开始就基于云计算的 SaaS 模式，即软件即服务模式，为传统的软件领域提供了一种全新而灵活的商业模式。"

原子人："就是按需付费的租赁模式吗？"

比特人："对。就商业模式来说，Workday 是一家服务公司，而不是产品公司。因为 Workday 完全拥抱了 SaaS 的技术，告别了买断传统，走向了云端，为大批中小企业提供了一种全新的商业模式，不仅摆脱了关系型的数据，还可以快速迭代，客户再也不用考虑繁琐的升级，并且付费也是按需购买，只是传统软件的零头。"

原子人："这也是它进入高速发展快车道的原因吗？"

比特人："太对了。它的出现，也是不以人的意志为转移的。上世纪之末全球金融危机爆发后，全球中小企业普遍感受到了经济危机的压力，举步维艰，四顾茫然。在此背景下，SaaS 应运而生，切合了中小企业低成本、零风险、随付随取的刚性需求。这也就是人类为什么要向云端大迁徙的原因所在。"

原子人："这是时代的产物。"

比特人："对。如果说云是人类最大的解放者，那么 SaaS 就是当今中小企业的及时雨和大救星。因为，它让一些初创小公司与大型企业一样，站在了同一起跑线上，去实现他们以往也许从来不敢涉及的想法。所以，贝尼奥夫创立的 Salesforce 把传统的 CRM 系统放入云端，而杜菲尔德所创立的 Workday 又把更加复杂繁琐的 HR 系统推向云端，俩

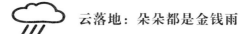

人一起开创了 SaaS 领域数字应用的新世纪！"

原子人与数据人报以热烈的掌声。

数据人："你们说得太好了！从原子人的'数字极客'到比特人的'世纪之争'，杜菲尔德就像一个穿越时空的新星人一样，跨过了江湖恩怨，上升为一个时代的先锋人物。但是，是什么东西给了他如此大的动力呢？所以，我今天谈的观点，就是'硅谷精神'。"

原子人："牛仔精神吗？"

数据人："对。要知道，仁科被甲骨文以 103 亿美元恶意收购时，它的创始人杜菲尔德已经 65 岁了。如果甲骨文没有收购仁科，那么，他也许会进入退休状态，享受天伦之乐。而正是这场变故，激发了这个老牛仔的意志、激情和雄心，决定与甲骨文厮杀到底。你知道这意味着什么吗？"

比特人："颠覆、冒险和蔑视权威吗？"

数据人："太对了。这正是硅谷精神的精髓所在。在美国的圣诞节期间，不管是公司还是家里，不管是东部还是西部，很多地方都会竖起一棵圣诞树。但是这一棵圣诞树一定是倒过来的，它要表达一个颠覆世界的理念。"

比特人："杜菲尔德就是这样一个人。"

数据人："不错。在硅谷，所有人都有一种颠覆传统、蔑视权威的勇气，他们不墨守成规、不安于现状，而且敢于冒险。对于杜菲尔德来说，仁科就是他的一个孩子，他生命中的 17 年，都献给了它，融入了它。"

比特人："夺去了仁科，就等于要了他的命。"

数据人："对。正是这个事件，又一次点燃了这个老牛仔的硅谷精神。所以，有人曾把硅谷比作非洲东部印度洋的马达加斯加岛，这是有道理的。那个岛上繁衍出的生命形态有别于世界上其他任何地方，异常丰富的物种，独特的生命形态，在那里最大限度地展示了生命的多样性与神奇性，让人叹为观止。"

原子人："一个混沌而有序的世界吗？"

数据人："太对了。硅谷，它之所以把沙子变成金子，卖到了全世界的各个角落，这不是一个商业问题，而是一个哲学问题。它最大的魅力，就是由不同的人，不同的语言，不同的思想，不同的文化，不同的理念，在这里发生了尖锐的碰撞，甚至残酷的战争，因而催生了无数非凡、绝妙无比的创造力。硅谷作为一座新时代的麦加，所有来到这里朝圣的人，都是因为梦想而生，因为使命而来，他们似乎承担着人类的某种使命，那就是对已有的世界进行摧枯拉朽的颠覆、破坏和重建，让整个世界变得更美好，更有云的柔性。"

至此，原子人与比特人击掌而呼，欢欣鼓舞。

◎云版案例 10：八百客的"海归云"

SaaS 漂洋过海来到中国之初，一时间大批的跟风者蜂拥而至。但在阿里 SaaS 平台关闭之后，它便被质疑为"一块玩不起的烫手山芋"，业界对它敬而远之。直到 2012 年，在一路跌跌撞撞中，它才迎来了涅槃般的腾飞之年。

然而，作为本土 SaaS 领域第一个吃螃蟹的八百客，在这条崎岖而坎坷的道路上已经走过了十个年头。八百客成立于 2004 年 6 月，公司总部位于北京上地，它是国内最早进入 SaaS 领域的厂商，尤其在 2008年接受国外风投后，一路狂奔成为了当今国内在线 CRM 市场的行业领头羊，被誉为"中国在线 CRM 第一品牌"。

早在 2004 年，中国的云计算软件市场处于启蒙时代，尽管 SaaS 从概念炒作开始走向了应用普及，但 SaaS 市场几乎也是一片空白，响应者寥寥无几。对于创业者来说，这是一片蓝色的海洋，但也是一片充满未知的荆棘之地。

八百客创始人李智，是一个曾在硅谷淘金的海归人。1999 年，他在美国拿到计算机硕士学位后，在甲骨文公司工作了一段时间，专注于软件研发，随后创立了全球首个在线订餐网站。这次试水，并不成功，但他身临其境，看到云计算的 SaaS 的光明前景。于是，他毅然决定回国创业，成立了八百客公司，开启了国内云计算 SaaS 软件的第一重大门。

更为巧合的是，在八百客刚宣布成立的第二天，美国的 SaaS 软件巨头 Salesforce 就宣布了上市的消息，这个无心插柳的好彩头，给了他很大的鼓舞，奠定了这个年轻人走 SaaS 路线的决心。

八百客在起步时，借鉴了全球在线 CRM 软件巨头 Salesforce 的商业模式，从某种程度上说，它是 Salesforce 的翻版，但由于它在国内本土化过程中，融入了很多中国元素，使它在技术创新上更加贴近国内中小企业的特色，并且有了明显的超越，因而在不断白热化的 SaaS 市场竞争中有如一匹黑马，让人不得不刮目相看。

但毕竟模仿不是八百客的目标，创新才是他们的出路。当他们的研发跟上去了之后，他们终于也找到了自己独有的商业模式。如果拿八百客与 Saleforce 作一个比较的话，那么准确地说，他们就是 CRM 行业里面的另一个百度的化身。

在 21 世纪之交创立于北京的百度，它之所以能在强手如林的中国搜索引擎市场获得引领者的地位，并让人为之惊艳，原因很简单，就是专注。正因为有了专注，它才能把中小企业客户视为真正的上帝，才出现了互联网时代粉丝经济的完美风暴。

与百度的打法类似，八百客最初在推出汉化版本 CRM 之后，并没有满足作为 Salesforce 的替身。除了先期为打开市场主攻海归创业群体以外，在刚刚创办的一年中，公司除了研究技术，就是琢磨市场，并借助百度商业推广的方式，通过网络推广的途径来加大宣传力度和吸引客户。

八百客从百度扩张中受到最大的启发，就是不去和竞争对手直接交锋，而是重新定位自己的竞争优势——中间服务行业，以那些无力购买大型传统软件的中小企业为主，采取免费使用、按月租借、不需固定设备的模式，只需企业花费传统软件 20％的投入，就可以满足他们向云转型的需求和条件。

在八百客看来，应用传统 CRM 的都是商业用途，即 B2B，是帮助公司管理自己的客户公司。但随着消费社会的发展，长尾经济的到来，服务型企业的崛起，传统企业必须不断深入自己的终端市场，才有活路可走。面对一个个鲜活的客户以及 B2C 模式的兴起，他们针对传统管理软件定制模块较少、缺陷太多的弱点，研发了适用于个人移动应用、相应的 SaaS 软件。

这种基于细节的创新，让他们抢走了业界巨头 Salesforce 的不少生意。例如，励步国际是一家全球化的儿童教育连锁集团，他们最初采用了 Salesforce 的软件，但很快他们发现由于其软件主要是针对商用 B2B 业务，体现的是企业对企业的销售流程，这与教育培训机构的 B2C 业务存在很多思路上的差异，使得公司面对个人潜在学员时，其功能无法施展开来。为此，他们后来选择了八百客作为合作者，重新增加了 50 个定制功能和 69 个报表设置，从而更好地挖掘了潜在客户需求，让它在励步公司多个连锁学校成功落地。

所以，八百客的客户资源有很多来自于具有个性化需求的教育领域和其他企业，如尚德机构、戴尔英语、环球雅思、励步国际、华图教育、蓝海集团、NEC、上海加铝、中易安房地产担保信息、蛙视通信、开心网、清投视讯等，都进入了八百客的在线 CRM 系统，享受其产品带来的价值和乐趣。

正是市场和技术开发的双管齐下，使得八百客在 2008 年先后获得美国 Sierra Ventures 和常春藤资本的风险投资共 1700 万美元，成为中国第一家获得海外投资的 SaaS 软件公司。

如今，八百客已经连续十年占有国内在线 CRM 软件市场份额的第一名，为包括中国移动在内的数万家大中型企业提供 800APP 在线管理系统，并在自己的网站上拥有超过 50 万注册会员企业，从而扛起了中国在线 CRM 的 SaaS 大旗，带领更多的中小企业走向美丽的云端。

八百客的成功，来自于他们精准的模仿和透彻的本土化策略，在原有的 CRM 上，新增社会化功能，从而使得 SaaS 软件在中国的应用，既有外国巨头 Salesforce 的蓝色基因，又有国内本土元素和变异，使得它成为中小企业在线 CRM 领域里的东方霸主。

八百客虽是"海归云"，但因本土再生而成为了云端之王。

外星人讨论：八百客的"山寨胜利"、"本土再生"和"云上集成"

原子人、比特人和数据人来到了位于北京上地的八百客总部。公司在一座名叫彩虹大厦的写字楼里办公，虽算不上豪华，但也称得上高大上。这里毗邻中关村、圆明园、颐和园和清华大学，京藏高速擦肩而过，是一个上风上水、历史底蕴丰厚的地方。他们三人在此进行了为期四天的考察，并在一家咖啡厅坐了下来，对八百客案例做了由外至内、纵横比较式的分析、研究和讨论。

数据人："八百客是一个海归公司，从2004年成立以来，在SaaS领域已经走过了十个年头。这十年来，他们是从一片质疑声中走过来的。因为SaaS本身就是一个被质疑的新生事物。但他们坚持下来了，走出了一片新天地，并做到了行业的领先者。现在，我们一起来分析、讨论和挖掘一下这个案例，从它的模仿成功之中，找出一些可供参考、借鉴和学习的东西，无论是对创业者还是守业者，都是一件很有意义的事情。"

原子人："我开个头吧。八百客的创始人是一个海归，把海外的新东西带回了中国，添加了自己的新元素之后，并取得了巨大的成功。所以，我认为，八百客的成功，就是山寨的胜利！"

比特人："山寨？这可不是个好名声。"

原子人："我可不这么看。山寨刚出现的时候，几乎成了自嘲、恶搞、欺骗的代名词，但当它成为了一种民间产业和民间品牌之后，也就成了一个文化符号了。当今的山寨，就上升成为了这样一个文化符号，一种流行的财富创造力。"

比特人："这就是山寨文化吗？"

原子人："对。山寨文化不是中国独有，它是世界性的，全人类的。不同的是，在此之前，山寨文化是隐性的，只是到了互联网时代，它才变成了显性的、公开的，从此不再遮遮掩掩了，变得光明正大了。"

比特人："此话怎讲？"

原子人："山寨文化的始作俑者，就是从IT领域开始，就是从计算机和互联网出现的时候开始。你回头一看就知道了，从计算机的硬件、软件、云计算，再到互联网的代码、架构、商业模式，你就不能否定，所有新生模式诞生，无不打上了山寨的烙印。"

比特人："按你的说法，互联网就是一个山寨大本营?"

原子人："对。这就是互联网之所以能在世界普及的关键之处。互联网之父、万维网的发明者蒂姆就说过这样的话：如果有人写了一个程序，这个人走到他后面说，这几行代码是我写的，那个人走他后面说，那几行代码是我写的，那互联网就走不下去了。"

比特人："他是互联免费的第一人。"

原子人："乔布斯和比尔·盖茨那个'有钱邻居'的笑话也说明了这一点。当微软发布了 Windows 操作系统时，它的图形操作界面几乎与 Mac 机一模一样。于是，乔布斯愤怒地朝比尔·盖茨讨一个说法：'你这是赤裸裸的抄袭!'而盖茨只是看着他，只说一句话：'好吧，史蒂夫，我觉得我们可以换个方式看看。这就像我们都有个叫施乐的有钱邻居，我闯进他家去偷电视，但是发现你已经拿走了。'此时，乔布斯不再说话了。"

比特人："为什么?"

原子人："因为无论是苹果还是微软，他们都应感谢施乐帕罗奥图研发中心，它不但是个人电脑的先驱，还是图形操作界面的发明者。如果乔布斯没有带着一干人绕着施乐名为 Alto 的电脑转了一个半小时，苹果也就很难在短期内推出自己的 Bill Atkinson 图形操作界面。当然，乔布斯也否认这是抄袭。"

比特人："这太有趣了。"

原子人："所以，在这个时代，互联网就是一个集大成的东西，一个创造力的大本营，一个免费的山寨王，任何一个创业的公司，只是一个创新的小寨主，一个山寨的跟风者。"

比特人："那八百客呢?"

原子人："从这个意义上说，八百客也是山寨的佼佼者，也是山寨文化的产物。对于八百客来说，撑起 SaaS 大旗的 Salesforce 是它的模仿者，是它的山寨者，而对于 Salesforce 来说，它自己也是一个山寨者，因为互联网又是它的山寨王。在互联网时代，从模仿到大张旗鼓的山寨，再到光明正大的创新，这正是互联网真正分享的意义所在。"

说到此，比特人与数据人报以热烈的掌声。

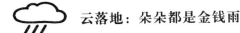

比特人："原子人说得太好了！万维网的发明者蒂姆之所没申请专利、没成为亿万富翁，就是要把互联网免费进行到底。当时，世界上存在着多个超文本系统和网络，但谁也不能兼容谁，只有免费，才让它们统一起来，才使山寨成为潮流。但任何模式，光山寨不行，还要创新，还要本土化，才能站稳脚跟。所以，我今天的话题，就谈谈八百客的'本土再生'。"

原子人："从模仿到本土化？"

比特人："对。在这个行业流传一句话：'CRM 难做，中国的 CRM 市场更加难做。'这是有道理的。高端市场被国外巨头垄断，而中低端市场又很难赚到钱。八百客在这个市场做了九年，不但活下来了，还活得不错。就因为本土化做得好，才成了中国的山寨王。"

原子人："山寨王？"

比特人："对。从山寨者到山寨王，这是一个质的飞跃。八百客是模仿国外 Salesforce 起家的，但它与国内多数 SaaS 厂商不同的是，它不是先从财务软件入手，而是从客户管理系统的 CRM 软件入手。"

原子人："为什么？"

比特人："因为前者是后台业务，是有限的，后者是前台业务，是无限的，而前台的前景要比后台的前景大得多。这个创新，让八百客有了一片新的天空。"

原子人："有道理。"

比特人："还有，八百客不只做 Salesforce 的替身，而是加入了自己的新元素，有了自己的新体系。传统的 CRM 都是商业用途，即 B2B，是帮助公司管理自己的客户公司，而八百客把它改造为 B2C 模式，让它不仅适合互联网的长尾市场效应，也与国内中小企业的生存环境相配备。"

原子人："这样，就不会水土不服。"

比特人："八百客最大的创新，就是把传统商业 CRM 做成了社交 CRM。一般来说，社交媒体是载体，社交营销是手段，社交 CRM 则是帮助企业进行传播的工具。八百客与社交网络、云计算、移动互联网等新兴技术的对接，则让 CRM 具有了社交意义。"

原子人："与时俱进。"

比特人："所以，八百客的成功是一个从精确的模仿到本土化的过程。而本土化又是从一个从水土不服到本土再生再到本土之王的过程。为此，八百客的创始人说，他们的目标并不是做中国的翻版，如果硬要做比较的话，他们就是 CRM 行业里面的'百度'！"

此时，原子人与数据人响起了掌声。

数据人："你们说得太好了！从原子人的'山寨胜利'到比特人的'本土再生'，从'海外模仿'到'本土之王'，所体现的都是一种互联网精神，一种创新精神。所以，我今天的话题，就谈谈八百客的'云端集成'。"

原子人："在云端集大成吗？"

数据人："对。无论国外国内，一个企业的商业模式容易借鉴和模仿，但它的文化和价值观却是很难无缝对接，所以，八百客所要做的是，如何植入互联网的基因，这是它自始至终所要考虑的问题。"

原子人："那它的互联网基因是什么？"

数据人："小型企业可以改变世界。"

原子人："此话怎讲？"

数据人："在互联网时代，小型企业可以改变世界，这是客观的事实，但小公司起步时，又需要一种友好的界面环境，这是不可缺少的条件。八百客正是从这里受到启发，便把为小公司提供这种界面环境作为自己的使命，向云端迁徙的动力。为此，八百客推出了一个 PaaS 平台，并依托这个 PaaS 平台，构建出一个基于 CRM 应用的云端集成。"

比特人："云端系统吗？"

数据人："对。它是一个 OA＋社交＋CRM 的云端系统。也就是说，如果把社交和 CRM 结合在一起，就会超越任何 OA 系统，而把 OA、社交、CRM 三个应用放在一起，就可以形成一个云端集成，产生云端威力。"

比特人："云的生产方式？"

数据人："对。它不仅是一个 OA、社交、CRM 三合一的云端集成，而且也是一个由'社交企业'、'移动 CRM'、'应用商店'组成的云端生态。这三朵云飘浮其上，友好互动，不仅楚楚动人，而且威力无比，让八百客的 CRM 应用走入一个新时代。"

至此，原子人与比特人又是击掌而呼，喜形于色。

第四章

从"云里雾里"选取适合企业的"云提供商"

从"云里雾里"选择适合企业的云龙头

　　云落地操作技巧指南：如何从"云里雾里"选择适合企业的云提供商，找到那个最好的"云龙头"，如简单且便捷的、适合创业公司的亚马逊 AWS 模式，全面而人性化的微软 Azure 模式，"改变游戏规则"的 IBM 蓝云模式，高效而灵活的英特尔至强 E5 模式等。它们不仅是一个技术体系，而且还是一个价值体系，需要从成本、效率以及文化和哲学的角度去考察。

——陈贝帝原创观点

　　SaaS 从诞生到应用，只有短短的十年时间，其中还有一半时间是在质疑、彷徨、争吵中度过的。它像一个在黑暗中寻找光明的使者，当世界在现实的重击之下，被弄得晕头转向、精疲力竭时，它才能显示它的非凡之处。

　　这个重击之锤，就是 2008 年在全球爆发的金融危机。它所带来的灾难，不仅波及了坚如磐石的银行业，还有众多的传统企业和 IT 企业。这让他们在恐慌中达成了一个共识，那就是必须把复杂的物理世界交给充满柔性的云去管理。

　　这是 SaaS 的一个转折点。过去一直奉为神话一样的资本，如今却无法满足中小企业的创新需求了，这让它们如释重负地抛弃了传统昂贵的 IT 服务，而如过江之鲫般转向了按需购买式的 SaaS 服务。为此，它减少了企业的运营成本，提升了运行效率，所呈现的是一个云削峰填壑的效应。

　　这也是 SaaS 的爆发点。在这个市场上，SaaS 的版图已不再是谷歌、亚马逊等一两家唯尊独大，也不只是微软、思科、EMC、惠普、IBM、Vmware、Yahoo 等老牌玩家，而是包括 Salesforce、Facebook、YouTube、MySpace 以及华为云、阿里云、联想云、百度云、腾讯云、盛大云等后起之秀一起在分食这场豪门盛宴。

　　所以，如何从"云里雾里"选择适合自己企业的"云龙头"，找到那个正确的 SaaS 提供商，这就变成一门学问了。面对适合创业公司的"亚马逊 AWS 模式"，全面而人性化的"微软 Azure 模式"，改变游戏规则的"IBM 蓝云模式"，高效而灵活的"英特尔至强 E5 模式"等，你需要明白的是，它们不只是一个技术体系，而且还是一个价值体系，需要从技术、成本、效率以及文化价值的角度去考察和评估。

　　为此，在选择 SaaS 服务商时，可从以下几个方面去考虑：

　　首先，最重要的匹配是 SaaS 提供商的云哲学。

　　云计算本身并不是计算，也不是单纯的技术，而是方法论。它让有限的资源，通过一种更有效的组织形式，产生无限的应用价值。也就是说，它为重建一个虚拟世界提供一个方法论，并在物理世界创建了的一个内耗最小、功效最大的虚拟资源服务集合，去解决人类及企业所面临的诸多问题。

如果从哲学上来讲，本质具有它的唯一性，而现象则可以具有多样性。云计算不只是一个新概念，也不是任何一个人或一家公司的想法，而是整个行业思维方法的转变。这就是它的云哲学意义所在。

所以，在企业挑选云提供商时，如果只是局限在技术、成本、效率、服务上，这往往是不够的，还必须考察云提供商的的企业文化、技术策略、控制分享方法，以及他的用户和合作社区添加的价值。无论是谷歌、亚马逊，还是 EMC、惠普、IBM、Vmware，本质上都由他们的云哲学和价值观所引领、支配和放大。

其次，对于云服务类别，应把重点放在"第三个云层"上。

云计算有三大类服务，即 IaaS、PaaS 和 SaaS 三个云层。第一层云是基础设施即服务，那是大公司的事；第二层云是平台即服务，那是专业公司的事；第三层云是软件即服务，这才是大多数中小企业所需要的云服务。

作为"第三个云层"的 SaaS，它主要包含了企业的实际应用，如虚拟桌面、数据分析、人员、财务管理，同时也与企业销售业务直接关联，为此，实现云服务的可扩展性和灵活性是大部分中小企业向云计算迁移的最终目的。

具体来说，中小企业云服务应用有以下这几类情况：如企业建立网站、电子商务、OA 系统、网络营销、CRM、呼叫中心、客户关系维护及移动办公等很多工作，都是在 SaaS 的"第三个云层"上实现的。

此时，企业与 SaaS 提供商的关系是一种按需购买的关系，是一种接受服务的关系。也就是说，企业不再承受建设机房、购买软硬件、招聘 IT 人员等巨大成本压力，只需要根据企业实际情况，以租赁在线软件服务的形式，让 SaaS 提供商为企业搭建所需要的云服务，并负责所有前期的实施、后期的维护等一系列服务。

再者，削减成本是最有吸引力的试金石。

云计算享受的是最简捷而灵活的云服务。SaaS 最大的魅力，就是可以削减企业信息化的硬件和设施，并将你的技术基础设施转移到云端，开源节流，省掉开支省出钱。这里的关键是，你要把企业相匹配的发展速度与 SaaS 提供商的收费方式结合起来考虑，选择对你来说最效率的使用方式，既不超前，也不滞后，配置合理，扩展有序。

无论是国外还是国内，SaaS 提供商都会根据不同的情况来进行收费，比如有多少订单用户、使用了多少云计算资源、购买了什么类型的服务等。相对而言，那些确立了品牌、具有消费规模，并且成熟较早的 SaaS 提供商所提供的云服务价格要低廉一些，质量过硬一些，甚至在使用上要人性化一些。

但无论是老牌的 SaaS 提供商，还是新兴的 SaaS 提供商，他们都能为 SaaS 购买者提供一个应用或接口，让用户了解使用云资源计费的信息，包括对云资源扩展的计费情况。如果云提供商不能提供类似的具体信息，那么这样的 SaaS 提供商所提供的云服务可能会有问题，中小企业在选择时就应引起必要的警觉，规避这样一些风险。

最后，不可忽视的是安全问题和服务水平协议。

中小企业走向云服务，实际上是把企业原来内部的一些资料放到云上去，而云是虚拟的，它有可能在任何一个云端。这种云服务，本质上是一种迁移，从一个点迁移到另一个点，从物理上的点迁移到了云端的点，这些云化的信息，什么人能看到，看到的内容有多少，程度有多深，会不会泄密，这就涉及如何保证用户登录的安全问题。

为此，中小企业在挑选 SaaS 服务商时，不仅要对云的性能、云的部署和云的解决方案了解清楚，还一定要查看他们虚拟服务的安全认证，相关的安全架构、流程和风险管控的方法等具体情况，在纵向、横向进行比较之后，再做出正确的选择。

此外，还要认真考察与 SaaS 提供商签订的服务水平协议，即 SLA。SLA 是一种衡量云提供商服务平台舒适度的方法。如果一个 SaaS 提供商的可用性是 99.5%，而另一个云提供商的可用性是 100%，那么选择后者是毋庸置疑的。同时，还要考虑一些保护条款，如果 SaaS 服务出现中断，那么 SaaS 提供商应给予企业相应的损失补偿。

总之，SaaS 已成为中小企业发展的引擎，正确选择它非常重要。

◎云版案例 11：微软的"觉醒云"

上世纪七八十年代，当计算机处于硬件时代时，IBM 造就了 IT 产业的神话；十年后，PC 时代的软件普及让微软成为了 IT 产业的王者；又过了十年，当谷歌、亚马逊成了互联网时代的霸主时，微软才又幡然醒悟。

1975 年，19 岁的比尔·盖茨从哈佛大学退学，和他的高中校友保罗·艾伦一起卖 BASIC。当盖茨还在哈佛大学读书时，他们曾为 MITS 公司的 Altair 编制语言。后来，盖茨和艾伦搬到阿尔伯克基，并在当地一家旅馆房间里创建了微软公司。

微软创立之初，是以销售 BASIC 解译器起家的。上个世纪 70 年代的美国，软件企业并不多，微软抓住了个人计算机快速发展的市场机会，为个人计算 机厂商编写 BASIC 解译器。短短几年时间，微软 BASIC 就成为了市场标准，逐渐占领了整个市场。

1995 年后，微软连续 13 次蝉联《福布斯》评选的全球富豪榜首富，14 次登顶，可谓前后三百年都无人能企及，一举成为纳斯达克的领头羊，成了全球信息技术的领导者。当全世界的人几乎都在与微软打交道时，人们不禁感叹上帝在这个信息时代创造了比尔·盖茨这个尤物。

至此，微软也成了神，高山仰止，以致在 IT 软件行业流传着这样一句告诫："永远不要去做微软想做的事情！"微软的强大无人与之齐肩，让业界有了另一种说法，除了采用《垄断法》威胁微软，人们对它似乎束手无策。

但是，微软并没有意识到，此时的软件行业已经悄然发生变化。随着 20 世纪 90 年代中后期互联网行业兴起，并迅速与软件行业融合，其软件已经不再是孤立的软件，大部分软件都实现了网络化。但是，登峰造极的微软并没有意识到这种变化，更没有意识到危机已经逼近。

1995 年至 2005 年可以说是微软"迷失的十年"。比尔·盖茨在他的《未来之路》书中也承认，他认为互联网只是"信息超级高速公路"的一个子集，扮演着辅助角色，其预测是完全错误的。正是这个误判，导致了微软最终未能在战略上重视互联网业务，在未来之路上迷失了方向，并付出了沉重代价。

随着谷歌、亚马逊、脸谱等互联网公司的迅速崛起，后知后觉的微软终于恍然大悟，开始认清了软件行业的发展变化，重新确立互联网企业的战略方向，重新构建微软向云转型的商业模式。

2005 年，Windows Live 的系列产品在逐步推出。搜索、邮箱、即时通讯、安全，等等。微软希望未来所有的服务都整合到 Live 平台下，让用户免费使用。与此同时，微软将学习现有互联网企业的盈利模式，从广告市场收钱盈利。

与此同时，微软加快在互联网业务的扩张和争夺，先后与谷歌竞购十多家互联网公司。2007 年，微软以 2.4 亿美元率先入股当时蒸蒸日上的脸谱公司。事实证明，微软非常迅速而正确地抓住了互联网 WEB2.0 时代的机会，目前脸谱公司拥有超过 5 亿用户，超过美国成为世界第三大"人口帝国"。

2008 年，比尔·盖茨正式退出微软管理层，意味着微软进入"后盖茨时代"，史蒂夫·鲍尔默接管微软帅印，并加快互联网战略步伐，加大互联网业务的投资，对用户免费开放 IE 浏览器、MSN Hotmail 电子邮箱、MSN Messenger 即时通信软件、Live 生活社区、必应搜索、MSN 门户网站、在线地图等产品和服务，并取得不错的业绩。

2010 年，CEO 鲍尔默发表了"We Are All In"的演讲，揭开了微软全线产品向云计算转型的序幕。云计算对于微软来说是一次绝佳的转型时机，从传统软件转向了云计算模式。此后，他让 90％左右的员工从事到云计算的开发中来。

对于云计算产业来说，微软也是一个不可或缺的中间力量。此后，微软在迅速推出云计算计划的同时，一并提供云计算 SAAS 解决方案，

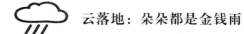

在云计算未来争夺战中，赢得先机。

2014 年，微软新 CEO 纳德拉上任后，一直坚定不移地执行"移动为先，云为先"的策略，为了追赶苹果和谷歌，甚至终止了 XP 系统业务，也是为了把业务重心转移到云转型上，并取得了明显的效果。

直到 2015 年，微软才在云端华丽转身，公司花了三年时间研发历史上最成功、也被业界誉为最保守的微软 Office 软件推向了云端，从而使自己"云＋端"战略取得了长足的进步，进入到了应用阶段。此后，微软股价一直上涨，如今市值已重新超过 Google，证明了微软在云转型上扳回了一局。

云计算的兴起不仅转变了微软的重心，也正在改变云计算的竞争局面。微软在云计算领域的勃勃野心从未掩饰，让谷歌和亚马逊瓜分天下也是微软所不能容忍的。因此，当微软从梦中醒来，便毅然举全公司之力投入云计算，不仅进入了 IaaS、PaaS 的云计算服务，而且点燃了基于云的 SaaS 战火，把硝烟弥漫到了全世界的每一个角落。

正如微软前 CEO 史蒂夫·鲍尔默所说："我们将把赌注押在云计算领域！"但由于微软的十年迷失，在向云端迁徙的路上，它仍然还是一个气喘吁吁、流着大汗的追赶者。

外星人讨论：微软的"温特主义"、"十年迷航"和"云端追赶者"

原子人、比特人和数据人来到了位于美国华盛顿州雷德蒙德市的微软总部。它处于西雅图附近的东部边缘，呈散落的星状分布，但看上去更像一座大学的教学大楼，弥漫着浓厚的学术气息。他们三人在此进行了为期一周的考察，并对微软案例做了历史性的解剖和现实性的讨论。

数据人："微软公司的崛起，比尔·盖茨的视窗，不仅改变了整个世界个人 PC 电脑操作的命运，也使自己成为了 PC 时代的王者。纵观微软浮沉四十年，它有辉煌，也有败笔，既有领跑，也有追赶，呈现一个跌宕起伏的态势。今天，我们来分析、研究、讨论一下微软案例，大家从中看到了一些什么，或受到一些什么启发，以及它有一些什么样的借鉴意义。"

原子人："我先来说吧。从微软案例来看，我认为，趋势对于企业成败来说，具有谁也不能忽视的参考价值和指标意义。从微软发展来看，微软先是得到 IBM 的提携，后来又把 IBM 踩在脚下。它们之间的互相转换，只说明了一个道理，那就是福特主义的失败和温特主义的胜利。所以，我今天的话题，就来说说微软的'温特主义'。"

比特人："此话怎讲？"

原子人："在上个世纪的 80 年代末和 90 年代初，曾发生过一场激烈的厮杀，就是 IBM、苹果和微软争夺 PC 机的主导权。结果，烽烟散尽，微软胜出，成了王者，就是时势造英雄。"

比特人："微软顺应了趋势？"

原子人："对。微软的第一桶金，是通过与世界上第一台微型电脑'阿尔泰'的生产厂商签署 BASIC 语言使用权协议，获得的 18 万美元的版权费，从而一举成名，并搭上了 IBM 的战车。没有 IBM 的提携，微软也许成不了王者。"

比特人："滴水之恩，当涌泉相报。"

原子人："但后来，微软几年工夫就把 IBM 踩在脚下。这正是 IBM 最痛苦的事情。它们之间的互相转换，河东河西，对于微软来说，这是温特主义的胜利，而对于 IBM 来说，则是福特主义的失败。"

比特人："福特主义？"

原子人："对。福特主义是工业时代的一种生产方式，它的实质，就是以较低产品价格作为竞争手段的刚性生产模式。温特主义是全球化竞争与合作的产物，它的实质，就是标准制订者与模块生产者能够在分工合作中实现多赢和共赢。"

比特人："代表了两个时代的生产模式？"

原子人："对。对于 IBM 来说，它的失败，就福特主义的失败，因为它还停留在福特主义的工业时代；对于微软来说，它的胜利，就是温特主义的胜利，因为它先人一步进入了温特主义的网络时代。所以，微软走向王者而 IBM 被拉下宝座，这是合乎潮流的事情。"

比特人与数据人报以热烈的掌声。

比特人："原子人说得太好了！现在流行一句话：个人干不过团队，团队干不过系统，系统干不过趋势，说的就是这个意思。微软也一样，成就其帝国是网络效应，风光不再也是网络效应。所以，我今天的话题，就说说微软的'十年迷航'。"

原子人："它也迷失过吗？"

比特人："对。上世纪末，微软以 2611 亿美元市值击败了老牌通用电气公司，到达了一个前所未有的巅峰。当时，全世界网民每天几乎都在与微软打交道，用它的视窗，对它如痴似狂。关于它的强大，也流传了一句话，'除了采用《垄断法》威胁微软，人们几乎对它束手无策'。"

原子人："那时，微软才 23 年的历史，已强大到无法比拟。"

比特人："但正是这种强大，几乎让微软遭到了灭顶之灾。微软的成功，在于它成功经营了一个价值网络，那就是把开发者、客户、OEM、系统集成商协调起来，各管一段，共同发展，这样的商业模式，让微软在 PC 时代取得了霸主地位，奠定了帝国的根基。"

原子人："它是先知先觉。"

比特人："对。但是，微软并没有意识到，此时的软件行业已经悄然发生变化：那就是互联网的悄然兴起，让微软迷航了。可以说，从 1995 到 2005 年，这是微软迷航的十年。在这十年间，它只将自己定义为软件公司，而忽略了互联网时代到来的威力和意义。"

原子人："付出的代价也是惨重的。"

比特人："太对了。将微软拖下宝座的，不是别人，正是它的宿敌苹果公司。当年，微软借助 IBM 战车战胜了苹果，并将苹果逼入绝境，毫无还手之力，但大难不死的苹果在乔布斯的带领下东山再起，又把微软斩于马下。"

原子人："为什么？"

比特人："因为乔布斯不仅看到了互联网的价值，还看到了移动互联网的井喷效应。而微软只把互联网只看成信息高速公路上的一个子集，是一个辅助的角色。"

原子人："从而铸成大错。"

比特人："最典型的例子是对谷歌看走了眼。当时斯坦福大学的两名学生找到比尔·盖茨，但他对他们的在线搜索引擎不屑一顾，拒之门外；后来，谷歌又把微软逼到了墙角。"

原子人："这是它与 IBM 的一个翻版。"

比特人："对。这是历史的轮回。这迷航的十年，曾经登峰造极的微软，只将自己放在一个软件行业的盒子里，傲慢于世，独孤求败，并没有意识到互联网的变化，更没有从互联网的战略高度去重构新的商业模式，它很快被苹果取代就成了顺理成章的事情。"

原子人与数据人响起了热烈的掌声。

数据人："你们说得太好了！从原子人的'福特主义'到比特人的'十年迷航'，说明了微软人在向云端迁徙的路上，遇到了一棵阴凉的大树，打了一个瞌睡，醒来时发现太阳偏西了，急忙爬起来再赶路。所以，我今天的话题，就是说一下微软的'云端追赶者'。"

原子人："云端追赶者？"

数据人："对。通过对这个案例的讨论，我在思考一个问题：为什么 20 年不到的时间，微软从信息行业的领跑者变成了满头大汗的追赶者，而且落后了人家好几圈？"

原子人："那你思考的结果呢？"

数据人："我想到了人类的入侵的问题。人类的入侵有两种：一种是武力的入侵，另一种是思想的入侵，而其结果是，思想的入侵往往要比武力入侵强过千万倍，甚至就像一个核反应堆的能量。"

原子人："武力者被思想者征服？"

数据人："对。云计算就是一种思想入侵，一种 IT 理念的入侵。当年物理科学家伽利略'日心说'的思想让人们接受的过程，整整用了一个世纪的时间，而相对于云计算的思想、理念传播，只用了五年时间就在全球深入人心。"

比特人："那是因为有了互联网。"

数据人："对。微软造就了一个神话，但它并不是先知先觉的。微软只是看到 Google、亚马逊、Facebook 等互联网公司的迅速崛起后，才恍然大悟，才开始了互联网和云计算布局和发力。"

比特人："也是后知后觉。"

数据人："不错。历史有惊人的相似之处。世界向云端移动的这场革命，就好像 20 年前微软和英特尔对计算机领域所掀起的那场革命一样，对于许多传统企业来说，只有两条路：你或者投身其中，你或者慢慢死去。"

比特人："这也是微软的一个十字路口？"

数据人："太对了。尽管微软向互联网转型下了最大决心，尽管微软向云转型下了最大的赌注，但由于醒悟得太晚了，它充其量也只是一个追赶者的角色而已。"

原子人："这个落差太大了。"

数据人："让微软沦落的最致命的东西，就是丧失了时代前沿思想的入侵性。因为，从微软把自己围于软件行业盒子里那一天开始，它的思想就不是入侵，而是一种保守的防御了。"

比特人："没有了进攻？"

数据人："是的。它不仅错过了互联网那场革命，也错过了开放源代码软件那场革命，甚至成了这场革命的最大的敌人，更要命的是，它还错过了那场无声无息、又来势凶猛的移动革命和云计算革命，当它与谷歌的体量之和还不及一个苹果时，它几乎成了一个落伍者。这就是人类的宿命：没有思想，就只有流汗。"

至此，原子人与比特人又是击掌而呼，拍案而起。

◎云版案例 12：IBM 的"云迷局"

作为一个蓝色巨人，IBM 长久不衰的秘诀在于它能够在所处领域开始衰落之前，就在市场的迷雾中寻找到下一个新的业务增长点，从 M1 卡宾枪到勃朗宁自动步枪，从商业打字机到文字处理机，从打孔机到传统 PC 再到云转型，每一次转变不仅壮士断腕，惊心动魄，而且往往把一只踏进坟墓的脚拔了出来，走在了充满生机、欣欣向荣的道路上。

百年之后，IBM 又一次站在十字路口，陷入了由硬变软的高价值服务与长尾市场效应的困境之中，面临着新的生死考验。与以往的历史一样，这个蓝色巨人再一次革了自己的命，推倒了自己的围墙，拿出了 100 多亿美元并购重组，终于又一次成功地破解了云的迷局。

1911 年创立于美国纽约州、总部位于阿尔蒙克、拥有 40 多万员工、年收入 940 亿美元、业务遍及 160 多个国家和地区的 IBM，已是名副其实的百年老店，是世界 500 强且在红地毯上走在前面的老脸孔了。

但这是历史的荣耀，只属于过去。对于刚刚接手 IBM 帅印的罗睿兰来说，与郭士纳时代不同的是，整个产业正在发生巨变。两种商业模式的对撞，需要 IBM 焕发新的企业基因。于是，这位昔日的蓝色巨人 IBM 不顾一切断尾求生，再次转型，势必在云计算和 SaaS 领域大干一场。

历史上，IBM 经历了几次重要战略转型：上世纪 50 年代从穿孔卡片数据处理设备转向计算机业务；70 年代后，从昂贵的大型机转向包括个人电脑在内的分布式计算系统；2000 年以来，IBM 以 23 亿美元卖掉了 x86 服务器业务即个人 PC 业务，将软件业务作为战略重点，逐步向咨询和服务领域转型。

在当下历史十字路口上，IBM 女帅罗睿兰又加速了云转型的步伐：

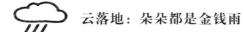

20 亿美元收购公有云企业 Softlayer，12 亿美元兴建全球 40 个云数据中心，10 亿美元投资 PaaS 平台 BlueMix 研发，10 亿美元组建新的沃森集团，倒贴 15 亿美元将芯片制造业务卖给 GobalFoundries，30 亿美元投资新型芯片的研发等，花费了 100 多亿美元进行了并购重组，完成了战略云转型。

在罗睿兰看来，云计算正在颠覆从硬件、软件到服务的整个 IT 体系，这也是 IBM 转型的主要动因之一。从长期来看，相对于技术变革，云计算的意义更多在于建立了新的商业模式。

在私有云、公有云、混合云并存的云计算市场，IBM 过去固守传统私有云的技术优势，而怠慢了公有云这种更能体现新型商业模式的市场。这一发现，让 IBM 找到了破解云的迷局的枢机。

在云服务中，IaaS、PaaS 和 SaaS 作为三种服务形式已经被广泛认可，IaaS 经过亚马逊多年的发酵正在步入价格战的红海，PaaS 尚处于初级阶段，而 SaaS 市场规模最大，也是最诱人的一块大蛋糕。

为此，IBM 以 20 亿美元收购 Softlayer 布局 IaaS，以打下云服务的基础，以 10 亿美元研发 BlueMix 投入 PaaS，以平台力塑造在长尾市场生态圈中的影响力，同时，IBM 与全球性软件提供商 SAP 展开合作，打造 ERP/CRM 这些黏性更高的业务软件，在市场最大、利润最高的 SaaS 市场下工夫。

在 SaaS 服务上，IBM 利用自身在软件上的优势和强大的合作伙伴生态系统，与第三方软件构建了云市场，包含面向市场营销、销售、人力资源、财务、分析等 SaaS 产品和服务。

此外，IBM 拥有 120 个 SaaS 产品，其服务涉及企业应用的不同领域，包括人才筛选等业务。同时，IBM 不断将企业核心应用资源搬到云上，打造能满足中小型企业在可靠性、安全性与性能等各种需求的云服务，让其成为 IBM 未来一座最大、最有潜力的金矿。

回过头来看，从私有云到公有云，从 IaaS、PaaS 到 SaaS，IBM 虽然走得很辛苦，也很曲折，但它毕竟已经全面覆盖云计算的各个层面，正是这种"端到端"的能力，让 IBM 能够成为混合云领域的领导者。

当今的云时代，是一个开放的时代，单打独斗肯定是行不通的。尤其在云转型中，IBM 表现出了前所未有的开放态度，它不仅选择了苹果、SAP、腾讯等业内翘楚强强联手，同时通过 Bluemix 触及到更加广泛的初创企业和个人开发者，从而让 IBM 云计算的帝国版图初显端倪。

当今的世界，也是一个两分世界，一边是传统企业，一边是互联网体系。这两者不是你死我活的零和关系，而是互相融合的正和关系。传统企业需要拥抱互联网模式与技术，互联网企业需要向更多传统行业创新和延伸，而 IBM 长袖善舞，所擅长的就是运用手中的云计算资源将这两者连接起来。

这正是 IBM 云的迷局中照射进来的一束阳光。

外星人讨论：IBM 的沃森哲学、蓝象转型、云上智能

原子人、比特人和数据人来到了位于美国纽约阿蒙克的 IBM 总部。这是一个非凡的技术王国，从大型计算机、磁盘、条码到机器人、纳米技术和芯片技术，琳琅满目，应有尽有，它代表了一个时代的科技进步风采。他们三人在此进行了为期一周的考察，对这个案例做了历史与现实比较性的研究、分析和讨论。

数据人："IBM 从上世纪初诞生到如今，已经有一百多年的历史了。这是一个名副其实的百年老店。在上个世纪，IBM 一直是计算机行业的绝对垄断者，全球市值第一宝座始终非它莫属。但进入 21 世纪以来，正如大型机时代造就了 IBM、PC 时代造就了微软、移动时代造就了苹果一样，这位蓝色老巨人就被新一代的挑战者逼入了死角。于是 IBM 痛定思痛，决定从硬件厂商向服务型企业转型，定下'云计算、智慧地球、新兴市场、业务分析'四大云布局，企图再一次重振雄风。现在，我们来分析、推演、讨论一下这个案例，看从中能得到一些什么启发，对中小企业具有哪些参考意义。"

原子人："我先说吧。IBM 老了吗？你不能说它没有老，104 岁的企业，如今在世界上幸存的也是凤毛麟角。但它真的老了吗？它又没有

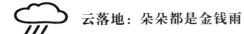

老，在历史上多次转型中，它都能老树抽新枝，焕发出它的青春魅力。所以，我今天的话题，就说一下IBM的'沃森哲学'。"

比特人："IBM的创始人吗？"

原子人："这是一个误传。事实上，沃森也是一个打工者。用现在的话来说，叫做'职业经理人'。但他尽管是一个打工者，却从不把自己当成打工的人，而是企业的主人翁。"

比特人："此话怎讲？"

原子人："IBM的前身是一家计算制表记录公司，一个叫查尔斯的老板请沃森来帮他打理这个公司，年薪是2.5万美元，从此，便开始了IBM的传奇。"

比特人："哦，他们是一种雇佣关系？"

原子人："对。但沃森给这家公司带来了一套管理理论，叫'THINK哲学'。"

比特人："什么意思？"

原子人："就是思考者。有一次，沃森开会时在黑板上写了一个很大的单词，就叫'THINK'，然后对大家说：'我们共同缺少的是——思考，对每一个问题的思考。别忘了，我们都是靠工作赚得薪水的，我们必须把公司的问题当成自己的问题来思考。'"

比特人："这就是最初的'沃森哲学'？"

原子人："对。它有三条行为准则，叫做'尊重个人'、'提供品质最高的服务'和'追求完美的工作表现'。别看它只有三句话，但它一直是IBM的核心价值观，这104年来，谁也没有去改变它。"

比特人："为什么？"

原子人："这就是IBM的金三角。这个金三角，是由员工、产品与客户构成的。这就是IBM的基因，IBM的商业逻辑底线，IBM的'第一推动力'。"

比特人："这也是沃森哲学的构架和精髓。"

原子人："对。IBM的成功秘诀，就是沃森哲学让IBM超越了单纯的技术公司，其技术发展的背后是对行业、社会、甚至整个人类命运的思索。所以，与其说IBM是一家卓越的公司，还不如说它是一个伟大的思想者!"

比特人与数据人报以热烈的掌声。

比特人:"原子人说得太精彩了!沃森哲学让 IBM 高于技术而进入了道德层面。拿破仑也说过,世界上有两种力量很是强大,一种是思想,一种是剑,而思想将最终战胜剑。我想,说的也是这样一个意思。所以,我今天的话题就谈谈 IBM 的'蓝象转型'吧。"

原子人:"蓝象转型?"

比特人:"对。IBM 就是一头蓝色的大象。有人说,电脑的历史,就是 IBM 的历史。这是恰如其分的。IBM 几乎是与电脑的发展一起成长起来的,从打孔制造到大型机到 PC 机到智能机器人,几乎都闪耀着它巨大的身影。"

原子人:"所以,被称为'计算机之父'?"

比特人:"对。但进入 21 世纪以来,这头蓝色大象陷入了极大的困惑。当时,IBM 从硬件向高价值服务转型,获得了极大的成功,使 IBM 走出了面临解体的泥潭。"

原子人:"世界由硬变软,这是趋势呀?"

比特人:"但 IBM 认为,他们并没有抓住时代的本质。因为 IBM 高价值服务的商业模式,是一个端到端的解决方案和服务能力,而这个时代的本质是长尾效应,长尾并不代表低价值,而是新的商业机会,它是这个时代真正的游戏规则。"

原子人:"忽视长尾?"

比特人:"对。直到 2014 年,这头蓝象才开始了真正的转型。它走了三步棋,步步惊心怵目。第一步,大胆放弃旧世界:如放弃 IBM 每股收益达到 20 美元的五年财务规划,以 21 亿美元卖给联想的 x86 服务器业务,倒贴 15 亿美元将芯片制造业务卖给 GobalFoundries 公司等,都是壮士断腕之举。"

原子人:"其实,这是断尾求生。"

比特人:"太对了。第二步,就是大胆拥抱新世界:如 20 亿美元收购公有云企业 Softlayer,12 亿美元兴建全球 40 个云数据中心,10 亿美元投资 PaaS 平台 BlueMix 研发,30 亿美元投资新型芯片的研发等,不到一年，就完成了 100 多亿美元的并购重组。"

原子人："果然大手笔。"

比特人："第三步，就是大胆与竞争对手合作：如与 SAP、微软、腾讯等公司的云合作，建立一种新型的云生态圈。它的奇妙之处在于，不仅没有现成模式可循，而且让未来的商业竞争也许不再是非此即彼，非白即黑，你死我活，而是一种'你云了我，我也雨了你'的竞合关系。"

原子人与数据人报以热烈的掌声。

数据人："你们说得太好了。从原子人的'沃森哲学'到比特人的'蓝象转型'，从'断尾求生'到追求'长尾效应'，这都是思考者的结果，这都是思想者的光辉。所以，我今天的话题，就说说 IBM 的'云上智能'吧。"

原子人："云上智能？"

数据人："对。刚才比特人不是说了 IBM 的高大上、犯了忽视长尾上的错误吗？那么，IBM 在新的形势下，如何渗透到长尾市场去呢？既然 IBM 是长期被企业模仿的老前辈，它总不能跟在别人屁股后头走呀。"

原子人："它又在思考？"

数据人："对。2014 年的一天，人们忽然发现，IBM 投入了 10 亿美元组建新的沃森集团，并推出了一项名叫'沃森分析'的免费云服务模式，让业界大为震惊。"

原子人："这个沃森，就是那个著名的机器人吗？"

数据人："不错。但它是一个很厉害的机器人。它不仅具有超人的智能，还可以与人对话，与人下棋，并在著名的智力比赛节目中击败人类的高手。"

原子人："那沃森分析呢？"

数据人："它是 IBM 在云上应用人工智能的一项服务，无论是 CEO 还是跑销售的，都可以从它那里获得数商业简化分析的云服务，包括各类预测在内的业务。"

比特人："那它可以侵入任何一个行业呀？"

数据人："对。它就是为企业而生的。它一方面让企业的经营和生意变得更加简单和有效，另一方面在云的集合能力上，它所提供包含IaaS、PaaS、SaaS层面的云服务，更加具有无可比拟的威力。"

原子人："对于IBM来说，那它意味着什么？"

数据人："它将使IBM获得新生。因为IBM用沃森这个机器人，这个云上智能系统，可以吸引更多的开发者和中小企业，并快速渗透到长尾市场，占得先机。可以说，未来的沃森，它不仅是IBM利润来源的重要支柱，更是IBM走在时代前沿的一个秘密武器。"

比特人："用超人类智能服务于人类，那太可怕了。"

数据人："对。IBM的伟大就在于，它将沃森从一个智力游戏转变成一项商业技术，一个无法效仿的商业模式，一种超越人类的云上智能，一个开放式的、免费的云平台，最后它想做的，就是把这个等级世界又变成一个混沌世界！"

至此，原子人与比特人又是击掌而呼，陶醉其中。

◎云版案例13：阿里的"云而上"

老子曾说过：形而下者谓之器，形而上者谓之道。阿里在云计算的探索和实践中，也有一个从器到道的过程，一个云而下到云而上的过程。如果你用历史的眼光看，从阿里软件到商业云再到阿里云，这不仅是一个飞跃，更是一个进化，可以从中窥见阿里在云计算上的帝国野心。

1999年3月10日，马云以杭州为研究发展基地，成立了阿里巴巴网站，开创了企业间电子商务平台，一年之后，在杭州设立阿里公司总部。在短短16年的时间里，阿里从一家全部资产不足50万元的小公司发展到如今中国最大的电子商务和云计算的巨头，这在中国创业史上实属一个传奇。

在这16年的时间里，阿里从没有停下它的脚步，从初创的阿里巴巴，到屌丝的淘宝，到创造奇迹的天猫，到神龙见首不见尾的阿里云，一直到"达摩五指"的阿里软件，每走一步都留下一个深深的脚印，并且走在这个行业的最前沿，让人望尘莫及。

八年之后才诞生的阿里软件，则是阿里公司继"阿里巴巴"、"淘宝"、"支付宝"、"雅虎中国"后，于 2007 年成立的第五家子公司，它的目标很明确，就是致力于为中国 4000 多万中小企业提供买得起、用得上、用得爽的在线软件服务。

它的成立，标志者阿里正式进入企业商务软件领域，随后便立即推出了阿里软件外贸版、内贸版、C2C 版和阿里旺旺等四款软件产品。马云说："阿里巴巴的发展方向是'达摩五指'，包括诚信体系、市场、搜索、软件和支付五个发展方向，软件是重要一环。"

阿里软件有两个开拓创新的方向：一方面在 SaaS 管理软件领域占据市场第一，另一方面在 IM 即时通信领域稳居市场第二。其未来目标，就是向微软、谷歌、IBM、亚马逊这样的技术驱动型公司看齐，力争成为世界级的技术公司。

最近，阿里软件通过与微软公司达成战略合作，将电子商务与在线软件服务融为一体，为中小企业提供一站式在线软件工具，涵盖中小企业电子商务工具、企业管理工具、企业通讯工具和办公自动化工具，构成一个完整的客户价值链，让"天下没有难做的生意"成为一个事实。

在在线软件使用上，不同业态或派系的云计算，受益的对象和群体也不同：第一种软件即服务针对的是终端用户，厂商提供的是各种互联网软件的服务，典型代表是 Google 或微软提供的在线办公软件；第二种平台即服务模式针对的是开发者，厂商提供用户、订阅、计费、部署、监控等服务，典型代表是 Salesforce 提供的 force. com 平台；第三种硬件即服务模式针对的也是开发者，厂商提供的是计算、存储和带宽资源，典型代表是亚马逊的 EC2 和 IBM 的蓝云服务。

在阿里软件看来，谷歌、微软和亚马逊其实都涉足了这三种模式的云计算业务，Salesforce 涉足了前两种，IBM 只涉足了最后一种，而所有这些云计算的商业模式，都类似于房地产公司批量建造写字楼，然后转租给企业客户，进而从中受益。

为此，阿里软件提出了一个革命性创新概念，那就是"商业云"。

正如企业最早用电从古老的单台发电机模式转向电厂集中供电的模式一样，"商业云"意味着让电子商务基础服务也可以作为一种商品进行流通，就像水、电、煤气一样，取用方便，而且费用低廉。

阿里软件是 SaaS 在线软件服务行业的领跑者，当他们把单个软件应用在线化称为 SaaS 1.0 阶段，多个软件服务平台化称为 SaaS 2.0 阶段的时候，那么他们现在所做的事情，就是最终形成云端软件生态圈 SaaS 3.0 阶段。

如果把云计算中心看成一个虚拟化的资源池，池子里有各种互联网技术资源，用户所考虑的，不是技术的部署，不是后台的繁杂，而是如何在这个池子取水，并且随取随付、按需计算、按需付费就可以了。而阿里人所要做的，就是让这个虚拟资源池升起一朵达摩"商业云"。

创立于 2009 年的阿里云，在杭州、北京、硅谷等地均设有研发中心和运营机构，所有用户通过它以互联网的方式获取海量计算、存储资源和大数据处理能力，几年下来，其服务的客户数超过 140 万，遍布互联网、移动 App、音视频、游戏、电商等各个领域，在让越来越多的政府机构、央企、大型民营企业以及中小企业、开发者纷纷开始拥抱云计算，并从中受益于云计算带来的便利和价值。

当时，阿里云最大的任务是承载阿里旗下所有业务的数据平台——由于淘宝业务量激增，最初基于 Oracle 产品构架的 RAC 集群是国内每天处理量最大的数据仓库，接近极限。受业务的驱动，阿里云开始了向分布式计算和 Hadoop 集群的探索，成功执行了"去 O 计划"，建立了能够支持公司数据化运营和商业创新的海量数据大平台，从而形成了"打破和商家信息不对称"所必需的能力。

阿里云致力于为用户提供纯粹的云服务，它的愿景是重新定义云计算产业。对于阿里云而言，做云服务就是做云平台，就是打造一个犹如淘宝一样的云平台，让更多的用户能够体验到云服务，获得云服务的价值和口碑，其目的就是要构建一个云服务的生态圈。

云生态圈的形成如同所有产业变迁一样，都是一个过程。云计算是企业互联网化的唯一机会。阿里云所追求的，就是这样一个具有云用务性质的生态圈。因为未来所有的产业竞争都是生态系统的竞争，你要么依附于一个生态圈，要么自己发展出来一个生态圈。

在这个生态圈里，阿里云就如未来的房地产公司，服务器作为它的储存空间，就是黄金地皮。如果阿里云集群的服务捆绑企业的信息，如果企业因为节省了办公场地与人员需要用阿里云的服务弥补，那么阿里巴巴将会成为世界上最大的"云上地产商"和"云上圈地大王"。

阿里人坚信：在阿里云的推动下，中国未来会产生一万个阿里巴巴，像一万个阿里巴巴一样，他们都会成为数据公司，都是未来的数据云。阿里人希望用数据、计算影响着社会，甚至改变更多的人，更多的企业。

这就是阿里人由器而道的"云而上"。

外星人讨论：阿里的"达摩折指"、"阿里云"和"云生态圈"

原子人、比特人和数据人来到了位于滨江滨兴路的阿里巴巴新总部。这是座学校式的建筑，像座布满交叉小径的工业迷宫，体现了阿里人创造一个截然不同的世界的价值观。为此，阿里人也从过去的"西湖时代"进入了"钱塘江时代"。不是猛龙不过江，阿里人过江，意味着它要迈入一个引领时代潮流的新纪年。他们三人在此进行了为期一周的考察，并对案例做了纵深的分析、研究和讨论。

数据人："阿里在中国是一个神话。16 年前，由英语教师马云和他的 17 个伙伴在杭州湖滨花园一处小公寓中创办的阿里巴巴，如今已是全球最大的电子商务集团，涵盖淘宝网、天猫商城、阿里 B2B、阿里云等业务。2014 年上市后，市值高达 2314 亿美元，超越腾讯的 1487 亿美元市值，超过电商巨头亚马逊，是仅次于苹果、谷歌、微软的全球大型互联网公司。而能做到这一点，以 16 年时间做了传统时代需要几代人才能做到的事情，只有通过无所不能的云才能做得到，为此，我们在此分析、讨论、挖掘一下阿里云的前世今生和未来，对于帮助更多的中小企业转型、发展、做大是有积极意义的。"

原子人："是呀。从西湖边上的十八罗汉到如今的阿里帝国，从一个电子商务网站到如今的互联网巨头，马云几乎成了一个神话，几乎在这个世界上无所不能，无往而不胜。实际上，马云在打通阿里的云通道时，也曾败走过麦城。所以，我说说阿里的'达摩折指'。"

比特人："'达摩折指'？"

原子人："对。马云引以为傲的'达摩五指'，除了阿里巴巴、淘宝、支付宝、雅虎中国之外，就是阿里软件了。它是马云于 2007 年 1 月 8 日成立的第五个子公司，由于它的夭折，这个'达摩五指'少了一根指头了。"

比特人："为什么？"

原子人："因为马云并不满足于阿里是一个电子商务公司，他投了 3 亿元下去，希望它成为中国最大的 SaaS 公司。"

比特人："在那时候，大家都在讲 SaaS，很前卫呀。"

原子人："马云甚至把全球软件行业的巨头微软公司也拉过来，与阿里一起撑起了 SaaS 这面大旗。"

比特人："明白了。阿里大动干戈，是要做中国中小企业的救星。"

原子人："对。马云在下一盘大棋：他希望用'达摩五指'，让消费者从雅虎中国搜索开始，在淘宝网上完成网上采购，用支付宝电子支付平台完成交易，借助'星晨急便'物流公司完成整个交易和交付过程。"

比特人："就像达摩五指一样，缺一不可。"

原子人："不错。阿里软件当初的定位就是要搭建一个技术平台，来打通 B2C 与 B2B、也就是淘宝网与阿里巴巴两种商业形态之间的桥梁，来完成阿里的历史使命，让天下没有难做的生意！"

比特人："原来如此。"

原子人："但是，一直气势如虹的阿里软件，在冲杀了三年之后，突然关闭了。"

比特人："为什么？"

原子人："这是阿里的一次败笔。最大的原因，是对 SaaS 模式下的运营模式准备不足。阿里软件以前的运营模式全部是招代理商，当时阿里要改变原来的战略，把所有的代理商全部砍掉，全部直销，向全程电子商务进军，原有的商务模式已经不能满足形势发展的需求了。"

比特人："只好挥泪斩马谡了。"

原子人："对。不过，虽然阿里软件解体了，但它的意义却是重大的，因为它为阿里的云计算铺开了最初的道路。况且，马云也一定不会终止打通这两个商业模式的梦想。"

说到这里，比特人与数据人响起了掌声。

比特人："原子人说得太好了！因为阿里软件的夭折，才有了阿里云的诞生。阿里人的光棍节奇迹，在它背后有个隐身人，那就是'阿里云'。"

原子人："为什么？"

比特人："因为这是阿里人的命门。当年日本人孙正义只听了马云6分钟的话，就给了阿里3000万美元，而后来2013年的光棍节，头6分钟的交易就破了10亿元，这一天的成交量是350亿元，2014年上升为571亿元，2015年突破了912亿元，所有这一切的奇迹，都是因为它背后有朵无所不能的阿里云。"

原子人："这叫今世之树，报前世之果。"

比特人："对。阿里软件的'达摩折指'，并没有白费，正是为了阿里云的试水。2009年9月10日，当阿里云诞生并对外开放之后，便为各类企业提供云计算服务，就像为缺水者供应自来水，为需电者提供电力输出一样，受到了中小企业的青睐。"

原子人："阿里的'飞天平台'吗？"

比特人："太对了。当时，阿里人的B2B业务势头非常好，一路高歌猛进，淘宝、支付宝也是井喷式增长，这给阿里IT后台带来的压力越来越大，而那些传统软硬件提供商对此反应迟缓，一筹莫展，再也拿不出像样的解决方案。"

原子人："堵车了。"

比特人："不错。在这种情况下，一些提供商建议，由阿里投资上亿资金，让他们来研发，解决这个堵车的难题。"

原子人："这是流行的外包。"

比特人："但马云不愿这样做。认为这是为别人做嫁衣，在关键时刻，有可能被别人挟持。于是，他下决心，从阿里的底层研发做起，做自己的技术平台，当时称之为'飞天平台'。"

原子人："这是阿里云的前身。"

比特人："到了2010年底，阿里接触到很多做电商的中小企业，它们渴望向互联网转型，但苦于自己没有IT团队、技术功底，只能望云兴叹了。此时，他们终于看到了为这些中小企业提供服务的'电厂'、'自来水厂'了。"

原子人："这叫'水到渠成'。"

比特人："这样，阿里云就成为了很多中小企业的'电开关'和'水龙头'，真正成为了叫好又叫座的 SaaS 服务提供者。而他们也通过阿里云实现了创业与发展之梦，实现了企业从软件到服务的战略转型。并且，其成本只有传统软件的 20%，甚至还要低。"

原子人："这也叫'你云了我，我也雨了你'。"

比特人："更重要的是，马云跌倒之后又爬起来推出阿里云，他想做的事情，就是要让每一个创业者与大公司站在同一起跑线上，拥有和大公司一样的能力，去实现他们认为正确或有价值的梦想。"

原子人："云计算的出现，也许可以让人类走向真正的平等。"

比特人："此后，阿里云从最初的 RAC 集群走向大数据，经过云梯、飞天、去 O 计划，到现在的巨无霸项目，人们终于看清了，原来马云这些年重兵投入的阿里云，一切都为了'云端'，一切都可以放在'云端'，一切的"云端"都可以被连接和智能化。它要做的事情，就是在云计算上再长出一个比淘宝还大的公司，要在阿里云上诞生 10000 个阿里巴巴。"

原子人："这是阿里云的野心。"

比特人："确切地说，这是阿里云的帝国野心。阿里并不隐蔽这个企图，甚至还很张扬。而现在，这个帝国，可以说，正在显露雏形。"

说到这里，原子人和数据人又一次响起了掌声。

数据人："你们说得太好了！原子人说了'达摩折指'，比特人讲了'阿里云'。这是一个因果关系。没有'达摩折指'，也就没有阿里云的威力。为此，那我就顺着你们的话题，说说阿里人的'云生态圈'吧。"

原子人："'云生态圈'？"

数据人："对。对于阿里人来说，构建一个热带雨林式的、植被深厚的、物种众多的、雨水丰沛的云生态圈，这才是阿里云商业竞争力的终极目标。"

原子人："此话怎讲？"

数据人："就拿这次公司新总部搬迁来说吧。很多人都劝马云，建

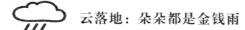

一座当地最高的大楼，但他只建了一座六层高的办公楼。不过，他把这座楼建得很庞大，交叉小径林罗密布，像一个工业迷宫，并空出了很大的绿地。"

比特人："他所体现的，就是一种生态思想和理念。"

数据人："对。他说：任何一家企业，成为帝国是不可能实现的，只有缔造生态圈，才能长久地运行下去。"

比特人："帝国是暂时的，生态系统才是永恒的。"

数据人："太正确了。这个云生态圈的构筑，就是以'飞天平台'为基石，通过'生态扶持＋平台升级＋大规模降价'的策略，整合云计算生态链上的各方力量，为参与者提供从资金、产品、服务到云计算应用的全方位资源。"

原子人："野心不小。他把天下人都变成阿里的打工仔了。"

数据人："所以，马云宣布了一个'云合计划'，准备招募一万家云服务商，构建新的云生态体系，为个人、企业和政府等用户提供一站式云服务。只要开发者开发出好的应用工具，就可以在这个云生态圈上获得推广。"

比特人："让这个云生态圈更加有助于各类物种的生长。"

数据人："这样，这个云生态圈，就是一个友好界面的'公共电网'，而所有的合作伙伴就是各种'电气公司'了。这样，阿里的商业模式，就是一个集合全网的力量去为中小企业提供云服务，去为他们的梦想奉献一架云梯。"

比特人："阿里也从帝国走向了永恒？"

数据人："是帝国，也是永恒，但更是一种责任。马云的勇敢来自他内心的强大。在他看来，世界上有三种人，生意人：创造钱；商人：有所为，有所不为；企业家：为社会承担责任。一个企业家只有为社会创造更生态的环境，他的未来才是永恒的。"

至此，原子人与比特人又是击掌而呼，久久不能平静。

第五章

从"迁徙公有云"确立企业云转型的解决方案

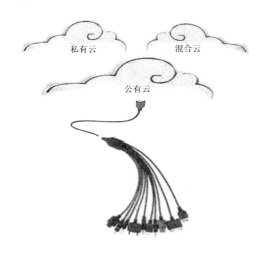

私有云　　混合云

公有云

从"迁徙公有云"确立企业云转型的解决方案

　　云落地操作技巧指南：人类历史上最大规模的迁徙，是向互联网的迁徙，从物理世界迁徙到云世界。那里有三块硕大的云朵：公有云、私有云和混合云。不过，最适合中小企业云化的是公有云。为此，企业在向公有云迁徙的过程中，记住这句话很重要：评估现状是前提，解决应用是关键，兼容未来是方向。

——陈贝帝原创观点

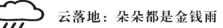

人类往往不会总是待在一个地方，而是要进行大规模的迁徙。事实上，人类迁徙的脚步从来就没有停止过，从树上迁徙到洞穴，从丛林迁徙到平原，从游牧迁徙到城邦，从现实迁徙到神话。人类不断的迁徙，不仅改变了人类自身，也改变了世界。不过，人类历史上最大规模的迁徙，则是向互联网的迁徙，向云计算迁徙，从物理世界迁徙到云世界。

中小企业也汇入了这股迁徙大潮中，那就是从坚固的现实世界向云迁徙，向属于自己的那朵云迁徙，向能够给企业带来滚滚财富的那朵云迁徙。然而，天空有很多云，如五湖四海式的公有云，井水不犯河水式的私有云，河淹湖泊相通的混合云等，究竟迁徙到哪朵云，这是一个需要智慧和视野的选择。

云计算浪潮席卷着全球的每一个角落，不管什么样的行业，不管什么样的企业，都在向云迁徙，向云延伸，一切都将云化，一切都必然被云化，否则，你将被这个时代所边缘化和淘汰。

在向云迁徙过程中，一般有两条路线：一条是企业自行开发的云化系统，另一条是进入第三方搭建的云化系统。对于中小企业来说，第一条是不大可能的，因为它需要强大的财力做后盾，这正是他们的短板。所以，只有走第二条路，通过购买或租用第三方云服务产品的办法，才是最明智的选择。

为此，其业务运行在性价比更高的公有云，成为了中小企业向云迁徙的突破口。

如果把公有云比喻成一个无限大的资源池，那么中小企业就是这个天池的取水者，只要用一个勺子到这个池子里取水就可以获得它云化的资源。这不仅是一个十分务实的想法，也是一条捷足先登的路径。

公有云的本质是租赁或免费。如果真正读懂了"租赁"在公有云中的作用，那么你也就获得了在企业云化中的奥妙。说白了，它不仅提升了你企业的硬件，让你一下子从一条小溪变成了大海，从小舢板登上了大轮船，并且租给你，让你可以乘风破浪，可以环球航行，将你的发展空间拉伸得无限广大。

在这朵硕大的公有云上，中小企业既不需要花巨资搭建自己的数据中心，也不需要花大价钱聘请稀缺的 IT 人员，只需要注册一个账号，按需购买，按需付费，就可以达到云迁徙的目的。就像盖茨所说的，坐头等舱与经济舱并没有本质的区别，因为它并不能让谁先于谁到达目的地。

中小企业在向公有云迁徙的过程中，有三句话一定要牢记，即"评估现状是前提，解决应用是关键，兼容未来是方向"。这是因为中小企业不像大型企业那样高大全，在很多情况下，他们所需要的是快速反应，最迫切的是能够被有效利用，最有吸引力的是弹性和延伸，并为以后发展预留空间。

具体来说，中小企业向云迁徙，可分三步走：

第一步：确定企业向云迁徙的模式。

在你找到云提供商时，他们一般会询问你希望使用哪种云模式，如公有云、私有云和混合云，并把它们的优缺点告诉你。如果你是传统的中小企业，也无 IT 基础，你就应该毫不犹豫地选择"公有云模式"。

云计算的价值在于公有云。公有云是由第三方提供的云端服务，其核心是以云化方式供给企业向云迁徙的能力。它除了价格低廉以外，还能给上游服务者提供增值业务，给下游最终用户创造新的业务价值。

对中小企业来说，考虑公有云不仅是十分务实的想法，也是其设计云架构、部署云迁徙的侧重点。所以，中小企业根据自身的发展需求，按需选择属于自己的云模式，才能起到事半功倍的效果。

第二步：选择公有云的产品，这是企业向云迁徙的关键。

在这一步，需要牢记的一个基本原则是："SaaS 是中小企业云化的快捷之路"。凡是大一些的云提供商，如谷歌、微软、亚马逊、英特尔、IBM 等都提供超过了 100 种的 SaaS 业务应用，可以绰绰有余地满足你企业的云化需求。

如何从这些纷繁的云产品中，挑选适合你企业在云迁徙的云化产品，这才是问题的关键和事情的要点。当然，云提供商也会给企业提供一个云化方案，但他们并不知道企业真实的想法和未来的一些诉求，所以，事先做到胸中有数，可以让企业在向云迁徙时走向更顺畅些。

中小企业云化基本上处于空白，借助于基于软件即服务的在线应用模式，从 SaaS 运营服务商那里不仅可以获得一些日常管理产品，如桌面办公、网盘、邮箱、企业微博、即时通讯工具、应用商店等，还可取得相关管理软件系统的使用权，十分便捷享受到服务器、网络、系统管理员以及 CRM、OA、进销存、财务管理、ERP 等一系列的云化服务。

第三步：云的设计和云的部署，需要考虑它的扩展性。

这里应牢记的一个基本原则是，中小企业向云迁徙的解决方案，不是由企业单向去搞定的，而是与云提供商合力完成的。此外，还要考虑它的扩展性，因为随着企业的成长，云化量需求和规模也将扩大，因此，在云的设计和部署上需要给企业的云迁徙留下弹性和空间。

虽然很多人喜欢购买现成的解决方案，希望一劳永逸，但事实上，一个企业要真正向云迁徙，走向云化，不是一劳永逸的，而是一个系统问题，一个生态体系，需要思考流程编排、服务配置、兼容扩展以及效率最大化的问题，并让它们一切都运作起来，一切都生动起来，一切都处于云中。

◎云版案例 14：苹果的"云终端"

众所周知，福特曾让美国从马车跃到了汽车上，成为汽车轮子上的国家，并把第二次工业革命带入了高潮，而让第三次工业革命悄然无声地登上巅峰的则是苹果，因为乔布斯让全世界的人都低下了头。

在谷歌、亚马逊、微软等一些云计算先驱看来，苹果只是后来加入的一只菜鸟，但苹果后来的所作所为，让这些云计算巨头们目瞪口呆了。不为世俗所羁且富于远见的乔布斯说："如果在 2015 年以前，苹果不能完成向云计算的彻底转型，它将沦为一个可有可无、利润微薄的设备制造商。"

创立于 1976 年 4 月 1 日、位于硅谷的苹果公司，原名苹果电脑公司，是一家美国的跨国公司，主要经营消费电子产品以及与之相关的软件产品，其主营收入，除了下载音乐、有声读物、游戏、视频、电视和电影外，主要来源于个人电脑、媒体播放器、电脑软件和电脑周边设备等硬件产品。直到 2007 年 1 月 9 日，在公司成立 30 多年之后，公司名字去掉了"电脑"两个字，才从传统的电脑公司走向云服务公司，并通过三次大转型，向云大迁徙，使这家高额亏损、处于危难中的企业，化险为夷，成功地成为全球市值第一的科技公司。

第一次转型：推出便携式播放器 iPod，进入电子消费品领域。2000 年股市泡沫，公司出现亏损高达 10 亿美元，乔布斯回归，重出江湖。当时全球的大电脑公司的个人电脑业务都在追求标准化、大工业生产、规模效应，但是苹果走的是与全球背道而驰的个性设计之路。乔布斯不按常规、天才般地指出："我们不要去问消费者需要什么，我们要去创造消费者需要但表达不出来的需求。即生产消费者明天需要的产品。"

当时市场上已经有了 MP3 播放器，而且 SONY 公司的 walkman 随身听非常流行，人们认为没有比随身听更方便的东西了。但是，乔布斯并不这么看，他认为 MP3 播放器将是未来的潮流，于是加大了力度开发，初战告捷，取得了极大的成功。

第二次转型：涉水娱乐产品，从硬件生产商到内容制造商。进入21 世纪之后，网络盗版下载极其盛行，传统唱片公司受到致命冲击的同时，他们也正在寻求出路。2003 年 4 月，苹果通过购买音乐版权的方式，推出了 iTunes 在线音乐商店，每首音乐 99 美分，卖得很火，从而给他们解了燃眉之急，让他们意外获得了无本万利。

乔布斯不仅解决了当时盗版盛行的问题，而且让顾客获得了近乎完美的体验。人们坐在电脑前，只要动动鼠标，即可找到你想要的任何喜欢的音乐。结果，短短 8 周时间，iTunes 在线音乐商店就有超过 500 万次的下载量，一年之后卖出了难以置信的 8500 万首歌曲，占据正版市场的 70％。更巧妙的是，想逛 iTunes 音乐商店，就必须拥有 iPod，绝佳的捆绑销售，让苹果创造了 2004 年 iPod 全球销量 45 亿美元的神话。

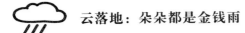

第三次转型：涉足手机软件领域，走向云终端。转型之时，手机市场已经是一片红海，有著名品牌三星、诺基亚、索尼、索爱、摩托罗拉等，老牌的、新兴的巨头都在这跑马圈地，燃起烽火，但苹果在此占得了先机。

2008年，苹果App Store＋iPhone的推出，是苹果走向云计算的关键之役。因为，它不仅完成了苹果公司由终端厂商向服务提供商转型的未来定位，而且让苹果公司拟通过App Store增加终端产品iPhone的产品溢价，从而实现以iPhone提升苹果公司总体收益的战略意义。

iPhone软件平台是App Store软件商店，不过，这仅仅是一个平台，软件全部由个人提供，苹果与软件发布者利益分成。iPhone只预装几款必备软件，其他由用户个人自己下载。想从平台下载软件，必须是iPhone手机。这样，又创造了6天卖出100万部手机的奇迹。从此，苹果摆脱了电脑硬件的局限性，有了更加广阔的空间可以进军。

2011年，苹果又乘风破浪、高调推出了iCloud软件，将各巨头争霸的云计算再掀高潮。这个iCloud软件的出现，不仅被外界被视为未来数年内苹果最为重要的战略性产品，而且是标志着苹果开始大规模进军云计算领域的一面旗帜。

苹果这项iCloud云服务的最大亮点，就是可以实现跨设备的同步备份功能，用户每天通过登录iCloud的账户和密码，就可以实现自动的同步备份，支持音乐、电子书、图片、视频、设备设置、应用数据等多种。也就是说，它可以将你的内容存储到云端并通过无线推送到你的其他设备。从某种意义上说，它可以加速云时代到来的步伐。

但在苹果高歌猛进的时候，乔布斯的离世，让库克临危受命，于是苹果又迎来了一个新的时代。库克就是库克，像乔布斯般无可取代。他不是科技狂徒，但是精明商人，当他亮剑时，人们看到它所闪现出来的寒光：一部iPhone"好莱坞大片"，让全球无数果粉为之冲动、颠倒和为之献身。

可以说，当年是微软和苹果共同成就了PC时代，谷歌成就了云计算时代，但从商业竞争角度来看，谷歌坐大，微软赢了这一局，苹果几近破产。新世纪后，苹果东山再起，从 ipod 到 App Store，到 iPhone，到 iCloud，苹果现在的市值已高居全球第一。

从云时代的角度看，iPhone 就是一个云终端，它不是传统手机，也不是传统电脑。苹果凭借其远见卓识，凭借其硬件、软件、内容和设计"四位一体"的核心优势，从云终端入手，再次回到了 IT 界的中心，成为当然王者。

通过这三次转型，苹果终于引爆了移动互联时代。它的巅峰时刻是在 2011 年 8 月 11 日，当日其市值达到 3372 亿美元，正式超越世界老牌企业埃克森美孚，并且高出 1500 亿美元，从而成为全球最值钱公司。

当时的舆论也认为，当苹果登顶全球市值第一，对于世界经济具有极大的象征意义，因为它宣告了以石油为推动力的工业时代终结，而迎来了移动互联网时代的灿烂光辉和新的未来。

外星人讨论：乔布斯的"海盗船"、"十年放逐"和"云端苹果"

原子人、比特人和数据人来到了位于美国加利福尼亚的库比蒂诺的苹果总部。以前，这里只是加州一个籍籍无名的小城，如今却成为了神秘苹果的代名词。尤其是苹果买下了惠普曾经的总部建成了飞船式的新总部，已超越了建筑上的意义，说明了一个新老时代的更替。他们三人在此进行了为期一周的考察，并对苹果案例做了深入人性上的分析、研究和讨论。

数据人："苹果是一个传奇。乔布斯创立了苹果，但后来又被自己公司的董事会赶走了。当苹果濒临崩溃时，他又回来拯救了苹果，并创造了世界市值第一的奇迹。他让苹果起死回生，最关键的是他完成了云转型，走向了云终端，成了真正的王者归来。现在，我们来分析、解剖、讨论一下这个案例，看从中获得一些什么样的启示，值得当今的传统企业和创业公司去思考、借鉴和利用。"

原子人："我来说说乔布斯这个人吧。有人归纳了一下：乔布斯是

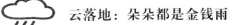

1个神话，2次手术，3个孩子，8年抗病，11款经典产品，100倍股价涨幅，1000万台iPad，1亿部iPhone，2.7亿台iPod。这是乔布斯的杰作，也是他的创举。但我一直在思考，这些数字背后的灵魂是什么。"

比特人："找到了吗？"

原子人："我终于悟出来了，那就是乔布斯的那一艘'海盗船'。"

比特人："海盗船？"

原子人："对。在他内心和现实世界都有这样一艘'海盗船'。"

比特人："内心的'海盗船'？"

原子人："不错。乔布斯最崇尚的就是无束无拘，听从内心，去做你认为有价值的事情。在公司，他会光着脚去洽谈生意，让人哭笑不得，他也会工作很长时间不洗澡，让人难以忍受他身上发出奇怪的味道。"

比特人："怪才必有怪癖。"

原子人："在他看来，公司最大的信条，就是进行自己的发明创造，不要在乎别人怎么说，一个人可以改变世界！只有这样，才能穿越内心的加勒比海。"

比特人："那他现实中的'海盗船'呢？"

原子人："你很难想象，在公司创办初期，乔布斯就在办公楼顶悬挂一面巨大的海盗旗，向世人宣称：我就是与众不同。"

比特人："有霸气！"

原子人："早在1982年，乔布斯给他的苹果麦金塔电脑小组写了一句口号，叫做'干海盗胜过加入正规海军，让我们一起干海盗吧'！"

比特人："有匪气！"

原子人："1985年，乔布斯开始组建他的'海盗团队'，取名Macintosh。在这个团队的办公室里，他扯起了一面画有骷髅图案的黑色海盗旗，就像一艘乘风破浪的'海盗船'，在那里颠簸前行。"

比特人："他就是那个'杰克船长'。"

原子人："对。这个'海盗船长'突然会心血来潮，给每一位新来的员工发一件海盗服，把他们当成水手，要求他们不做海军做海盗，并忘掉一切规则，以最极端的思维方式来思考设计，将海盗的习性发挥得淋漓尽致。"

比特人与数据人发出了喝彩声。

比特人："原子人说得太妙了！正是乔布斯的那艘'海盗船'，把苹果带向了辉煌，带向了传奇，带向了顶点。但任何辉煌都是有代价的，为此，我来说说乔布斯的'十年放逐'吧。"

原子人："乔布斯被流放了？"

比特人："对。创立苹果初期，乔布斯认为自己太年轻，需要一个成熟的人来掌管苹果。他用一句'你是想卖一辈子糖水，还是跟着我们改变世界'的话，把百事公司的CEO约翰·斯卡利请到苹果来了。但乔布斯很快被他放逐了。"

原子人："为什么？"

比特人："当时，苹果内部已经一团糟，部门之间勾心斗角，乔布斯和斯卡利两个人之间的斗争也到了摊牌的时候。最后，董事会站到斯卡利一边，这样，乔布斯只好走人了。"

原子人："他创立了苹果又被公司赶走了，这太残忍了！"

比特人："不过，真正的残忍在于公司之间的竞争。在上个世纪70年代初，IBM和惠普等几家大公司统治着计算机市场，但他们都没有意识到微处理器的重要性，这给年轻的创业者留下机会。苹果与微软都是在那个时候崭露头角的。不过，这两个公司，既是朋友，也是敌人。"

原子人："为什么？"

比特人："当时，微软的盖茨是要每一个都有一部个人电脑，而苹果的乔布斯是要改变这个世界。他们都是野心勃勃的。当蓝色巨人IBM醒悟过来了之后，马上推出了个人电脑，凭着财大气粗，一下子抢占大片市场，使得乔布斯新开发出的电脑节节惨败，股价也连连下跌，董事会把失败归罪于他，于1985年撤销了他的职务。"

原子人："他还是股东呀？"

比特人："是呀。你想想，乔布斯哪吞得下这口气。几天之后，他一怒之下，卖出了苹果公司的85万股股票，断了自己回苹果的退路。"

原子人："釜底抽薪。"

比特人："对。失去苹果后，乔布斯大哭了一场，但他并没有就此一蹶不振。相反，他创立了 NeXT 公司，随后又从《星球大战》导演卢卡斯那里购买了 NeXT，即皮克斯工作室。他凭直觉认为，皮克斯的动画生产方式将颠覆现有的电影流水线。"

原子人："真是不屈不挠。"

比特人："不过，他又一次跌入绝境了。由于 NeXT 电脑成本过于高昂，皮克斯的动画软件销售又不顺利，NeXT 和皮克斯在 1991 年都陷入山穷水尽。"

原子人："这叫英雄多磨难。"

比特人："但乔布斯并不屈服，他又向动画巨头迪士尼推销了皮克斯的作品。借助《玩具总动员》的巨大成功，皮克斯成功上市，乔布斯重新证明了自己：他是一艘打不烂、击不沉的海盗船！"

原子人："金子放在哪里都是发光的。"

比特人："但此时，他又左右为难，哭笑不得，因为苹果陷入绝境了，公司请他回去。"

原子人："他会吃这个回头草吗？"

比特人："当然，这个回头草是相当昂贵的。几经纠结，苹果在 1996 年通过收购 NeXT，让乔布斯体面地回到了公司。但这十年放逐所付出的代价是 76 亿美金。不过，这虽是天价，但它让苹果重获了新生。"

此时，原子人与数据人响起了掌声。

数据人："你们说得太好了！原子人说了乔布斯的'海盗船'，比特人说了乔布斯的'十年放逐'，那我也顺着你们的话题，说说乔布斯那个'云端苹果'。"

原子人："就是他如何拯救苹果吗？"

数据人："对。在苹果陷入困境之后，很多人都想到了乔布斯。但 12 年的过节，被放逐的屈辱，可不是一两句话就可以化解的。为了这个事，那次公司董事会开了 36 小时电话会议，希望能找到一个请回乔布斯的办法。"

原子人："要知道，他会放弃前嫌吗？"

比特人："是的,解铃还得系铃人。当年作出放逐乔布斯决定的马库拉承担了责任,作出了许诺:只要乔布斯同意回来,担任苹果CEO,他就辞去董事会主席职务,并且退出董事会。为了苹果,只要他回来,我就走。"

比特人："他为他的错误决定买了单。"

数据人："当电话拨去了之后,乔布斯的回答是:对不起,他不认为他能拯救苹果。但当派出做说客的那个董事又说了一句话时,乔布斯就沉默不语了。"

原子人："什么话?"

数据人："那个董事说:如果你不回来,公司就要破产了。甲骨文还等着收购呢。这是你亲手创建的公司,不管做错了什么,也还算是你的孩子呀,你就忍心看着自己的孩子流离失所吗?"

原子人："悲情打动了他吗?"

数据人："只打动了一半。最后,公司以临时CEO的名义请回了乔布斯,他也要求公司给他90天时间,看看苹果是否有救。这样,乔布斯接管了这艘正在下沉的大船。"

比特人："受命于危难之际。"

数据人："对。此后,乔布斯果然把苹果带入了一个集音乐、电影和科技于一体的梦幻王国,一个云的世界。他凭借一款灵巧的iMac,再一次拯救了苹果。"

原子人："果然,王者归来。"

数据人："2007年,乔布斯拿着一块没有任何数字键盘、全部依靠触摸操控的手机面世了。当人们只要用手指轻轻划过屏幕便获得了奇妙感受时,苹果又开创了一个妙曼无比的新纪元。"

比特人："这是个云端苹果,让世界上数十亿果粉为之倾倒了。"

数据人："对。这个被谁咬了一口的苹果,就是上帝送给人类最好的礼物。乔布斯在创造它时,只有一个信念:'永远,永远,听从内心的声音。'这就是云的呼唤,就是云的魅力,就是云的造化!"

至此,原子人与比特人又是兴奋击掌,欢呼雀跃。

◎云版案例 15：联想的"软化云"

在人们的印象中，联想是生产计算机硬件的国际化大公司了。作为全球最大 PC 厂商的联想，从其创始人柳传志于 1985 年怀着忐忑的心情第一次参加 IBM 的 PC 代理商会议，到 20 年后在收购 IBM 全球 PC 业务文件上的豪迈签字，再到 2015 年宣布发力云计算市场，突然推出了"腾云计划"，并矢志成为云基础架构和云服务的领导者，可以看到，联想正在成为一朵由硬变软的云。

联想于 1984 年创立于北京，总部开初位于被称为'中国硅谷'的中关村，后来又在美国罗来纳州的罗利设立了总部。当时，中科院计算所以 20 万元入股成为最早的风投者，随后在柳传志传奇般的带领下，1994 年在香港上市，2002 年品牌电脑市场份额三分天下有其一，2002 年台式电脑销量进入全球行列和视野，世界排名第三，2004 年正式宣布并购 IBM 全球 PC 业务，从此，联想开始成为了一个国际化的计算机制造公司。

事实上，联想在提供包括 PC、笔记本、智能手机、平板、智能电视等智能前端设备，以及服务器、存储等后端 IT 基础架构设备上，无人能及，不可撼动。不过，它在稳居 PC 冠军宝座之后，又迫不及待地瞄上了云服务，这是形势所迫，不得已之举。

当前，云计算市场风起云涌，波澜壮阔，不仅吸引了 IBM、微软、惠普、戴尔、甲骨文、亚马逊、Google 等国外巨头加入战团，而且阿里巴巴、腾讯、百度、盛大、华为等国内新贵也纷纷展开布局，杀入其中，燃起烽火。

至此，联想不能再硬下去。

2014 年 1 月，联想以 23 亿美元收购 IBM 旗下 X86 服务器业务，7500 名 IBM 员工被联想招至麾下，为联想带来大约每年 50 亿美元的营收，联想在全球服务器市场所占到的份额也会跃升至 14%，从而成为进军大数据铺下了道路。

这次跨国收购，让联想从每年营收 30 亿美元的本土企业成长为年营收 400 亿美元的跨国 500 强，与英特尔、AMD 两大服务器巨头并驾齐驱，在"PC+ 战略"的道路上迈出一大步，从而实现了公司从本土化到国际化大转型。

更有指标意义的是，这次收购 IBMX86 服务器资产，其中包括 System x、BladeCenter、Flex System 刀片服务器与交换机、X86 平台的 Flex 集成系统、NeXtScale 与 iDataPlex 服务器以及相关软件。尤其收购 System x 之后，对于联想整体的服务器解决方案无疑是一个很好的补充，并且是整套完整的解决方案，将联想的企业级业务升级为全球业务。

2014 年 4 月，联想将原有的 Think 和 Lenovo 两大业务集团拆分、重组为四个全新的业务集团，分别是 PC 业务集团、移动业务集团、企业级业务集团和云服务业务集团，让"云服务"跃居四大业务集团之一，从战略层面开始向云服务转型。

2014 年 9 月，联想首次提出了全新的 CEMS2.0 商用客户价值体系和"优势叠加"战略路线图，并突然发布中国区企业级业务核心策略——"腾云计划"，宣布将发力云计算市场，致力于成为云基础架构和云服务的领导者。

至此，人们才恍然大悟，联想如此布局，目的是为了云计算和云服务。联想未来高速发展的引擎，只能、也是必须转到企业云服务上。为此，联想的战略目标极为清晰和坚定：全力保护 PC 的霸主地位，大举进攻企业级和移动互联，重塑业务模式。这个"企业级"，就是联想新布局的云计算和云服务，是联想未来实现云业务转型的关键。

当联想在 PC、笔记本、平板电脑等前端设备和服务器、存储等后端设备取得绝对优势之后，刻不容缓的事，就是开始在 IT 基础架构上提供 IaaS、PaaS、SaaS 等云计算服务和"端到端"的解决方案。

在 IaaS 层，联想的角色将会从以往的为云计算 IaaS 应用提供硬件

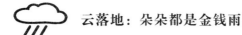

设备，转换成直接为客户构建 IaaS 平台，它包含了服务器和存储产品，同时也包含了虚拟化层和管理平台。

在 PaaS 层，联想将与包括微软、英特尔、思杰、阿里云等合作伙伴开展全面的深入合作，通过身份认证、访问控制等模块，可以让开发者在 PaaS 平台快速建立新的应用、扩展已有的应用。

在 SaaS 层，联想提供基于云计算的应用和服务，其中既包含像 OA、CRM 等公共的服务，也包含很多行业的一些特色应用，包括政务、环保、保险、气象、能源等各个细分子行业的应用，用云的方式给行业和企业提供服务。

如今，互联网＋开启了一个新时代，联想就是互联网＋的实践者。联想自实施云转型以来，马不停蹄地建立了包含个人云、企业云、智能云和新业务的四大块，在云服务上实现了华丽的转身，并投入其中，开始精耕细作了。

这时候，你会发现，当联想从本土化的计算机硬件走向国际化的服务器再走向白热化的云计算，并将 IaaS 层、PaaS 层和 SaaS 层巧妙地融合起来的时候，你又会看到，这个世界飘起了一朵充满激情和变幻的云。

联想终于软下来了，当然除了那根 PC 的脊梁。

外星人讨论：联想的"柳氏基因"、"PC 荣耀"和"腾云计划"

原子人、比特人和数据人来到了位于美国北卡罗来纳州罗利的联想总部。这里不止是一座繁华的"橡树之城"，而且还是全球第一台 PC 的诞生地。他们一行三人，在此进行了为期四天的考察，并对联想案例做了跨度很大的研究、分析和讨论。

数据人："联想成立之初，是借助贩卖一些电子表、旱冰鞋、运动裤衩、电冰箱等起家的。但自从做了 IBM 和 AST 的微机代理之后，就决定走 AST 之路，从此才真正开始了联想电脑之路，从代理走到了自主生产，从国内 PC 之王走到了全球 PC 之巅，公司创始人柳传志也成了众望所归的'联想教父'。但云计算的到来，移动互联网的兴起，让这个 PC 巨头走到了一个十字路口。它能成为一个真正的、新的 IBM 吗？它能带着这个庞大的身躯向云转型成功吗？所以，今天我们来研究、分析、讨论一下这个案例，有着非常重要的意义和价值。"

原子人："刚才数据人说了，柳传志是联想教父级的人物，我是赞成这个观点的。他是伴随着中国改革开放成长起来的第一代企业家，也是在中国刚刚开始的市场经济中，在大风大浪搏击中成就了自己，也成就了联想。所以，我今天就谈谈联想的'柳氏基因'。"

比特人："就是联想那个一分为二、合二为一的发展线路图？"

原子人："对。联想进入计算机领域之后，出于策略上的考虑，就一分为二，拆为香港联想和北京联想，形成二龙戏珠之势。"

比特人："里应外合。"

原子人："在外的香港联想，专注于产品的研发和生产。这是联想海外战略的一步棋。在内的北京联想，致力于内地的电脑销售和业务推广上。当时机成熟之后，柳传志又把研发、生产基地逐步移回内地，最后合二为一，成为联想集团公司。"

比特人："分合有谋。"

原子人："对。联想集团成立之后，相继推出了第一台'联想自有品牌电脑'、'联想1＋1'、'家用电脑'、'联想电脑快车'、'万元奔腾'，一连串的组合拳下来，到了 1996 年，联想就成为国内 PC 市场第一品牌。"

比特人："终于做老大了。"

原子人："但就在此时，'柳氏基因'又发酵了。"

比特人："为什么？"

原子人："柳传志打江山时，有两个人，一个叫杨元庆，另一个叫郭为，是他的左膀右臂，一个主事品牌业务，一个主持代理业务，这两块业务，都是联想的看家业务。谁来做联想新的掌门人，让他举棋不定。"

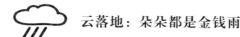

比特人："一山不容二虎。"

原子人："他又采取了一分为二的办法。将联想集团拆分为'联想电脑'和'神州数码'，让他们两个分别做它们的掌门人，是骡是马，他不下定论，让他们跑出来。柳传志用这种跑马的方式，让他们完成各自的历史定位！"

此时，比特人与数据人响起了掌声。

比特人："原子人说得太好了！这是'联想教父'的过人之处，也是'柳氏基因'进化之妙！那我接着你的话题，说说联想的'PC 荣耀'吧。"

原子人："就是那个对 IBM PC 业务的收购事件吗？"

比特人："对。2004 年，联想以 13 亿美金收购了 IBM 的 PC 业务，并在此之后，公司总部也从中国北京迁到了位于美国北卡罗来纳州的罗利，公司重点也朝那边倾斜。"

原子人："为什么？"

比特人："这是一个国际化的符号。那里是 IBN 的总部，也是人类诞生第一台 PC 电脑的地方。当两个巨人走到了一起，一个历史性的事件就发生了。从此刻开始，联想作为全球第三大个人电脑企业便正式诞生了。"

原子人："这是联想进入全球市场的通行证。"

比特人："这也是通往罗马的捷径。联想凭此一跃，便跻身于世界舞台，迅速成为世界 500 强，并到了技术的顶层。但这次公司成立，有两个 PC 巨头没有发来贺电。"

原子人："谁？"

比特人："戴尔和惠普。"

原子人："为什么？"

比特人："在世界 PC 领域，戴尔是老大，惠普是老二，联想收购 IBM 之后，就坐上了第三把交椅了。但 IBM 产品的高端性和联想产品的低端性相互补充之后，联想就有机会把戴尔干掉了。因为他们知道，联想如此动作，它的目标不仅仅是世界第三。"

原子人："原来如此。"

比特人："所以，当惠普保持沉默时，戴尔则在媒体公开表示，对 IBM 壮士断臂的赞许，以及对联想可能消化不良的忧虑，并不看好此次收购的前景。"

原子人："但我也觉得，这不仅是一串酸葡萄，联想不能在'PC 荣耀'的光环里待得太久，陶醉得太深。"

比特人："此话怎讲？"

原子人："不管怎么说，也不管多荣耀，PC 终究是昨天的产业，不是今天的产业，更不是明天的产业。当这个世界风起云涌，都在向云端迁徙的时候，联想在这条路上到底还能走多远？"

比特人："这正是联想的痛点。所以，当联想收购 IBM 个人电脑业务之后，就开始考虑 PC＋云转型，让联想从产业链的低端走向高端，从硬到软，再造一个新的联想，再添一份新的荣耀。"

说到这里，原子人与数据人响起了掌声。

数据人："你们说得太精彩了！从'柳氏基因'到'PC 荣耀'，这是一个伟大的跨越，让联想跨入 PC 世界领袖的行列。为此，我想说的话题，就是联想的'腾云梦想'。"

比特人："腾云计划吗？"

数据人："对。在我看来，联想收购 IBM 的 PC 业务，这是一把双刃剑。一方面它让联想把传统 PC 模式演绎到极致，另一方面当联想好不容易登上 PC 峰巅时，却发现它已经快要走到尽头。"

原子人："失误了吗？"

数据人："那倒不是，只是慢了节拍。当时，在惠普、戴尔转向云计算布局时，联想正处于 PC 荣耀的光环之中，而在各大巨头从云布局走向云应用时，联想这才发现向云转型似乎已经慢了半个节拍。但联想不动声色，开始了寻找转型机会。"

原子人："这就有了腾云计划。"

数据人："对。一方面，联想与美国超级存储巨头易安信 EMC 合作，成立一个新的合资公司，从 EMC 那里获得了自有品牌的企业存储

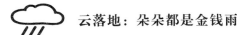

产品，不但丰富了自己的产品线，也使得联想向大数据行业进军提供了第一个台阶。"

比特人："这是联想的云构架。"

数据人："不错。另一方面，联想的'柳氏基因'又发挥了作用了，将其分成四块，专门成立了一个云服务业务集团，至此，亮出了联想从数据平台切入 SaaS、PaaS，构建面向全行业的生态体系，并为个人云和企业云提供解决方案。"

比特人："这是联想的云生态。"

数据人："在这个基础上，联想出其不意地推出了'腾云计划'，其中，既包括了在美国和德国建立大规模的云计算方案中心，也涵盖了在中国建立 50 个公有云中心，为帮助中小企业实现快速成长提供云解决方案，为此，它所展现的是联想的一种新云力量，它所折射的是联想的一种新的野心。"

至此，原子人与比特人又是拍案叫好，连声附和。

◎云版案例 16：华为的"法外云"

在哲学上，黑格尔提出的"否定之否定"观点，一直耐人寻味。巨人之所以为巨人，不是天生的巨人，而是在不断否定自己、打倒自己、又站立起来之后，才一次又一次成其为巨人的。

华为违背初衷的"法外云"，就是这样一朵充满哲学意义的云。

1988 年创立于深圳、员工不到 10 人、注册资金只有 2 万元的华为，从做小型程控交换机、火灾警报器、气浮仪的开发生产及有关的工程承包开始，只用了 27 年的时间，便把年营收做到了 2890 亿元人民币，从而成为世界通信设备行业的一匹大黑马，当它超过了爱立信之后，在它面前已经没有谁可以阻挡它了。

很多年以前，华为公司创始人任正非走出国门，参加了一个豪华沙龙,第一次见到爱立信、摩托罗拉、诺基亚、北电等企业的 CEO 时,他们就提出了一个问题:"你是怎么进到我们这个俱乐部的?"因为这是一个寡头垄断的俱乐部。

纵观华为的发展历史,它有很多引人为傲的东西,让它成为时代舞台的光环中人。最让人津津乐道、捧为经典的,当然是它的《华为基本法》。因为它是中国当代企业的第一部"公司宪法",并且成为了从"人治"走向"法治"的典范。

在过去很多年里,华为给人的印象是通信设备企业,专注于运营商市场,并在 1996 年确立了《华为基本法》,其中第一章的第一条开宗明义:"为了使华为成为世界一流的设备供应商,我们将永不进入信息服务业。"

然而,在 15 年之后,华为第一次违背了自己的诺言,否定了自己,突破了《基本法》,打破了企业架构体系,像一头大象似地闯入了云计算市场,进入了 IT 信息服务业,成为一个云市场上的新玩家。

在企业架构上,华为有过三次大的变革:第一次大迭代是在 1998 年前后,完成了《华为基本法》,确立了企业愿景、战略、核心价值观体系,明确了华为要成为什么样的企业,华为要向哪里去,不进入信息服务业,就是这时划下的一条红线。

华为第二次大迭代是在 2009 年前后,决定进入 IT 领域,在 IBM 的支持下,引入了国际化企业普遍采用的 IT 战略、架构及管理体系,明确了华为 IT 的业务愿景、运营模式和实施路线,目的是从本土化走向国际化,并成为世界级的通信巨头。

华为的第三次大迭代是在 2010 年之后,决定进入云计算领域,通过开放合作的方式,建立云计算战略平台,支持云计算的服务、数据、应用、技术设施等广泛的业务,吹响了向云计算市场进军的号角。

华为这样做,这是趋势使然,形势所迫,顺势而为。经过 22 年的努力,华为在《基本法》的指引下,在全球电信设备市场上已成为一个世界级的巨头,它的营收 70% 来自海外的业务。不过,现实是残酷的,榜样也是脆弱的,曾经在华为前面不可一世的对手,如摩托罗拉、诺基亚、柯达等，几乎在瞬息之间一个个轰然倒下了，让华为不寒而栗起来。

识时务者为俊杰。华为认为，未来的行业竞争，不会再是爱立信、诺西、华为、中兴、阿朗等设备商间"你死我活"的竞赛，不是"非白即黑"的游戏，它将引入更多的利益链条，形成"亚马逊＋店铺、谷歌＋设备商、苹果＋运营商"等的竞争格局，在新的共享型经济中获得各自的红利。

华为看到了这一点，也就马上行动起来。为了这个颠覆性的转变，为了能够领跑未来10年，为了寻找新的成长空间，为了不至于猝死，为了获得重生，华为不惜违犯企业的"宪章"，毅然走向云计算，因而有了华为的"法外云"。

这就是让业界哗然、惊愕的"华为之变"。

在21世纪第二个10年的开始之际，华为在终端最先吹响了冲锋号，以迅雷不及掩耳之势，将传统的电信业务向云计算和终端业务延伸、拓展和升级。云战略、终端战略、系统设备这三大块构成了华为新的"云管端"战略，从而为华为在云计算领域异军突起提供了机会。

2011年，注定是转折的一年，华为走下了高大上，走进大众客户，走向了云计算之旅行。从此，华为过去"以运营商为中心"的商业模式也开始转变为"以消费者为中心"的模式，让最接近用户的移动终端最有可能成为价值链上的核心环节和接口。

华为企业的云战略，是考虑如何搭建一条云计算的生态链问题。具体来说，就是聚焦 IaaS 层，驱动 PaaS 层，放大 SaaS 层，面向金融、媒资、城市及公共服务、园区、软件开发等多个垂直行业的云业务。

此后几年，华为在云计算领域风生水起。因为在基础设施上，华为有自己做的硬件，加上在技术方面有 Intel、IBM、惠普、戴尔、微软等合作，让它如虎添翼。所以，华为选择的是一条走强渠道优势的 IaaS道路，它的销售渠道和解决方案直指政府、电信、金融、医疗以及农、工、矿、电力等向云转型的传统行业，大牌云集，非常抢眼。

华为于 2015 年推出的三个软件平台，如 FusionSphere，FusionInsight 和 FusionStage 等，实现了深度的软件开放，为客户提供非常灵活的软件选择。尤其 FusionSphere，已服务全球 80 多个国家和地区，覆盖政府及公共事业、金融、运营商、能源、交通、媒资、制造等行业，助力了超过 1000 多家客户完成云业务转型。

华为作为电信云的积极实践者，不仅成为国内外的大客户 IaaS、PaaS 业务提供商，而且也是中小企业 SaaS 业务的开发者、提供者和普及者，帮助他们向传统管理告别，向云应用迁移和转轨，其目的是构建一个开放合作、共生共赢的云端生态链。

一个大公司能否在时代变迁和产业转型中生存下来，最根本的东西，不是这个企业有多牛，地盘有多大，实力有多雄厚，表现有多勇敢，或者称之为"庞然大物"，或者谓之为"富可敌国"，而是这个企业能不能做自我批判，能不能自我否定，能不能把自己否定之后，再在否定中站立起来。

华为的"法外云"，就印证了这样一个道理：惶者胜出！

外星人讨论：华为的"海盗精神"、"宪章时刻"和"第二个苹果"

原子人、比特人和数据人来到了位于深圳龙岗的华为总部。在大门口，有一块巨石，上面有刻着"华为"两个大字，但没有落款，不知道是谁写的。为此，留下了一个谜团。他们三个人在此进行了为期 4 天的考察，并对这个案例做了极为深入的探索和讨论。

数据人："华为作为一家草根起家的企业，在《财富》世界 500 强企业中是唯一一家没上市的公司。经过 27 年的努力，华为在电信设备市场，2014 年收入达到了 460 亿美元，把原来这个行业最大的巨头爱立信远远抛在后面了。当这个行业另外一些巨擘摩托罗拉、阿尔卡特、朗讯、诺基亚、西门子走向衰退、没落时，这些年来，它却仍然高速成长，不断雄风再起，从而给世人留下一个不解之谜。当移动再一次定义互联网时，我们分析、解剖、讨论一下华为这个案例，从中获得一些启示，它

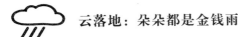

的意义是不言而喻的。"

原子人："我来先说吧。华为是从青纱帐里走出来的，经历了一个野蛮成长过程。它创业时，正处于深圳的拓荒初期，当时，国内一下子雨后春笋般涌现了400多家通信制造类企业，它能活下来，并且活到了最后，成为全球最大的巨头，一定有一个什么东西在支撑它，驱动它，鞭策它，才让它走到了今天。"

比特人："那是什么东西？"

原子人："就是'黑寡妇'的做法。"

比特人："黑寡妇？"

原子人："对。这是拉丁美洲的一种蜘蛛，而且是一种交配后雌性就会把雄性吃掉的蜘蛛。"

原子人："这是毒蜘蛛呀。"

原子人："对。在西方媒体眼中，华为就是这样一个'黑寡妇'。以前，华为跟别的公司合作，但在一两年后，就会把这些公司吃了或甩了。这就是'黑寡妇'的做法。正是这种做法，既成就了华为，也给华为制造了很多敌人。"

比特人："这是一种野蛮式的成长。"

原子人："不过，'黑寡妇'的做法，只是在华为初创期的江湖闯荡，原始积累，真正使华为强大起来、走向扩张并成了气候的，则是它的'海盗精神'。"

比特人："海盗精神？"

原子人："对。他们从大不列颠人的兴衰存亡之中悟出了这个道理。"

比特人："什么道理？"

原子人："英国人是因为海盗而强大起来的，海盗就是他们的祖先，但他们随后进化为绅士，并成为西方文明的代表，为什么？就是因为他们对财富有不同的、独到的价值观。"

比特人："不同在哪里？"

原子人："在历史上，西班牙、葡萄牙、荷兰同样在海上称霸过，但他们只关注财富的抢劫，用于享乐，而英国人则把掠夺过来的财富用于资本扩张，创办工厂，不仅诞生了改变世界的工业革命，还成就了一个全球性的日不落帝国。"

比特人："而且，统治了世界长达三百多年。"

原子人："所以，公司创始人任正非把'海盗精神'作为公司的核心价值观：在公司创业期，用它提升员工的匪性、狼性和血性；在平稳期，用它来抑制公司的怠惰、懒散、松懈之气，防止温水煮青蛙；在鼎盛期，用它来保持公司员工的恐惧感，警惕安逸，别忘了繁荣的帝国是怎样垮掉的。"

比特人与数据人发出了喝彩声。

比特人："原子人说得太好了！华为人的'海盗精神'，这是一种血性，也是一面警钟，让华为人始终保持很好的侵略性和扩张性。但今天我要说的话题，是华为人的'宪章时刻'。"

原子人："就是它的公司基本法吗？"

比特人："对。一般来说，公司发展大致有三个阶段：人治、法治和道治。《华为基本法》的诞生，在当时中国企业界是一个大事件，产生了强大的共鸣和反响。"

原子人："为什么？"

比特人："因为当时，也包括现在，中国大部分企业仍然处于人治状态，能让公司走上法治轨道的，少之又少。"

原子人："实行道治的，几乎凤毛麟角。"

比特人："对。作为《华为基本法》，它就是公司的宪法、宪章，明明白白，白纸黑字，告诉了大家，什么能做，什么不能做，不能越雷池一步。"

原子人："它是公司的最高禁区。"

比特人："不错。当时，公司在这个基本法中明确规定：'为了使华为成为世界一流的设备供应商，我们将永不进入信息服务业。'但到了2011 年，这部宪章被打破了。"

原子人："为什么要打破？"

比特人："公司基本法的打破与诞生一样，都是一个事件。因为这一年，华为决定向云迁徙，走向云管端，与云接轨。所以，有人称它为

'法外云'。"

原子云："这不食言了吗？"

比特人："是的，这是不得已而为之。对于华为来说，这些年来，它通过海外扩张，度过了寒冷的冬天，但云的时代到来，它却遇上了更加严峻的北极寒了。"

原子人："此话怎讲？"

比特人："从全球的视野来看，电信运营商所面临的最大挑战来自于管道化。微信对于短信业务的打击是巨大的。如果语音业务也被另一个云应用所取代，那么，电信运营商就要断炊了。"

原子人："这就是跨界打劫了。"

比特人："太对了。由于电信市场的整体萎缩，对于处于上游供应商的华为来说，这是一个致命性的冲击。而让华为更为恐慌的是，它是腹背受敌：外有亚马逊大咖，内有阿里巴巴巨头，他们都是虎视眈眈，盯着这一块肥肉。阿里巴巴是从互联网的入口开始向下衍生，而华为是由互联网的基础设施开始往上拓展，这样，一上一下，相向而至，两军对垒的厮杀场面又是不可避免了。这就是华为为什么不惜打破宪章向云迁徙、向云转型、向云进军的原因所在。"

原子人与数据人响起了热烈的掌声。

数据人："你们说得太精彩了！从原子人的'海盗精神'到比特人的'宪章时刻'，让华为成了一只极具吞噬力的'黑寡妇'，一只烧不死的凤凰，而公司宪章的突破，又让华为迎来了一个关键时刻，那就是如何成为云端的'第二个苹果'。"

比特人："就是上帝咬了一口的那个苹果吗？"

数据人："对。上帝咬过的那只苹果，就是乔布斯的那只苹果。早在 2005 年，尼葛洛庞帝在《数字化生存》一书时就预言，未来将是原子世界，即我们的物理世界将走向一个以比特为代表的数字世界。"

比特人："这个预言已成了现实。"

数据人："从某种意义上说，乔布斯的苹果，是上帝送给人类的礼物，也是一个不可多得的商业奇迹。但是，这个世界还会出现'第二个苹果'吗?"

比特人:"这是华为的想法吗?"

数据人:"不只是想法,这也是华为的野心。在华为眼里,将来的市场格局三分天下,云计算平台、网络管道、智能终端。华为的野心,就是云管端,就是走苹果道路,就是做大应用平台,就是在中国大地上再造一个苹果!"

原子人:"不做'黑寡妇'了吗?"

数据人:"对。这次华为终于洗心革面了。因为他们终于看到,在这个云时代,一个具有真正意义的企业,最终是回归到一个多赢体系,而不是寡赢状态,这是大势所趋。只有这样去做企业,才能实现最快的速度,将传统的龟兔赛跑赋予新的含义:让兔子背着乌龟走路,让乌龟背着兔子渡过河流和大海。"

原子人:"世界就不是你死我活,而是你赢,我也不输。"

数据人:"所以,华为一方面在 PaaS 层面上有所作为,把云计算的基础设施做起来,另一方面,也与运营商一起构筑上、中、下游贯通的价值链条,为中小企业提供 SaaS 业务,提供云解决方案。"

原子人:"不是一朵云独自飘,而是千万朵云一起飞。"

数据人:"对。在这个云平台上,华为的想法是,要做得比太平洋还要广大和宽阔,要像黄河、长江、密西西比河一样开放,让各种云落地,让所有的雨水,不管下在什么地点,不管以任何方式流入,都要接入,引入,让它们融入华为的大海洋。"

比特人:"那也不做'海盗'吗?"

数据人:"'黑寡妇'不做,但'海盗'还是要做的。在他们眼里,'海盗精神'并不是一条黑色骷髅标志的头巾,而是冒险进取、颠覆传统、改变规则的代名词。正是这种海盗精神,不仅成就了美国的苹果、Google、Amazon、微软、Facebook、Twitter,而且也成就了中国的阿里、腾讯、百度、盛大、新浪、联想、网易等互联网巨头,让天空飘荡着让这个世界变得更加美好而富有的云朵。"

至此,原子人与比特人又是击掌而呼,并陷入遐思。

第六章

从"云雨池化"找到企业云财富的落地方式

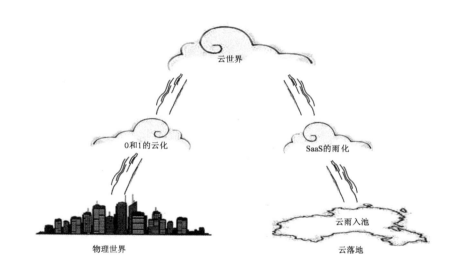

云世界

0和1的云化

SaaS的雨化

物理世界

云雨入池

云落地

从"云雨池化"找到企业云财富的落地方式

　　云落地操作技巧指南:"行至水穷处,坐看云起时"。在这个云时代,你只有拥有了"先云后雨"的价值观,你只有具备了"翻云覆雨"的能力,你只有建立了"云雨池化"的商业模式,才能真正做到化云为雨,使之落地,并且落到你自己的蓄水池里。

——陈贝帝原创观点

老子在《道德经》里有一句话，说"人之道"是损不足以奉有余，而"天之道"则是损有余而补不足。前者是马太效应，后者是上帝效应。这个"天之道"，用今天的眼光来看，就是当今的"云计算"，当今的"云之道"。

对于云计算，现在已不是一个应用技术问题，而是一个商业模式的问题，一个价值观的问题，一个方法论的问题。然而，它最大的魔力，则是使这个刚性的物理世界虚化的时候，包括从文字到音乐到视频到机器设备及固定资产等一切，都变得可以用数字传输了。

它所带来的一场颠覆性的革命，就是让人们获取财富的方式也发生了重大改变。也就是说，它使人们获取财富信息和工具的方式发生了翻天覆地的变化。以往，人类的一切财富创造都是通过信息不对称和少数人掌握先进工具来完成的。而云计算，它最大的贡献，就是建立了一个让大多数人而不是少数人依靠信息和工具处理能力来完成财富创造和积累的公平环境。

社会的进化总是理性而富有启迪意义的。5000 年农业社会所创造的财富是数万亿年原始社会财富的总和，500 年工业社会所创造的财富是 5000 年农业社会财富的叠加，而 50 年信息社会所创造的财富又是 500 年工业社会财富的总和与叠加。

这里的关键字眼，就落在 50 年的信息社会上。诞生不到半个世纪的互联网时代，从大型机、PC 机到智能手机，从阿帕网、因特网到万维网到移动互联网，最后到神龙见首不见尾的云计算，这 50 年来，社会发展的本质和轴心，其实就是一个让世界从物理化到虚拟化的过程，一个让财富形态从生物化、固体化到液体化、云雨化的过程。

在这个时代，这个无处不在、无所不能的云，也许是上帝送给人类的一个最好的礼物。此时，你所要做的，就是如何使物理世界虚拟化的东西集中起来，使用起来，高效起来，就是一个"云雨池化"的过程。

具体来说，"云雨池化"，或者说云落地方式有以下几点：

首先，"不求所有，只求所用"。在传统互联网时代，人们要花很多钱去聘 IT 人才、买网络设备和服务器、编程序、做集成、搞维护，从

而让人望而生畏，无所适从。但在云时代，一切都变了，因为云计算所讲究的是"不求所有，只求所用"，不是硬件、软件的产权和占有，而是从中分离出来的、不折不扣的使用权，不是传统所有制的硬资产，而是互联网所有制的云资产。当你知道云计算已成为除了水、煤、电、通讯之外的第五大公共资源时，你就知道去建造一个什么样的蓄水池来接应从天而降的雨水了。

其次，它是一种柔性的商业模式和生态系统。从表面上看，云计算只是一种手段，一种工具，但它实质上是一种有生命力的商业模式，是一种有塑造力的生态系统。所以，它不是固化的结构，而是可以实现计算资源的动态、灵活分配，或者削峰填谷，或者拾遗补缺，或者损有余而补不足，从而改变人类财富的创造方式和分配方式，缩小贫富差距，从虚拟化的角度解决了物理世界那些刚性的、无法调和的矛盾。

再者，真正能做到开源节流，加速企业的决策过程。对中小企业和创业者来说，云计算有特别重要的意义，它不仅使每个普通人都能以极低的成本享用顶尖的云技术，而且可以使任何一个小企业或创业者加速采集和大量拥有如文字、图片、音频、视频、多维模型等海量的非结构化数据，在大幅度提升企业捕捉并分析市场信息的能力的同时，有效缩短企业或个人的决策过程。

最后，它不仅可以加快产品上市速度，还可为各个行业提供解决方案。云的行为方式，不是羊肠小道，而是网络高速公路，是行云流水。台式电脑也好，笔记本也好，智能手机也好，只要一根宽带，就可与云接入，实时访问，让企业成为一个云与非云结合的经济体，并与全世界各个角落都联系起来。

云技术的发展和云服务的应用，不仅可以加快企业产品上市的速度，提升企业品牌的知名度和影响力，还可给各个行业提供解决方案。为此，不管你是什么样的中小企业，都能从中找到你的应用方式和创新能力。

"行至水穷处，坐看云起时"。在这个云时代，你只有拥有了"先云后雨"的价值观，你只有具备了"翻云覆雨"的能力，你只有建立了

"云雨池化"的商业模式，才能真正做到化云为雨，使之落地，并且落到你自己的蓄水池里。

至此，人类出现了一个新的云创富生态圈：这个原子世界因"0 和 1 的计算机语言"而云化，因 SaaS"第三个云层"而雨化，并且形成一个从"物理世界"到"云世界"再到"云雨池化"的生态体系，周而复始循环下去。

这个新的云创富生态圈，就是人类真正要寻找的财富体系。

◎云版案例 17：陌陌的"陌生云"

世界是孤独的，但也是相通的。无论是腾讯大牌孕育的微信和 QQ，还是新兴创业公司横空而出的陌陌，在这些产品背后，都是深刻理解了人类的孤独感，还有渴望社交的冲动。所以，陌陌的成功在于对于人性的拿捏、把握，对孤独人性的理解和引爆。

当湖南人唐岩只身闯北京时，他也没有料到，在十二年后他会成为一个移动互联网新贵，一个最火爆的社交 App 陌陌创始人。从某种意义上说，他变得富有，这是孤独给他带来的。他曾经说过，他最想做的是个古惑仔。

在湖南的一座小城中长大的唐岩，大学的专业是建筑，毕业后在一个工程公司的监理职位上干了三年。他高中时候无意中看过一个同班女生的日记，那位女生在日记中决定，如果考不上大学就要去广东，一定要"生活在一个有投币电话的城市"。这件事，像烙印一样刻在他的心中。

2003 年，唐岩来到北京，进入网易，看到了这个时代更多的、新的迷茫。当时，最火爆的同城聊天室，挑起了他的兴趣，也引发了他的思考。在那些场景中，为什么只有朝阳 1，朝阳 2，而没有北京聊天室，因为前者距离近，如有兴趣和意向，打个车就可约会，从而为城里人的

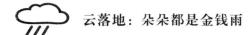

孤独找到了缺口。

对于中国人来说，一般不会主动与陌生人打招呼，需要通过一个平台先试探一下，在不至于因此挨骂之后，才能继续下去。为此，顺着这条思路走下去，让他大吃一惊。如果把这种线上关系的可能性转为线下的现实性，这将是一个巨大的"刚性需求"。

这个发现，让他喜出望外，也让他踌躇满志，激动不已。

于是，在网易公司呆了 9 年，并在 5 个月前才当上总编辑的唐岩也创业了。2011 年 8 月，陌陌通过 Apple Store 上线后，经过千辛万苦的推广，才有了 50 万的用户量。这是一个不错的开头。

接下来发生的事情，更让他眼花缭乱，怀疑自己是否就是"幸运之神"。四年来，他不仅亲自敲响了纳斯达克的钟声，而且让陌陌拥有了近 2 亿用户，至 2015 年 3 月 31 日，陌陌月活用户突破了 7810 万。并且他的身价不断飙升，一年之后，陌陌市值已达到了 30 亿美元。

陌陌的成功，与专注于 LBS 是分不开的，与云计算的应用是联系在一起的。做陌陌，首先必须弄清楚什么是社交，社交的核心是什么。结论是一定要建立线下关系。你的社交行为不可能永远只在纯线上来完成。

而 LBS 并不是什么新东西，而是一种基于 GPS 系统为用户提供的地理位置服务，在美国早已涌现出了一批像 Loopt、Bright Kite、Yelp、Where 等 LBS 社交网络服务商。这种全新的基于位置的社交服务体验给 LBS 市场带来了新的商机，也影响和改变了用户的工作和生活方式。

所以，陌陌未来所有产品设计都不会离开最基本的点，就是 LBS，就是位置服务。陌陌把产品放到一个场景里去讲故事。这就让用户置身那个场景的时候，可能就会想起来要去用这个社交工具。

但最大的不同在于，陌陌的运营是扎在新浪微博进行的。最初，陌陌只有 iOS 版本，推广时候发现 iOS 渠道非常窄，也没什么第三方市场，做得很痛苦。当时恰恰好赶上新浪微博的增长高峰，传播效果非常好，于是陌陌决定借力这把东风，由陌陌提供内容，把那些营销账号用作平台，按照腾讯的价格体系来合作，结果，这个推广手段性价比非常高，让陌陌的发展进入了快车道，一下子蹿红起来。

任何事情都是一个铜板的两面。人们对突然而至的、为陌生人带来惊喜的陌陌又爱又恨又放不下，于是有了"约炮神器"这个不雅名声。但正是凭借"约炮神器"的诨名，陌陌像野草一样疯狂成长，最终在移动社交领域扎下了根，长成一棵参天大树，并洒下了一片树荫。

这样，陌陌又开始走上了洗白之路，极力摘掉"约炮神器"这个标签。此后，他们不断推出"你好，陌生人"、"一碗热干面"、"总有新奇在身边"、"就这样活着吧"系列文艺广告进行轰炸，成功树立了品牌的新定位——基于兴趣的 LBS 移动社交。

从陌陌 1.0 到 5.0 的变化可以看出这种洗白的轨迹。

2011 年 8 月陌陌 1.0 上线，主要功能是发送图片和文字，查看附近的人，查看与 ta 的距离。此时基于附近地理位置搭讪周围人，陌陌被称为"约炮神器"的名气由此产生。

到了 2.0 版，陌陌上了基于地理位置的群组功能，介入兴趣交友圈子领域，有了群组管理员的概念。一开始只允许 20 个人，不活跃的用户会被淘汰掉，每一个群的建立和编辑都需要人工审核，确保最终呈现的是真正有价值的群组。

从 2013 年开始，陌陌推出了 3.0 版本的移动客户端，增加了留言板功能，用户搜索自己周边地点并进行留言评价，同时也可以看到其他用户的留言。此版本的陌陌开始基于地理位置，强调用户的线下联系，有利于用户从线上走到线下。

但陌陌真正开始探索商业化道路，是从 2013 年推出的陌陌 4.0 版开始。此版本增加了表情商城、会员服务、附近活动、陌陌吧、地点漫游、阅后即焚。地点漫游扩大了交友的地理范围，而不仅限于附近的人。

随后陌陌在 5.0 版本中推出了用户星级制度。它是根据用户身份的真实程度、社交礼仪和社交评价对用户进行星级评定的。在这个场景里，星级低的用户不能向高星级用户打招呼，避免用户被骚扰，竭力打造一个良好的社交生态。

陌陌的真正创新，是2014年8月推出的5.1版本的到店通。这是一个针对商家推广的新功能，商家和其他的附近用户出现在同一页面，可以展示距离、具体信息等。商家不能主动地与身边的用户打招呼。只能由用户主动开始对话，并且时效性为一天，如果一天内用户没有回复，商家也不能主动打招呼了。它在满足店家推广需求的同时，也避免了商家对用户的骚扰。

此时，陌陌从一株野草长成了一棵大树，这几个版本就是它的根须。

从2013年下半年开始，陌陌切入O2O领域进行商业化尝试，非常巧妙地推出的到店通，就是这种后续商业开发的一个案例。这个是基于地理位置的小商家对周围用户的广告投放服务，陌陌已经收到了超过11万商家申请开通到店通。这又是一个好的开始。

2014年，陌陌在纳斯达克交易所挂牌上市，在敲响钟声的同时，也引来了一片争议。陌陌能够在过去几年里野蛮生长，异军突起，至今坐上中国第三大社交交椅，与其说这是社交产品的胜利，还不如说这是人性的胜利，是对人性深切洞察和独到理解的胜利。

这个陌陌，就是人类人性孤岛上一朵美丽的"陌生云"。

外星人讨论：陌陌的"创业空间"、"生存缝隙"和"云的根基"

原子人、比特人和数据人来到了陌陌公司总部，它位于北京望京的SOHO。公司最近从阜成门的万通大厦搬到这里的。这个新办公地点，由世界著名建筑师扎哈·哈迪德设计，高大的建筑群与流动的曲线结合在一起，既有刚柔之济，又有梦幻之美，给人留下美好的印象。他们三人在此进行了为期三天的考察，并对陌陌案例做了大范围的比较、分析和讨论。

数据人："陌陌是一家典型的'小而美'的公司。自2011年8月上线以来，一年之后注册用户突破1000万，三年之后登陆纳斯达克，成功上市，市值为 31 亿美金。为此，它成了中国 2014 年十大营销事件之一，并作为一家互联网新锐公司而大受热捧。这个案例对创业者很有参考意义，大家分析、讨论一下，看从中能挖掘一些什么价值。"

原子人："陌陌从一个不见经传的公司，只用了三年的时间，就敲响了纳斯达克的钟声，这绝对不是孤立的事件。它的出现，就像《肖申克的救赎》说的那样，有些小鸟是关不住的。为此，我来说说陌陌的'创业空间'。"

比特人："你认为，陌陌是一只关不住的小鸟？"

原子人："对。它不仅关不住，而且越飞越高了，这出乎大多数人的意料。由此，我想到，创业者大多是一些需要蓝天的小鸟，但朝什么样的天空飞，去采摘什么样的云彩，这是一个思维方式的问题。"

比特人："大多数人跟着飞。"

原子人："对。有的是高空飞，有的是低空飞，有的是群飞，有的是单飞，还有的则是乱飞。而陌陌公司很有意思，它选择的是孤独地飞。"

比特人："此话怎讲？"

原子人："从微信、陌陌和无秘来看，这三个公司选择了不同的创业空间，不同的飞行方式，才得以生存下来，成长起来，并且三分天下。"

比特人："它们是怎样做到的？"

原子人："如果你比较一下，你会发现，微信、陌陌和无秘在创业空间上，就很有看点。虽然它们都是在社交领域打拼，但是它们的社交领域并不重叠，各有千秋。微信的空间在熟人领域，是飘在熟人头上的云；陌陌是在陌生人领域，是飘在陌生人头上的云；而无秘是匿名领域，是一朵迷离、晦暗而有趣的云。所以，这三朵云各自飞翔，相安无事，相得益彰。"

比特人："微信也是跟风者呀。"

原子人："但它是一个创新的跟风者。腾讯是在 QQ 不温不火的情况下，抛下原有的荣耀，从零开始，打造了微信。从某种意义说，它的

出现，打开了中国互联网的大门。"

比特人："陌陌也山寨呀。"

原子人："不错。但它是一个时代的借力者。人类实际上是由一个个孤岛组成的，彼此很近，但又远在天边，内心渴望，但又遥不可及，而陌陌恰好给这些孤岛搭起了栈道和浮桥。"

比特人："让孤独有了通道？"

原子人："对。微信在熟人之间搭起了桥梁，无秘在熟人与陌生人之间发现了临界点，而陌陌则在陌生人之间找到了交融点。在 PC 时代，陌生人社交一直受到怀疑，但在移动互联网时代却火热起来了，为什么？这是因为在 PC 时代人们无法满足的、孤独的人性需求，在移动互联网时代终于可以实现了。当移动再一次定义了互联网，让孤独的人性得到最大的满足的时候，陌陌就在这个点上成功了。"

说到这里，比特人与数据人发出了喝彩声。

比特人："原子人说得太好了！原子人所说的陌陌的创业空间，实际上是找到了人性弱点、人性的孤岛，让人们在现实世界满足不了的东西，在虚拟世界中得以实现，所以陌陌成功了，火爆了。为此，我来说说陌陌的'生存缝隙'吧。"

原子人："为何这么说？"

比特人："如今在中国，任何一个试图创业的互联网公司，都是一只菜鸟，都不得不面对 BAT 互联网三巨头当道的现实。对于陌陌来说，也不例外。"

原子人："这倒是一个事实。"

比特人："众所周知，主攻陌生人交际的陌陌上线，比微信晚了 7个月。一个是霸气十足的互联网巨头，一个是名不见经传的创业公司。当时有人预言，这两个公司，只会有一个活下来。"

原子人："这是对陌陌的质疑。"

比特人："对。事实上，腾讯并没有消灭陌陌。陌陌不但活下来了，而且还活得不错。"

原子人："为什么？"

比特人："因为陌陌找到了巨人的弱点。"

原子人："什么弱点?"

比特人："就是微信不能覆盖的缝隙。"

原子人："什么缝隙?"

比特人："这个缝隙,就是陌陌避开了微信的锋芒,不与它硬碰,不发生正面战争,独辟蹊径,让陌生人在3公里之内的社交领域发生故事和奇迹。"

原子人："我明白了。微信是面对所有人,缺少这种个性化。"

比特人："对于微信来说,陌陌最大的不同,就是通过这种便捷的地理位置信息,发现附近的人,快速地与人进行即时的互动,降低了社交门槛,加强更加真实的互动,让每个人身边总有奇迹发生。"

原子人："所以,有人说陌陌是一个'约炮神器'。"

比特人："这也是事实。人们对它爱恨交加,却又爱不释手,就是这个缘故。这就有了陌陌后来的洗白之路。从赤裸裸的1.0版到颇具绅士风度5.0版的升级,从单纯的搭讪泡妞到正能量的社群功能,可以看到,它不仅完成了人伦道德的进化,也完成了商业模式的升级。这样,陌陌终于可以登堂入室了。"

说到这里,原子人与数据人响起了掌声。

数据人："你们说得太精彩了!从原子人的'创业空间'到比特人的'生存缝隙',说明了任何企业的诞生和成长,都需要它独特的生存空间、土壤和阳光,只要找到了,无论环境多么恶劣,都是可以长成大树的。为此,今天我的话题,就来说说陌陌的'云的根基'。"

原子人："云的根基?"

数据人："对。云在天空飘荡,自由自在,变幻无穷,好不逍遥,但它与树一样,也是有根基的。"

原子人："陌陌也有云根吗?"

数据人："对。它的云根,就是专注于LBS。这是一种基于位置的服务。"

原子人："就是手机定位服务吗?"

数据人："不错。它的产生，来源于美国人一个911的电话。当时一个被绑架的女孩打手机向911求救，但911无法确定这个女孩的位置，结果女孩被杀害了。于是，美国政府下令研究这问题，就产生了定位技术。"

原子人："也产生基于位置的社交服务。"

数据人："对。出门可以用它打车；旅行可以用它导航；吃饭可以它用找店；购物可以用它找到最低折扣。当你寂寞难耐时，只需摇一摇手机，就能用陌陌找到正在身边或者兴趣相投的朋友，开始人生新的惊奇。"

比特人："这样，它就成了人类诱惑的新入口，将人们从自我孤独中解放出来。"

数据人："太对了。解除孤独，只是陌陌的初心，而激发人的潜能和正能量，则是陌陌的终极目标。所以，陌陌现在和未来的所有产品，都会基于一个最基本的点，那就是LBS。这就是陌陌的云的根基，它把人们从一对一的陌生社交转向场景化社交、本地化社交，从线上走向线下，让陌生人形成一个硕大而神秘的云朵飘向远方，飘向那个干旱而饥渴的地方。"

至此，原子人与比特人又是击掌而呼，赞叹不已。

◎云版案例18：e袋洗的"泡沫云"

传统企业老板都喜欢当王，但基于云计算的新兴公司却更热衷于做尾巴。不过，这个尾巴，就是市场的长尾效应。一个基于云的企业，它的产品以及与用户的关系，不是冷冰冰的，而是要有人文情怀，独特的个性化，甚至娱乐性；不是慢条斯理，而要快速迭代，在快速变化中让消费者参与进来，并产生尖叫。

"e袋洗"，就是这样一个新兴公司。

2013 年 11 月 28 日感恩节成立的 e 袋洗，总部位于北京文化地标的"798 艺术区"丁香园，通过极具创意的设计、部署和攻城略地式的推广，在不到两年的时间里，已成功积累近 500 万用户，日订单近 20 万，年订单量可达 20 个亿，覆盖全国五十余个城市，可谓气势如虹，如日东升。

"e 袋洗"是老牌荣昌洗染旗下的一匹黑马。荣昌洗染创立于 1990 年，目前公司旗下拥有"荣昌"、"伊尔萨"和"珞迪"奢侈品养护三大品牌，连锁规模近 1000 家。前些年，凭借"一带四＋联网卡"的全新商业模式，企业规模得以迅速壮大。

四十多岁的公司创始人张荣耀是个乐于创新的人。从最初售卖洗涤技术到开设洗衣培训店，再到出售意大利进口洗衣设备、做连锁加盟店，包括与新浪合作创立"网上洗衣店"等，整整 23 年来，他一直在做公司产品和商业模式的创新。创新就是荣昌洗染最宝贵的企业基因。

当公司发展遇到瓶颈时，张荣耀选择重返校园，在中欧国际工商学院就读期间，他找到了企业持续发展的突破口：在 3G 时代，移动互联网与微信的诞生，企业与微信的对接，向云转型，这就是荣昌获得新生的方向和契机。

他从中得出一个结论：真正的移动互联网产品，它不是简单地把产品搬到线上，而是要在产品设计时即赋予产品互联网基因，让它更有云的思维方式。为此，传统企业在转型之际，就必须彻底抛弃硬件时代的传统模式。

行动高于心动。他从百度微博挖来小他 20 岁的 80 后陆文勇作为公司 CEO，由此定下了"消灭荣昌所有的线下门店"的历史使命，开始重塑公司的价值链条和商业模式，从零起步搭建云应用的 IT 架构，迎接云转型的新挑战。

这样，老牌荣昌洗染别出心裁推出了 e 袋洗，只要消费者在微信上下单，他们就会快递一个袋子给用户，不管装多少件衣物，统一价 99 元，并提供上门取件、送件服务。整个这一过程，都是以微信的方式来完成的。

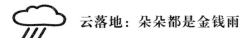

更有趣的是，荣昌还教顾客怎么能装更多，怎么装更划算，并评选装得最多的"袋王"。有的顾客抽掉空气竟然装了120多件衣服，使原本复杂的洗衣服务刹那间变成了一个简单的产品，还产生了很多故事，让它充满了娱乐性。

e袋洗在云应用上，也是很有参考价值的。发展之初选择了微信服务号，而不是自建App。随着规模的扩大，为了加强交互、增加活跃度，e袋洗开发了自己的App。如今，e袋洗是"微信服务号＋App"共同运营，比翼双飞。

从一开始，e袋洗就选择了在公有云上架构系统，否定了自建机房的方案。当时也考虑过自建，但最终算下账来：如果只考虑硬件设备的成本，自建比租用要便宜。但自建后，需要租用IDC机房，与托管商联系，聘用专业资深运维人员来管理，其中的时间成本和人力成本都很高。这对于初创企业而言，不能承受，最终放弃了自建机房的想法。

在对云提供商的选择上，e袋洗也曾接触过其他公有云服务提供商，但考虑来考虑去，最终他们还是选择了腾讯云。除了腾讯在微信等技术积累很深，业内规模和口碑都很不错之外，e袋洗和腾讯接触较早，双方对于企业文化、公司发展等认识都比较契合，这是一个很重要的原因所在。事实上，在后续使用的过程中，当e袋洗有新需求提出后，腾讯云服务很积极，快速响应。

e袋洗的云上架构发展，可分为从1.0到3.0三个阶段。

起步的1.0阶段：2014年下半年，业务模式比较单一，开发系统也就比较简单，基本就是一个大模块系统，出现问题直接通过硬件升级来完成，这在云计算中很普遍，2台腾讯云主机就可以完成。

发展的2.0阶段：2014年下半年，因为覆盖城市的增多，业务优化和调整开始频频出现，此时单一系统无法满足需求，而按照业务线划分，需要独立部署很多新的系统。如果采用传统模式，则需要找新机房、搬入机柜、管理运维。但使用公有云，一个运维人员就能将这些事情全部完成。尤其是策划了微信红包等活动之后，订单量猛增了20倍，虽然腾讯云主机增加了3～4倍，但人员只需要增加1位，大幅节省了成本，助力了 e 袋洗的发展。

摸索的 3.0 阶段：2015 年之后，随着区域拓展和业务线的梳理，以及新业务的规划，系统架构需要统一起来。公共服务进行打包，如红包、优惠券等，如果需要增加临时活动，只需要单独对服务进行扩容即可。整体方案部署和运维管理都更清楚、直接。而业务层面的新拓展所带来人员、角色、流程的变化，仍按照水平扩展。由此可以对系统承载能力有更加全面的评估。

在公司成立之初，e 袋洗与听云 App 结下不解之缘。在荣昌洗染拥有二十多年传统线下洗衣经验的基础上，e 袋洗决定以洗衣作为入口，进入基于云计算的移动互联网时代。所以，e 袋洗的运行集中在 App 和微信上，主要为了满足客户下单需求，强化用户对 e 袋洗产品的美好体验，从而获得更多的回头客。

在云应用上，e 袋洗也开始了大数据分析，深挖增值业务潜力。他们对顾客送来的所有衣服进行记录、归类，了解其穿衣颜色、用料、品牌喜好，对这些用户数据经过处理之后，演变成个性化的穿衣顾问，指导用户如何保养衣物，在衣柜里如何叠放，通知用户喜爱的品牌又出新款了，哪一款的风格是他（她）喜欢的等，让产品充满细致入微的人文关怀和情调。

目前，e 袋洗没有盈利，但这并不是他们的注意力所在。因为，e 袋洗并不靠洗衣服赚钱，而且洗衣服也不赚钱，只有先把用户价值做好，这才是他们的一盘大棋。因为，有了 e 袋洗这个云产品之后，其作为一个社区居家生活服务的平台也就不远了。目前的"e 袋洗"只是初级形态，终极的目标是做成一个居家服务的大平台。

值得一提的是，最近 e 袋洗获得腾讯、百度、经纬和 SIG 等全球顶级投资公司的青睐，完成 B 轮 1 亿美金融资，为他们走向那个"居家服务的大平台"铺好了一个 S 型的游步道。

可想而知的是，"e 袋洗"要做的不是富士康，而是苹果！

外星人讨论：e袋洗的"特许加盟"、"网联卡"和"腾云而上"

原子人、比特人和数据人来到了位于北京798艺术区的e袋洗公司总部。这里原是一个电子工业企业的老厂区，几经变迁成了北京一个文化新地标。他们在此进行了为期一周的考察，并对e袋洗案例做了分析、挖掘和讨论。

数据人："创立于2013年感恩节的e袋洗，源于上世纪1990年成立的荣昌洗染。这是一个家族式的企业，公司创始人张荣耀一直探索这个老洗衣店的互联网改造之路，一波三折之后，终于推出了e袋洗，并成就了洗衣行业的一个传奇。现在，我们来探讨一下，这个案例在云时代的价值和意义。"

原子人："数据人说得很好，e袋洗是一个典型的向云迁徙的传统企业，如果把它的经验和模式总结好了，对于中小企业的云转型有很好的借鉴意义。所以，我今天的话题，说说它早期的'特许加盟'。"

比特人："就是'荣昌洗染'吗？"

原子人："对，这是它的母公司。公司创始人张荣耀的生意，实际上是从一辆小平板车开始的，从一个四十多平方米的小店成长起来的，后来做大了，才叫'荣昌洗染'。但他每走一步，都带上了一个时代的烙印。"

比特人："这也是一个草根公司。"

原子人："他最初是卖洗涤技术的，后来拿了伊尔萨代理权，又成了卖洗衣设备的，后来又成了开特许加盟连锁店的，可以看出，他在公司经营模式上不断创新，不断做大，都有着很鲜明的时代符号。"

比特人："走的是时尚路线。"

原子人："到了2000年，他又开始触网了，与新浪合作创办了国内第一家'中华洗网'，网址为www.chinawashing.com，开始了非常时髦的'网上洗衣'服务。"

比特人："在那时，也是一朵奇葩。"

原子人："不错。但当时的互联网，只是一个PC网络，一下子想要渗透到传统服务业，那是不现实的。因为当时的支付、配送、供应、体验都跟不上来，所以，那次互联网尝试，事实上失败了。"

比特人："先半步是烈士，后半步是英雄。"

原子人："这就是创新者的代价。但从中可以看出，他不仅是一个与时俱进的人，也是一个勇于探索的人，从此，为他的企业埋下了一个可贵的东西，也是最有价值的东西，那就是互联网的基因。"

此时，比特人与数据人发出了喝彩声。

比特人："原子人说得太好了。荣昌洗染从'特许加盟'到'中华洗网'，从'传统洗涤'到'网上洗衣'，这些试水虽然并不成功，但它所包含的意义却是重大的。为此，我的话题，就说说它的'一带四＋网联卡'。"

原子人："这是最早的 O2O 模式，在当时也很时髦呀。"

比特人："不错。到了 2002 年，因为失败和困惑，他干脆丢下企业，读了中欧商学院，两年之后，他终于找到这个全新的商业模式。"

原子人："舍不得孩子套不到狼。"

比特人："对。他的'一带四'，就是荣昌公司的一家干洗门店带四家收衣店，而'联网卡'，就是通过线上、线下、电信等途径购买，让用户享受在门店一卡消费的快乐。"

原子人："很前卫。"

比特人："联网卡的妙处，就是让它成了荣昌洗衣的第一款 O2O 产品。换句话说，它用线上的轮子把线下的轮子带到干洗门店，让用户完成了一次有体验价值的消费。这次他没做烈士，而是成功地实现了第二次转型，向云端走出了第一步。"

此时，原子人与数据人响起了掌声。

这时，数据人又插话了。

数据人："你们说得太精彩了！荣昌洗衣从'中华洗衣网'到'一带四＋联网卡'，从第一次转型的失败到第二次转型的成功，从而为 e 袋洗的诞生和崛起埋下了伏笔。所以，我来说说荣昌的第三次转型：腾云而上。"

原子人："就是 e 袋洗吗？"

数据人："对。一个企业转型，不是说转型就可以转型的，那是要经历阵痛，脱胎换骨，浴火重生，付出代价，才能实现的。大企业是如此，小企业也是如此。"

原子人："为什么？"

数据人："你们看看那些大象企业，比如摩托罗拉、诺基亚、柯达为什么一夜之间就消失了？不是他们不想转型，也不是他们不想强大下去，而是成就他们、风光他们的那个时代一去不复返了。"

原子人："此话怎讲？"

数据人："因为成就他们的那个时代消失了，而他们的思维、观念以及商业模式还属于那个时代，殖民在那个时代，不肯转型，不肯迁移，不肯革命，那就只有被淘汰了。"

原子人："对于 e 袋洗来说，这个时代最好的东西是什么呢？"

数据人："那就是云。所以，e 袋洗抛弃了那个庞大的网站，抛弃了那些笨重的机房，抛弃了那些繁杂的 IT 架构体系，把所有技术移到了腾讯云上，与微信结合推出了这个移动互联网洗衣产品，让居家领域飘起了那朵美丽的'泡沫云'。"

原子人："是云成就了它。"

数据人："对。在云的架构上，从 1.0 到 3.0，不断升级，终于完成了让荣昌脱胎换骨的云转型。并且让这个独特的互联网产品，最大限度地满足它的一些特性，比如平等、民主、参与、体验等，这都是必不可少的。"

比特人："就 e 袋洗来说，它最重要的特性是什么？"

数据人："在我看来，就是它的娱乐性和趣味性。比如 e 袋洗的那个袋子，不论你装多少衣物，它都只收 99 元，而且还教你怎么多装一些，不仅如此，还进行袋王比赛，评出奇葩袋王，这样，你们觉得它会产生什么样的效应呢？"

原子人："娱乐效应。"

数据人："对。它的精妙之处，就是把一个又脏又累的传统产品，变成了一个生动活泼的娱乐产品，甚至演绎成一个充满互动、可以对话的社交产品。"

原子人："把一桩生意上的交易变成了一场有趣的社交。"

数据人："太对了。但 e 袋洗的野心还不止于此。它的野心，是要消灭所有的线下门店，把自己变成一个真正的云工厂。对于 e 袋洗来说，它还只是一个初级形态的产品，它的终极目标，是一个居家的云平台，不是富士康，而是苹果。"

原子人："野心还不小。"

数据人："在这个时代，因为有了云，每个人的野心变成了可能，甚至现实。e袋洗要做洗衣业的苹果，不是不可能，而是触手可及。因为它有云的基因。荣昌洗衣从拉平板车开始，到特许加盟，到联网卡，到 e 袋洗，你会发现，在它的身上，有一种互联网的基因，这种基因，就是云的基因，就是大象基因。一个企业，有了这种基因，它即便不是大象，也可能是独角兽！"

至此，原子人与比特人又是击掌而呼，饶有兴趣。

◎云版案例 19：饿了么的"外卖云"

当年，有一个年轻人创立了一家网络公司，公司的名字就叫"拉扎斯"，这是梵文"激情"的音译。2013 年，在《福布斯》中文版发布的中国 30 位 30 岁以下创业者名单中，他的名字竟然赫然在列。并且，他的公司已成为一家市值为 5 亿美元的黑马公司，在业界已呈三足鼎立之势。

这个年轻人叫张旭豪，一个做外卖的饿了么公司创始人。

创立于 2009 年 4 月的饿了么公司，总部位于上海，专注于网上外卖订餐。与饭统网、订餐小秘书不同，饿了么没有呼叫中心这一环节，用户需求可以直达餐馆。此后这些年，饿了么生意一直不温不火。在此困境中，公司不得不求变，向云转型，推出了 App 和 Android 客户端，随后公司人数也从 2011 年的 80 人扩充到如今的 500 人，地盘也从 16 个城市发展到 150 个城市，而且锋芒也日渐毕露。

公司创始人张旭豪是一个具有英雄主义感召、希望改变这个世界的人。他的创业，从某种程度上说是"饿"出来的。当他还在上海交通大学读硕士时，一天晚上，他和室友一边打游戏一边聊天，突然感到饿

了，打电话到餐馆叫外卖，不是打不通，就是餐馆不愿送。

创业就这样开始了。他和同学康嘉、汪渊、曹文学一起，将上海交大校区附近的餐馆信息搜罗齐备，印成一本小册子在校园分发，然后在宿舍接听订餐电话，接到订单以后，再从餐馆取餐送给顾客，与餐馆一周结一次款，不仅繁琐，而且效率也低下。

自 2008 年开始，公司办公地点经历了学生宿舍、餐厅一角、民宅、别墅、写字楼，并通过几轮融资，生意慢慢做得大了起来。但这是典型的传统 O2O 1.0 模式：线下产品和服务通过互联网吸引用户，互联网成为线下交易的前台，饿了么只是一个外卖中介而已。

当时他们能够活下来，并且活得还可以，就已经很不错了。但依靠向餐馆抽取佣金过日子，并在竞争对手重压下喘不过气来，张旭豪与创业伙伴不得不寻求改变，于是，他们花了近半年时间开发了一套网络餐饮管理系统，推向周边餐馆。通过这一系统，餐馆可以方便管理并打印订单，免去每月上门催收款项的烦恼。

最后，饿了么开始积极拓展其他收费方式，如竞价排名的产品，就是一个不错的收入来源。这个组合拳打下来，不但彻底压制住了竞争对手，还改变了公司的盈利方式，从而完成了由中间商向平台商的转变，将跑腿生意变成了 IT 技术活。

但让饿了么获得新生和快速扩张的是与云接轨，从过去的"外卖订餐"到后来的"外卖软件"一直到现在的"外卖服务"，让饿了么变成了一个 SaaS 平台，软件即服务。用他们的话来说，饿了么帮助传统餐馆实现了"云转型"。

不过，饿了么最有含金量的是公司那套云应用系统：其订餐系统针对整个平台进行划分，分成了网站平台系统、移动端应用、在线支付系统、业务后台系统、餐厅管理系统、统一的系统数据库平台和统一的系统服务集成接口。

饿了么的平台服务，通过以上几个子系统的紧密结合，并且各个子系统不断地更新维护和升级，不断地满足更大的业务需求，并为用户和餐厅提供稳定的服务。并在此基础上，他们开始建立了基于餐厅外卖配送的生态系统。

在这套云转型应用系统中，有两套软件在饿了么外卖运行中起到了核心的作用，那就是餐厅后台软件 Napos 和销售协同 CRM 软件 Walle。这是他们走向 SAAS 软件的第一步，也是他们走向云端的迁徙之役。

基于云上的 Napos 是饿了么专为餐厅开发的后台管理软件，大多数地区的营销团队都会在前期将这套软件免费提供给接入饿了么体系的餐厅。通过这套软件，餐厅可以高效的管理外卖订单和网上收银，也能作为一个正常的餐厅后台管理软件，处理堂食的点单情况。现在，许多城市的餐厅都在免费使用 Napos，但对于较为成熟的市场，Napos 对餐馆是收费的，每年 4820 元。

饿了么针对其内部员工开发的销售协同 CRM 软件 Walle，也是功不可没。不同于传统的 CRM 软件，Walle 还有销售协同和信息分享功能。通过销售协同功能，同一城市的销售人员能够知道队友今天在哪片区域"扫街"，从而避免在销售时做无用功。并且，Walle 能让每个销售人员看到所有城市的团队，以及自己队友的销售业绩，从而利用他人的业绩激励销售人员。

这样，饿了么从传统的 O2O 1.0 模式进入了新型的 O2O 2.0 模式，从而成为一个服务平台，而不是一个中介。数据显示，在国内整体在线外卖市场上，饿了么占 70％份额，其中七成城市饿了么占有 80％的市场份额。短短半年，公司就获得了十倍的增长。

通过云转型，饿了么一下变得财大气粗起来。2015 年，饿了么又获得了中信产业基金、腾讯、京东、大众点评、红杉资本联合投资的 3.5 亿美金。对于目前还没有盈利、但市场估值超过 10 亿、国内即时配送队伍超过 4500 人的饿了么来说，公司下一步目标，就是成为市值为 1 千亿美金的公司。

饿了么 CEO 张旭豪很欣赏美国著名创业孵化器 Y Combinator 创始人保罗·格雷厄姆（他的公司虽然后来以近 5 千万美元价格被雅虎收购，但他是一个曾经撼动过硅谷的人）的一句话，他说："只有专注于和做好很小的细分领域，才能以此为基点，做成一个大平台。"

因为有了云，饿了么离这个大平台更近了。

外星人讨论：饿了么的"打猎割肉"、"两个轮子"和"变形虫"

原子人、比特人和数据人来到位于上海普陀区的饿了么公司总部。这里是公司新搬迁过来的，处于近铁广场附近，与原来在交通大学闵行校区的办公环境相比，已是鸟枪换炮了。他们三个在这里进行了半周的考察，对饿了么案例做了深入的研究、分析和讨论。

数据人："饿了么的发展路径，很像当年的脸谱从哈佛发展到全美的路线，加上公司创始人张旭豪与扎克伯格一样，同是1985年出生的，让他产生了很多联想，并充满了激情。如今，经过6年奋斗，以交大为起点，从4名大学生开始，已发展到500名员工，覆盖了150座城市，估值已达5亿美元。现在大家坐下来，讨论一下，看看大家从这个案例中能够获得什么样的启示。"

原子人："我来说吧。不知是谁总结了一下，中国大学生创业，就只三板斧：社交、外卖订餐、倒卖二手书。这虽然有些偏激，但也不无道理。你们知道这是为什么吗？"

比特人："门槛低，不需要什么资源呗。"

原子人："对。最重要的是，没有巨头卡位。正因为如此，他们进入就很容易。所以，这些市场，就像山上的野猪，谁都可以去围猎，打到了，就有肉吃，打不到，也没什么损失。"

比特人："有道理。"

原子人："在我看来，饿了么当初创业，其实就是打猎割肉的。他们搜集周围的一些餐馆，印成一个小册子，散发出去。当时的互联网的BBS，就是他们的一座山，他们在那里潜水、冒泡，在那里耐心等待，只要外卖电话一响，他们就喜出望外，让送餐员把外卖送出去，再从餐馆那里抽成15%，作为他们的佣金。这种模式，相当于从商户已经到嘴边的肉里割一块，商户难免心痛。"

比特人："这样，商户和平台是对立的。"

原子人："对。不过，公司创始人张旭豪虽然年纪轻轻，但野心不小，从成立公司的第一天起，他就扬言要做一个伟大的公司。"

比特人："好高骛远吗？"

　　原子人："那倒不是。你看他开公司，那个字号叫'拉扎斯'，在梵文里就叫'激情'的意思。"

　　比特人："创业没有激情不行。"

　　原子人："正因这个市场门槛低，竞争激烈，残酷无情，所以，他第一个就把他的同门师兄、一家叫'小叶子'的外卖公司给干掉了。此后的发展就一发不可收拾。"

　　比特人："当时小叶子公司也很红火呀，他是怎么干掉它的？"

　　原子人："当然，他不是靠烧钱，因为当时他压根就没有多少钱。但他有比钱更有价值的东西，就是有一个商业的头脑和看到趋势的眼光。"

　　比特人："此话怎讲？"

　　原子人："当时，他找了一个合作伙伴，专门研发了一个名叫 Nopos 的、针对商户的网络餐饮管理系统，包含订单、菜单、数据等多方面的管理功能，让餐馆安装、使用这套系统。从此，他们也就不用到餐馆去抄单了。从此，他们从单纯的分佣模式变成定额的收费模式，从服务中收费，不再从客户嘴里抢肉吃了。"

　　此时，比特人与数据人发出了喝彩声。

　　比特人："原子人说得太好了！饿了么从打猎割肉走向了坐庄分肉，实质上就是让商户与平台统一起来。这是饿了么走向云端的第一步，也是简朴而可贵的一步。而我就顺着这个话题，说说饿了么的'两个轮子'。"

　　原子人："就是 O2O 吗？"

　　比特人："对。就是线上线下的问题。前一个轮子就是线上，后一个轮子就是线下。线上的轮子跑在云上，线下的轮子跑在地上。云上的轮子找到客户，让客户产生有效的聚集；地上的轮子服务客户，让客户产生美好的体验。"

　　原子人："这叫一条腿站在地上，一条腿朝天上踢。"

　　比特人："太对了。这两个轮子的神奇之处，就在于它既能保持传统生意的原子性，又能体现互联网商业的比特性，一实一虚，一唱一和，给新的商业模式带来巨大的想象空间和创造力。"

　　原子人："这叫'原子比特化'。"

比特人："不错。对于饿了么来说，它作为前一个轮子往前跑，而作为后一个轮子的饭馆老板不一定会老老实实地跟上来。你有你的想法，他也有他的算盘，店家与饿了么不一定走在一条道上。"

原子人："为什么？"

比特人："因为除了这个饿了么平台，店家手里还有一根电话线。那根电话线，就是这'两个轮子'的绊脚索。"

原子人："那如何解决呢？"

比特人："所以，饿了么早在 2012 年，就完成了内部数据平台，不仅在选餐厅自由度大、点餐方便、订餐不会占线、送餐不出错，而且还给用户带来美好的体验，撒向人间都是爱。"

原子人："习惯就是不让人撒手。"

比特人："更重要的是，在这个大数据平台上，饿了么用了一个很神奇的功能，那就是用 POI 信息点，一种基于地理信息的兴趣点，去导航，去扫楼，去找人，原来要几个月、甚至半年才能开发的城市，现在几个星期就做到了。所以，在我看来，这'两个轮子'一定要跑在云计算、大数据的高速公路上，才能出奇迹。"

说到这里，原子人与数据人响起了掌声。

数据人："你们讲得太好了！原子人讲的饿了么从'打猎割肉'到'坐庄分肉'，比特人讲的从'两个轮子'到'POI 信息点'，实际上都是基于大数据平台上，都是基于云计算的变迁中。为此，我要说的话题，就是未来企业的趋势和方向，即'变形虫'的观点。"

原子人："变形虫？"

数据人："对。未来的企业，一定会朝着两个方向发展，一个是大象企业，具有很强的集约能力；另一个是变形虫企业，靠身体形状常变化，可成为掠食者。"

比特人："这不成了变色龙吗？"

数据人："太对了。这种变形虫企业，也叫阿巴米企业。也就是说，如果一个变形虫企业没有足够的灵活性，就会成为大象企业的口中餐，被大象吸纳掉；反过来，所有的大象企业，其强大只是暂时的，如果集约优势不够，又会被这些变形虫企业无情地吞噬掉。"

比特人："在互联网时代，任何企业的大与小、强与弱都是暂时的、瞬间的。"

数据人:"不错。饿了么就是这样一个变形虫企业,但它要走向大象企业,就需要有一颗 SaaS 的心,并且心无旁骛地向云端迁徙,成为云的驾驭者。为此,饿了么走向扩张之路时,他们在这两个轮子上开发了两个 SaaS 系统。"

原子人:"两个什么 SaaS 系统?"

数据人:"一个是面向商家的餐饮管理系统,叫 Napos,相当于一个联网的餐厅 ERP 系统,传统餐饮上的事情,如外卖订单、网上收银、日常经营数据和打印小票等,它都干了。而且,它只对成熟市场的餐厅收费,对刚开发的市场餐厅则是免费的。"

原子人:"很灵活。"

数据人:"另一个叫做 Walle 的内部管理系统。它是饿了么内部员工使用的销售协同 CRM 软件,主要是地推团队使用。它的目的,就是要使每一个人都是 CEO。"

原子人:"很新鲜。"

数据人:"这个 Walle 系统,把饿了么员工所有工作都量化了,避免很多不确定的人为因素。将员工的工作时间、业务量、业务增量、商家谈判、经营状况、明星员工、晋级依据等情况,都通过云计算进行数据量化,作出维度对比,让工作考核、员工晋级、市场经理调度等繁杂的事情,变得一目了然,处理起来十分轻松。"

原子人:"太有效率了,太人性化了!"

数据人:"如果把这些似乎难以置信的东西概括起来,用一句话说出来,它就是云,它就是那颗 SaaS 的心,它就是那条不断蠕动的变形虫!所以说,在互联网时代,千万不能小看变形虫企业,它也许在瞬息之间无情地吞噬大象企业,也许今天的变形虫企业,就是明天的大象企业!"

至此,原子人与比特人击掌而呼,点头称赞。

第七章

从"原子比特化"构建企业核心的云资产

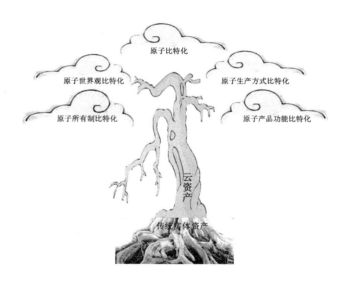

原子比特化

原子世界观比特化

原子生产方式比特化

原子所有制比特化

原子产品功能比特化

云资产

传统实体资产

从"原子比特化"构建企业核心的云资产

云落地操作技巧指南：人类从原子世界到比特世界的进化是不可抗拒的，我们不能以原子世界的眼光去看待比特世界发生的事情。对于中小企业来说，应该通过原子世界观比特化、原子生产方式比特化、原子资产所有制比特化、原子产品功能比特化的方式，去扩大云资产的比例，并让它处于核心位置。

——陈贝帝原创观点

当人们追逐于钢铁、石油、矿山、煤、电、水泥等上游资源的时候，当人们热衷于码头、厂房、机器、流水线、库房等基础设施的时候，当人们沉迷于土地、房子、宝石、金银等传统资产的时候，却不知这个世界已发生了变化，过去的那种传统资源价值正在从实体化转向虚拟化，从原子化走向比特化。

由此而衍生出了许多怪事：不可一世的柯达被几行小鸟一样的数码击碎了，趾高气扬的诺基亚被一只苹果吞噬了，销售额 4000 多亿美元的沃尔玛在市值上被只有百亿美元的亚马逊超越了，几乎没有盈利的脸谱网被估值为 700 亿美元，人们将个人财产存储在亚马逊、谷歌和微软的服务器上，至今有很多人仍不太清楚，这个世界究竟发生了什么事情？

因为这个原子世界已经走向了比特世界，一种全新而令人猝不及防的云资产由此诞生了。目前，其云资产的比例已超过传统资产达到了60％。正如尼古拉斯·尼葛洛庞帝所说，"从原子到比特的变革是不可改变且无法阻止的。"

从历史上看，工业革命以蒸汽机和电网的工具，改变了世界的原子结构和它的运动方式，信息革命则以计算和互联网的工具，改变了世界的比特结构，并重构出一个崭新的、虚拟的财富空间，闪耀着人类不平凡的智能光辉。

人类从原子世界到比特世界的进化，所产生的不言而喻的巨大意义，就是对传统社会和商业模式的捣碎和重构，让传统的原子人走向虚拟的比特人。最后，它让人们明白这样一个道理：不能以原子世界眼光去看待比特世界发生的事情。

这些比特世界发生的事情，其中就包括不可捉摸的、但必须去弄明白的云资产。对于中小企业来说，如何去构建这些看似虚无缥缈、但又实实在在存在的云资产，并逐渐提高云资产在企业传统资产的比重，是一个迫切需要考虑并努力去做到的事情。

第一，原子世界观的比特化。

在比特世界观里，并不是依靠某一个人有本事把某事做得怎么样，

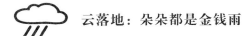

而是所有的人聚合在一起，形成了一种对等分享、对等开放、对等互联、对等协作的大格局、大数据、大虚拟，并由此产生了一种巨大的比特效应。

当今时代的云计算所产生的效应，就是一种奇幻的比特效应。在它的商业视野中，只有"人、场、物"三个核心的要素，如何把人的行为比特化，如何把货物的流通比特化，如何把消费的场景比特化，这就是它最大的逻辑和实质。

所以，现在的世界是两个世界，一个是原子世界，另一个是比特世界。在原子世界比特化的时候，人的世界观也要比特化，不能故步自封，更不能作茧自缚，不能拿原子世界的眼光去看待比特世界所发生的事情。

第二，原子生产方式的比特化。

相对于原子化的生产方式而言，比特化的生产方式不仅要宽广得多，也要生动得多。传统的原子生产方式只着眼于生产系统的内部，所关注的生产过程，也只限于它的计划、组织和控制等，它的生产与消费是割裂的。而比特化的生产方式则是一种智能化的生产方式，它包含了如 CAD、CAPP、CAM、MRP Ⅱ、GT、FMS 和 CIMS 等网络软件，它所产生的巨大效益也是无法比拟的。它的最大特点，就是生产与消费过程是统一的，是一个良性循环、节能增效的生态体系。

从这个意义上说，原子生产方式比特化的过程，实质上就是一个数据化的过程，一个虚拟化的过程，一个智能化的过程。在这个比特化的过程中，那些传统的稀缺资源如土地、厂房、机器及资本的作用被限制和降低了，而以信息为代表的知识上升为第一位的生产要素而闪耀着熠熠的光辉。

也就是说，在比特化的生产方式中，信息已成为了比物质和能源更为重要的资源了。在这个原子世界里，无论是制造业还是服务业，它们都只是信息产业的一部分；无论是制造的产品，还是服务业的产品，它们统称为网络产品；它们所有的生产行为，均被视为"网络协同"或这个"生产网的协同者"。

在这个以信息为中心的生产方式中，人们所要建立的生产方式，不是传统的重资产的生产方式，而是轻资产的生产方式。也就是说，它是以思想、知识、信息、创意为核心资源和价值链的比特化的生产方式，云化的生产方式。

在这个比特生产方式中，现实中的每一个人都有两重身份，既是消费者又是生产者，他们成了互联网丛林中的采摘者，采摘他们所需的轻思想和原始创意。他们所追求的企业，不再是传统的"大而全"，形大而神小，讲排场，比人数，拼地盘；他们所崇尚的是"小而美"，神大而形小，津津乐道的是"人均产值"，一个小公司具有集团公司的井喷效应。

第三，原子资产所有制的比特化。

原子世界比特化的真正魔力，并不是它的技术，而是它的资源共享放大效应。在人们还没有觉察它到来之时，它便让传统资产所有制一夜之间惊呼起来。因为，它让传统资产所有制的"所有权"与"使用权"产生了分离，形成了一种全新的、分享式的互联网资产所有制，并且公开地、明目张胆地说："你的就是我的，不用即浪费！"

无论是在封建社会的农业经济中，还是在资本主义社会的工业经济中，所有实体资产的支配权与使用权都是一体化的，而且是神圣不可分割的。并且，在任何时候，它都是这个社会体系中最为敏感的一根神经，因为在它背后所牵动的是一个以私有产权制为基础的金字塔。

但比特化把它给瓦解了。互联网作为一个新的生产方式，它最大的贡献是把社会原来闲散的资源整合成一个有机的整体，让人们互补地去创造它的商业价值，这就为剥离传统实体资产的支配权与使用权提供了无法拒绝的理由和口实。

不过，这也是一个新旧产权制妥协的产物。它虽然颠覆了旧的产权制，并凌迟了它，但并没有毁灭它。在原子资产所有制走向比特化的过程中，它的"支配权"是以原子形态出现的，而"使用权"则是以比特形态出现的，于是，一种全新的互联网产权所有制浮出了水面。

所以，对于中小企业来说，要去积累、扩大企业云资产的比例，去剥离它那高昂着头颅的"支配权"，用好它那沉睡了几千年的"使用权"，这应该是 21 世纪一座最大的金矿。由于比特世界的合作消费兴

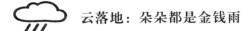

起，不仅衍生了以"以借代租"的免费交易模式，还让很多无产者获得了可贵的创富权，并成为新财富的获得者和拥有者。

第四，原子产品功能的比特化。

随着互联网、物联网、云计算等云技术的迅猛发展和广泛渗透，人类正从以 IT 为代表的信息时代走向了以 DT 为标志的数据时代。当原子世界的硬件与比特世界的软件融合在一起的时候，它所生产出来的最有价值的产品，都是那些数据化的智能产品，那些原子功能比特化以后的终端产品。

这些原子产品被比特化之后，附带了更多的信息功能意义，如给原子产品贴上一个二维码，让它拥有一个智能身份证，每经过一个生产环节，读卡器就会自动读出它的相关信息，反馈到控制中心进行相应处理，生产多少一目了然，从而大大减少了工厂库存，大幅提高了生产效率。

并且，由于原子产品有了数字化技术嵌入，有了全新的人机交互和对话，因此它所生产出来的任何一个产品，都是数字化生产出来的一个网络产品，一个智能终端，一个包含了硬件、软件、内容和服务的人性化载体，从而给人带来一种更加愉悦的体验心情。

所以，这种把原子产品转换为"比特服务"的过程，把原子功能转换成移动、延伸、叫卖、配送服务的过程，把附带了特殊智能信息的产品转换成一种业务构想和商为模式的过程，就是一个创造云资产的过程，就是一个云资产增值的过程。

需要明白的是，这些在现实世界以虚拟面孔出现的云资产，虽然无法从财务报表中体现出来，也无法在传统资产所有制中表达出来，但它却是一个新兴企业资产中最有价值的东西。

总之，人类从原子世界到比特世界的进化是不可抗拒的，我们不能以原子世界的眼光去看待比特世界发生的事情。对于中小企业来说，应该通过原子世界观的比特化、原子生产方式的比特化、原子资产所有制的比特化、原子产品功能的比特化的方式，去缩小传统资产的份额，去扩大云资产的比例，并使之处于企业的核心位置。

千万不要小看了这些云资产，它是当今企业最值钱的部分！

◎云版案例 20：Veeva 的"医疗云"

Veeva 是一家全球领先的 SaaS CRM 解决方案提供商，专注于生命科学行业，为生命科学行业 SaaS CRM 解决方案的领导者。Veeva 的客户遍布全球，效果显著，已成为生命科学行业云的破局者和领舞者。

2007 年，Veeva 在美国加州普莱森顿创立的时候，还是生命科学行业中第一家基于 SaaS 模式为客户提供医药 CRM 客户关系管理解决方案的公司。到 2012 年，Veeva 已经成为全球第三大生命科学行业市场营销解决方案提供商，致力于提供技术架构和产品服务。

目前，Veeva Systems 在全球范围内拥有超过 150 家企业客户，其中不乏辉瑞制药、阿斯利康、默沙东等这样的巨型跨国医药企业，此外，公司客户中也有新兴的生物技术公司。并在费城、巴塞罗那、巴黎、北京、上海、东京等地设有分公司。

公司主要为医药和生物技术公司提供基于网络的应用程序，帮助其管理内容和客户关系。与传统的软件公司不同，Veeva 以人次并按月度为客户提供互联网应用服务，这使得企业只需要为其使用的应用程序付费，避免了建设数据库的费用和硬件成本开支。

作为业界 SaaS 解决方案提供商，Veeva 率先推出了基于计算机平台并专门面向生命科学行业的 CRM 系统（即 V Bio Pharma）、企业内容管理系统（即 Veeva Vault），以及全球首款融合 CRM 及 CLM 功能并基于 iPad 定制的营销管理系统（即 iRep）。这些创新成果均对全球生命科学企业的营销模式产生了深远的影响。

与传统的普通云计算服务的区别之处在于，Veeva 主要为医药企业和生命科技公司提供软件服务，是一家专注于医疗保健行业的"行业云"公司。2013 年，Veeva 在纽交所上市时，不仅首日飙升 86％，而且带动了美股市场上其他云计算概念股大幅上涨。

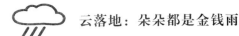
选择 SaaS 模式切入生命科学行业，并不是偶然的。Veeva 的联合创始人、首席执行官加瑟纳曾在云计算巨头 Salesforce.com 公司担任高管，因而见证了云计算的趋势性增长。早在 2006 年，他就敏锐地看到，云计算行业的下一波增长将来自于专注行业的云计算服务公司。

这位 Veeva 创始人认为，为企业提供基于云的应用软件服务应细分为不同用途，而不只是做普遍的客户关系管理；而且，企业也将逐步开始接受"行业云"应用，而不是只使用过时的普通管理软件。

正是在这一想法的推动下，他创建了一家以医药行业为突破口、以 SaaS 为核心业务的云计算公司。这种基于未来的创业方向、高度定制化的创新产品和解决方案，加上对移动互联网机遇的把握，让 Veeva 迅速确定了业界领先地位，也给传统套装软件厂商带来不小的压力。

如今，通过互联网提供软件的模式，用户不用再购买软件，也无需自行维护软件，而改用向提供商租用基于 Web 的软件来管理企业经营活动，这种 SaaS 模式已经受到医药企业界的重视和青睐，走向了广泛应用的阶段。

Veeva 对使用他们 SaaS 产品的用户，对其系统主要功能一年进行三次升级，而且，这些更新分毫不取，既不会增加用户额外的成本，也不会中断用户的正常服务。与传统软件公司不同的是，用户只需打开适合的功能，后台就会自动进行更新，让他在不会感到什么变化的情况下，就可以使用这些系统的新功能了。

他一直非常欣慰的是，当他开始 Veeva 的业务时，他发现在市场中并没有与 Veeva 一样从事 SaaS 医药 CRM 的直接竞争对手。他们是这个行业中第一家基于 SaaS 模式为客户提供医药 CRM 解决方案的企业。他很高兴他们是生命科学行业第一个提供 SaaS CRM 解决方案的企业。

他也很乐观地看待未来：随着全球经济发展，医疗保健对人们来说将越来越重要，同时生命科学领域也开始出现一些实质性突破。与生命科技行业相关的领域还存在很大的增长空间，这将会促进相关企业的软件开发需求，从而给基于云的 SaaS 服务带来潜在而强劲的增长机会。

对于 Veeva 来说，在生命科学行业，他们不只是破局者，更是引领者。

外星人讨论：Veeva 的"寻找蓝海"、"造富盛宴"和"云端之上"

原子人、比特人和数据人来到位于美国加利福亚州普莱森顿的 Veeva 公司总部。这里云集了很多世界大公司，但大多建筑都是平房，很少超过二层，掩映在绿色的树林后面，散落在茫茫的苍穹之下，繁华而不失沉静。他们三人在此进行了为期一周的考察，对 Veeva 公司案例作了深入而细致的分析、研究和讨论。

数据人："Veeva 是一家全球领先的 SaaS 软件即服务 CRM 解决方案的提供商，专注于生命科学行业，能够为全球范围内的行业客户提供多样化的创新应用和服务。作为生命科学行业 SaaS CRM 解决方案的领导者，它有很强的持续创新能力。在它的客户中，有世界最大的制药集团，也有在生物科技领域刚刚开始创业的小公司。从 Veeva 公司案例中，大家获得了什么样的启示？"

原子人："这是一家向全球范围内的制药公司、生物科技和其他生命科学公司提供云软件的公司。人们所惊异的是，他们作为一家盈利能力强劲、高速增长的云计算公司，却是凭借不到 1 000 万美元的风险资本走到今天这一步的。为此，我今天的话题是，Veeva 是如何'寻找蓝海'的。"

比特人："跳出红海吗？"

原子人："对。Veeva 创始人加瑟纳是一个善于思考的人。创业以来，他一直是这家公司的首席执行官。不过，他还有一个身份，就是曾在贝尼奥夫 Salesforce.com 公司里担任过职业经理人。"

比特人："原来是 SaaS 教父贝尼奥夫的门徒？"

原子人："太对了。他不仅是他的顶头上司也就是 SaaS 旗手贝尼奥夫蛇吞象的参与者，也是 Workday 创始人杜菲尔德对老牌巨头甲骨文江湖仇杀式的见证者，这两个事件，让他感叹不已。所以，当他看到基于云的 SaaS 将会大行其道时，他便开始思考自己创业的事情。"

比特人："这叫见异思迁。"

原子人："在上世纪末，也就全球金融危机爆发的时候，SaaS 模式是一片蓝海，无人问津，但仅仅过了六七年的时间，它又变成了一片红海了，充满了丛林式的厮杀。于是，他想，有没有可能从这片被渐渐染红的蓝海中去找到一片真正的蓝海。"

比特人："也是个弄潮人！"

原子人："结果，他还真的找到了他想要的这片蓝海。他的路径是：专注一隅，不贪大求全，只盯住生命科学领域里的医药行业企业，从而成为了生命科学的'行业云'。"

比特人："这也是红海呀。"

原子人："但他的做法别出心裁，是从蓝海进入红海。比如 Veeva CRM 解决方案，同样是 SaaS 模式，它却包括了好几个功能模块，其中，V Bio Pharma 除了提供医药 CRM 解决方案外，还能够结合生命科学行业企业的具体业务需求，为商业团队制定个性化的应用功能，让它成为业界唯一一款全面满足 PDMA 和 CFR 合规管理要求的医药 CRM 解决方案。"

比特人："果然不同凡响。"

原子人："这是从专业用语上去说的。直白一点说，如果用传统的客户端/服务器软件的方法，完成这些操作至少需要五到十个流程，以及三个月以上的时间。但如果用 Veeva CRM 解决方案，它可以为你私人定制，可以在几分钟之内，为你创建一套新的生命科学工作流程。这就是它的差别，这就是它的效率，这就是它强大而友好界面，这就是他将蓝海引入红海的绝妙做法！"

说到这里，比特人与数据人发出了喝彩声。

比特人："原子人说得太好了！把一个超然脱俗的蓝海引入杀气腾腾的红海，这就是 SaaS 的威力所在，也是 SaaS 的魅力所在。为此，它在全球引起了一场应用风暴。所以，我今天的话题，就是 Veeva 的'造富盛宴'。"

原子人："造富盛宴？"

比特人："对。这家公司因为专注于生命科学领域，以 SaaS CRM

平台为切入点，仅用了四年的时间就把老牌巨头 Oracle 在美国该领域的市场份额吞噬掉了。"

原子人："这又是一个蛇吞象的故事。"

比特人："Veeva Systems 在 IPO 上市一天之后，股价飞升，股价为 41 美元。在成功 IPO 之后，他们获得了 2.17 亿美元，企业估值超过了 24 亿美元，并受到华尔街投资者的青睐和追捧。"

原子人："也是一个财富神话。"

比特人："更重要的是，它在全球引起一股应用风暴。目前，全球有 375 家生命科学与制药企业正在使用 Veeva 的解决方案。其中包括辉瑞、礼来、诺华、基因泰克等大型公司。"

原子人："那么中国呢？"

比特人："中国虽然不是这场造富盛宴的头席，但绝对是主宾席。2014 年，Veeva 创始人加瑟纳曾到上海助阵，一下子就吸引了包括诺华、阿斯利康、辉瑞、默沙东以及拜耳等近 50 家跨国制药和领先的中国制药企业。"

原子人："为什么？"

比特人："中国的医药市场是一个快速增长的市场，它是 Veeva 的一块最有诱惑力的大蛋糕，加上中国正在进行传统产业互联网＋转型，需求非常大，这为 Veeva 提供了更多机会。但 Veeva 的 SaaS 模式要在中国生命科学领域落地，关键是如何本地化的问题。"

原子人："那他们是怎么做到的？"

比特人："这就是他们的过人之处。因为在欧美行得通的 Veeva 解决方案，在中国不一定行得通。所以，他们不会把国外的先进产品简单地照搬到中国来，他们的本地化不光是把界面本地化，变成中文的，更重要的是根据本地客户的需求开发新的功能、新的产品，因地制宜地推出适合于中国制药企业的基于 SaaS 的应用方案，让它落地，让它生根，让它开花结果。"

说到这里，原子人与数据人响起了掌声。

数据人："你们说得太精彩了。从原子人的'寻找蓝海'到比特人的'造富盛宴'，短短几年内，Veeva 在全球范围内拥有了超过 375 家客户，从全球最大的制药公司到新兴的生物技术公司，都囊括其中，为什么？就因为它置身云上，专注一隅。所以，我今天的话题，就是'云端之上'。"

原子人："蓝海之上的云吗？"

数据人："对。Veeva 作为生命科学领域的云端领导者，无论老牌的制药企业，还是新兴的生物技术企业，它都可以让它们始终站在生命科学发展的最前沿。"

原子人："为什么？"

数据人："因为它可以使生命科学与制药行业畅游云端，让生命科学与制药行业云端化。众所周知，云模式独特的基础设施架构可以帮助缩短开发部署的周期、降低成本，针对特定行业进行优化新功能层。比如说新兴的组合公司 Veeva 就把握了这一点，面向生命科学领域提供了从 CRM 到营销自动化等一系列的水平解决方案。"

原子人："提供新的技术架构和产品服务，去协助客户取得成功？"

数据人："对。Veeva 向制药公司提供基于网页的软件，帮助它们追踪药品信息，为销售团队提供文档和数据。与传统的软件公司不同，Veeva 以人次并按月度为客户提供互联网应用服务，这使得企业只需要为其使用的应用程序付费，避免了建设数据库的费用和硬件成本开支。"

比特人："这是真正地把把客户看成上帝！"

数据人："Veeva 创始人加瑟纳正是见证了云计算的趋势性增长，所以他用'医疗云'描述了他专注于这个生命科学行业的云计算服务。正是这个'医疗云'，他成了全球生命科学行业基于云计算模式的商业解决方案的领导者和提供商，致力于提供创新的技术架构，卓越的产品服务，努力协助客户取得成功，让大大小小的制药、生物技术企业站在云端之上，有了更大、更高效率的生存和发展空间。"

至此，原子人与比特人又是击掌而呼，雀跃不已。

◎云版案例 21：滴滴的"打车云"

一家小公司创始人，从北京化工大学毕业后，曾在阿里巴巴工作过8年。从这里走出无数的创业公司，从这里也倒下无数的创业者。但轮到他自己也创业了，他只花了三年的时间，把移动互联网作为一个支点，便撬开了一个多年来封闭保守、壁垒森严的行业，并成为这个行业突然而至、不可阻挡的领导者。

这个人就是北漂人程维，这家公司就是滴滴打车。

创立于 2012 年 6 月的滴滴打车，也叫小桔科技公司，总部位于北京海淀西三旗，通过移动互联网的技术和模式，将人与人、人与车的信息快速联结，公司从无到有，从小到大，成为中国移动互联网领域的先锋企业。

公司初创时，滴滴打车推出了一款免费打车软件，十几个人七八条枪，只做北京一个城市。但开拓北京的市场，谈何容易，像所有创业公司一样，在经历了让人难以忍受的痛苦和磨难之后，才有了今天这一点点辉煌和荣耀。

一开始，没有哪家出租车公司愿意和滴滴打车合作，员工都很沮丧和无奈。在不懈的坚持中，滴滴打车终于谈下来第一个名叫银山的出租公司，只有 200 余辆的出租车，这家公司老板破例允许他们在司机例会上演示滴滴打车软件产品，但只给了 15 分钟。

2012 年 9 月，滴滴打车上线，有 500 位司机安装了客户端，但是上线的人数只有 16 个。这 16 人，就像 16 颗种子一样，让他们从中看到了希望。让他们没有想到的是，滴滴打车上线仅才 18 个月，就用户过亿，迅速成长为估值 10 亿美元的黑马公司。

接下来的 40 亿天价补贴，让滴滴打车用钱干掉所有竞争对手。当然，这虽是打车的故事，但更是拼爹的游戏，没有干爹是玩不转的。腾

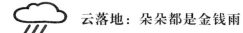

讯巨头的加入，让这场游戏充满了步步惊险和梦幻情节。

在天价补贴的背后，第一个幕后推手是微信。2014 年 1 月，滴滴打车接入微信支付后，计划做一次促销推广，找到腾讯要几百万的预算。大手笔的腾讯回答说：你们的预算太少。随后，一挥手给了滴滴打车几千万。补贴下去，效果惊人，滴滴的成交量暴涨，但其代价是一个礼拜烧掉了过亿的钞票。

一开始疯狂烧钱时，滴滴打车的手不停颤抖，他们初衷是抢市场，但后来发现越烧钱越有价值，补贴大战不是零和游戏，而是正和游戏：与其把钱花在电视台广告上，不如直接让用户体验产品，这是补贴大战积累的最深刻经验。

第二个背景点是红包登场。公司创始人程维最先想到打车发红包这个产品创意。把补贴变成一个产品，把红包变成一种社交激励方式，用社交的方式放大传播，使之成为最好的社交道具。为此，滴滴红包成为 2014 年最抢眼产品，产品具有极强的杀伤力。

打车红包第一招是拉新用户，用户分发到朋友圈能拉来新用户；第二招是请国内一线明星黄晓明、海清、佟大为等给用户发红包，利用明星效应推广产品，从明星粉丝那里拉用户；第三招是通过企业冠名方式给用户发红包，合作规模最大的是蒙牛，发了几千万元的红包，这成为滴滴的生财之道；第四招是在电视台发红包，吸引 1700 万用户参与，共送出 3 亿元红包。

如果说滴滴打车的软件是从 0 到 1，滴滴打车的天价补贴是从 1 到 10，那么滴滴打车走向云计算，走向 SAAS，走向云端，则是从 10 到 100 的级别了。这是滴滴打车走向未来的关键之役。

可以说，滴滴打车如此成功，其背后最大的功臣，就是云计算，而腾讯云是幕后英雄。在 2012 年成立时，滴滴打车只有两台服务器，最初这两台服务器基本可以解决所有问题；2014 年底开展了足以被载入商业史册的"补贴大战"之后，订单爆发式增长，原本预计订单增长 10％，结果却达到了 500％。

此时，滴滴打车的原有的技术架构根本无法支撑，系统出现了卡死、宕机等诸多问题，业务线的成功给公司技术线带来巨大压力。最后，滴滴打车的解决方案是，选择把所有业务迁移到腾讯云上。事实上也是，如果没有腾讯云的支持，滴滴打车的业务几乎无法正常运转。

滴滴打车成立初衷就是解决司机与乘客之间的信息不对称、打不到车与被拒载的问题。滴滴打车为打破这个信息壁垒和供需矛盾，先后推出了三个产品，代表了滴滴打车的不同发展阶段。

第一个产品是滴滴打车：2012 年滴滴打车刚成立时，流量很小，不需要架构，两台服务器就能解决所有问题。随着快速的发展，尤其是"补贴大战"期间，其订单量一周之内涨了 50 倍，靠传统采购机器来实现扩张，显然完全无法满足业务需要。通过分析比较，他们最终决定整体搬到腾讯云中。

第二个产品是滴滴专车：因为最初架构设计是为支撑一款产品，而今架构要同时支撑多款产品。产品之间，有相同也有不同。为此，滴滴打车特别成立了技术架构部，将通用型服务下沉到架构，避免重复造轮子，将个性化服务放到业务层，实现服务开发。

第三个产品是顺风车：前两次 IT 架构的调整，如在线支付、账号体系、计算、存储等，都是通用型服务，可以直接放到架构中。而这次架构重构，则是大数据的应用，想办法撮合乘客和司机，将订单发送给合适的司机，满足他们的需求，保证他们的体验，使其得到很顺畅的支撑和服务。

目前，滴滴打车大部分服务也都在腾讯云上，与腾讯云合作之后，又收购了优步中国。滴滴打车经过三年多的发展，攻下了 360 个城市，用户达到 1.5 亿，月活跃用户增长了 600 多倍，打车成功率高于 90%，市场占有份额达到 68.1%，稳居市场第一把交椅，其估值达到 150 亿美元。

更重要的是，滴滴打车的出现，改变了传统的路边拦车的打车方式，利用移动互联网的特点，将线上与线下相融合，从打车初始阶段到下车使用线上支付车费，从而建立了大移动互联网时代引领下的用户现代化出行方式。

这就是滴滴打车让传统企业难以望其项背的云资产。

外星人讨论：滴滴的"零度存活"、"从 0 到 1"和"云的罗生门"

原子人、比特人和数据人来到了位于北京上地的滴滴打车公司总部。毗邻圆明园的上地，顾名思义，就是一个上升之地的意思。事实上它也真的给滴滴打车带来了好运，让它迅速蹿红，身价暴涨。他们三个人在此进行了为期三天的考察，并对滴滴打车案例做了广泛而深入的调研和探讨。

数据人："滴滴打车用两年时间从无到有，从小到大，从大到强，不仅成为了传统行业里的一匹黑马，而且在移动互联网领域也是一个财富神话。通过天价补贴大战，把一个创业公司拉到了 100 亿市值的规模。这是一个激荡人心的商业案例，但也是一部血雨腥风的好莱坞大片，实在难得。现在我们来讨论一下这个案例，看看大家从中获得什么启迪。"

原子人："滴滴打车一路走过来，就像一部充满血腥与梦幻的好莱坞大片。创业初期，滴滴打车与摇摇招车、快的、大黄蜂之间的厮杀，随后腾讯、阿里两家巨头介入战争。让人看不懂的是，当大黄蜂被快的收购、摇摇招车黯然退出时，滴滴与快的这对宿敌却突然联手，一笑泯恩仇，披甲上阵，又与外来独角兽 Uber 大开杀戒，一决雌雄。为此，我今天的话题，谈谈滴滴打车的'零度存活'。"

比特人："这还真有点惊心动魄的味道！"

原子人："当时在那个出租车行业，大约有十多家公司在做打车软件，如摇摇招车、打车小秘、微打车、易打车等，都是圈里有名的，但为什么一轮搏杀下来，只有滴滴打车活了下来，并且做大了，而其他公司则消失了呢？"

比特人："这就是'零度存活'了。"

原子人："对。人类的生存法则是，只有活下来，才有希望。并且要尽可能加大自己的存活极限。滴滴打车活下来，就把这个存活极限拉到了最大的限度。"

比特人："那它是怎么做到的呢?"

原子人："最初,为了发展司机,滴滴打车走的是签约出租车公司路线,结果拼尽全力,直到他们找到第189家、快要放弃的时候,才签下一家小出租车公司。"

比特人："这就是耐力。"

原子人："对。这本当是一件值得高兴的事情,值得去喝一杯的事情,但创始人程维突然发现,这条路走错了,不应该去签出租公司,而应该直接去签出租车司机。"

比特人："为什么?"

原子人："很简单,当你势单力薄、名不见经传,吃不下一个出租车公,难道不可以化整为零,去搞定一个个出租车司机吗?"

比特人："有道理。"

原子人："当时的打车软件,要求身份证、服务监督卡原件才能办理业务,但滴滴打车只需要司机输入真实姓名、出租车公司、服务监督卡号和车牌号码,就可以通过验证上岗。"

比特人："灵活应变。"

原子人："事实上,签出租车司机也不容易。比如花钱雇人去打车呀,守在厕所外面发传单呀,与同行抢摊点呀,与找麻烦的城管软磨硬泡呀,对闹事的司机百般迁就呀,才把第一批出租车司机签下来。"

比特人："还要野路子。"

原子人："太对了。所以,滴滴打车的零度存活,关键的法则是,不仅不能死守那些不合理的、僵化的东西,不仅要有快速纠错的能力,还要有厚脸皮,不怕别人看不起,不把自己当人看,只有这样,才能挺过去,才能活下来。"

说到这里,比特人与数据人发出了喝彩声。

比特人："原子人说得太妙了!这个变革的时代,僵化的东西太多了,面子的事情也太累了,蔑视这些,抛弃这些,就是活下去的通行证。所以,我今天的话题,就说说滴滴打车的'从0到1'的事情。"

原子人："'从 0 到 1'？"

比特人："对。世界上最难的事情，就是从 0 到 1，从无到有。滴滴打车有如一个魔法，通过天价补贴，1 年时间烧了 40 多个亿，便把一个小公司拉到 100 亿美元市值的大公司，这确实是互联网时代的一个财富神话！"

原子人："但这是一个拼爹游戏，没有干爹玩不转。"

比特人："这话对，也不对。因为没有背后推手，没有腾讯和阿里两大巨头的加入，这场天价补贴战火肯定烧不起来。但这两大脑子也是天下第一的互联网巨头为什么愿意去参加这场烧钱大战？"

原子人："此中必有蹊跷。"

比特人："所以，在 40 亿元的天价补贴背后，有一部互联网创业的《九阴真经》，需要我们好好去参悟。因为打好一场战争，阴谋和阳谋都得用上。"

原子人："阳谋怎么讲？"

比特人："阳谋很简单，滴滴打车遵循了移动互联网时代的最大规律，就是少做广告，把钱直接用到用户身上，让用户得到到最美妙的体验，这就是移动互联网时代的硬道理，也是最有价值的做法。"

原子人："阴谋怎么讲？"

比特人："为什么一个创业公司能与两个互联网巨头公司一拍即合？道理也很简单，滴滴打车要把事业做大，需要找有钱的干爹，而两个巨头公司，也不是傻子，他认的这个干儿子，花他们的钱，是要创造价值的。"

原子人："是需求让他们走到了一起。"

比特人："对。当时，无论是阿里巴巴的支付宝，还是腾讯的微信支付，一直缺乏一个很火爆的应用场景，让它们能够产生非常高频的点击率。滴滴打车，刚好踩到了它们的痛点。"

原子人："所以一拍即合。"

比特人："太对了。这样一来，这场天价补贴的背后，实际上是两个互联网巨头的战争，他们的目的，都是要培养用户手机支付习惯，从而为用户手机支付燃起烽火，跑马圈地，开拓疆界，把移动互联的价值做到最大化。"

说到这里，原子人与数据人响起了掌声。

数据人："你们说得太透彻了！从原子人的'零度生存'到比特人的'从 0 到 1'，从打车行业两个仇家抛弃前嫌到两个互联网巨头加入烧钱大仗，这说明了互联网的商业模式，不是先索取，而是先分享，不是先做利益，而是先做价值。所以，我今天的话题，谈谈滴滴打车的'云的罗生门'。"

原子人：""'云的罗生门'？"

数据人："对。如果说他们'零度存活'是从死到生，补贴大战是'从 0 到 1'，那么让他们'从 1 到 N'，从小到大，又成了一个独角兽的东西，就只有'云的罗生门'了。"

比特人："云端大迁徙吗？"

数据人："太对了。从滴滴发展来看，云计算不仅是他们过去的生死之门，也是他们未来的巅峰之路。在这场补贴大战中，当时滴滴打车预估订单量会上涨 10%，结果却出乎意料地增长了 500%，平安夜打车人数竟然超过了 3000 万人，乘客叫车的话还没说完，单就已经没了，经常都抢不到单了。"

原子人："这是大好事啊！"

数据人："但对滴滴打车来说，这又是一场生死考验。因为业务量的暴涨，几乎让公司的后台崩溃了。为此，他们当机立断，把滴滴打车所有业务迁移至腾讯云上。"

比特人："腾讯云成了滴滴打车的幕后英雄？"

数据人说："对。他们通过微信推手、红包登场、天价补贴和大数据，打了一场漂亮的歼灭战，干掉了很多对手。从第一局看，来自互联网的革新者赢了，出租车市场份额已经基本被滴滴打车占据，三分天下有其二。"

原子人："从此，一统江山，格局已定。"

数据人："那也未必。"

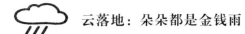

原子人："为什么？"

数据人："因为风起于青萍之末。当滴滴打车与快的化干戈为玉帛结秦晋之好，似乎可以稳坐江山时，被称为'野蛮人'的外来玩家 Uber 又进入中国了。更有戏份的是，另一个互联网巨头入股了 Uber，由此看来，又一场恶战开始了，无所不能的云又成为了这场较量的真正主角！"

至此，原子人与比特人又是击掌而呼，大叫精彩。

◎云版案例 22："俺来也的"筋斗云"

一个以西游记为版本的小公司，当它遇上互联网时在瞬息之间火了。互联网的新技术、新理念，将给传统创业者带来意想不到的变化。最初靠在电线杆上贴小广告进行产品推广的那些创业公司，如今已经在移动互联时代实现升级换代，导流方式不仅高大上，而且出神入化。

俺来也就是这样一个在移动互联网时代出彩的新兴公司。

创立于 2014 年底的俺来也，总部位于上海，是一个学生商品服务的 SaaS 化众包平台，从学生 O2O 服务需求切入，利用 LBS 位置服务和 App 覆盖，为学生们提供全方位服务。眼下，已完成全国近 10 座核心城市布局，有 36 家高校实体门店，单日订单量突破 50000 单，兼职学生超过 8500 人，至今被估值为 5 亿，已经成为国内大学校园服务的领先者。

公司创始人孙绍瑞，大庆人，毕业于华东理工大学，他虽然是一个脸带稚气的 80 后，但在创业上却是一个老江湖了。2003 年，从大一开始就与四位学长一起创立了一个网站，叫"君惠网"，是一个消费打折网，同时面向学生销售统一的打折卡。但这个项目做得不是太成功，所以一年半以后卖给了法国的雅高利。

2005 年，他与华东理工大学的同学在学校旁边租了一个小办公室，创办了梵谋传媒。他希望借此打造一个高校最有效率的传媒机构。十年后，他实现了这个梦想，在 30 所城市、800 所大学都有校园户外广告，成为了全国最大的校园传媒集团。

到了 2014 年，正是移动互联网大行其道的元年，凭着多年来一路创业的直觉，他觉得机会来了。这十几年来，他一直都是在校园里面给品牌企业做推广，相当于躺在金山旁边帮别人挖金子。移动互联网的出现，让他发现了一个新的机会。

他知道，以往所有的在校大学生，都是去超市排队买东西，但是现在的大学生都很宅，不爱出门了。而且，这些学生买到的东西，已经过了品牌商、经销商、批发市场、小店四道坎，层层加利，到了学生手上，起码贵了一半以上。

移动互联网的到来，让他觉得可以干掉这些中间商。于是，2014 年底，他创立了"俺来也"，以云计算的技术和西游记的场景，建立了一个"全新的校园超市"，主打就是"超市商品啥都有"，以"全校最低价"及"29 分钟＋免运费"送到学生的手里。

在这个商业模式中，最有创意的应该是由学生快递免费送的"筋斗云"。当时，创业不到几个月，俺来也在全国每天订单有 2～3 万单了，但没有一个全职快递员，全部都是学生帮助学生配送的兼职快递员。

其操作过程是，学生在线上点击下单后，由学校内的兼职快递叫"筋斗云"组织去抢单，抢单后到俺来也线下的仓库去提货，29 分钟内送到。如今，在全国 100 个大学有 100 个分仓，作为线下的连接点。然后在获取用户之后，线上的平台就可以作为线上线下生活的一个连接点，通过"筋斗云"，完成一个消费过程。

"筋斗云"里的学生之所以自愿要做这个差事，这是因为兼职的每个人在帮忙送货后都会接受买家点评，点评是按蟠桃数点评，然后，俺来也会按综合每单的蟠桃数，给兼职的学生 1.6～3 元的收益。这是一个杀手锏，做到这个之后，线下超市的生意几乎没有了。

更有趣的是，俺来也给参与的学生以美好的娱乐感。在俺来也的团队里，每个人都有西游记系列的花名，大家会在团队内把孙悟空、猪八戒这些花名套在团队成员身上，这样既方便记忆，又能增加团队内的娱

乐性。

当然，筋斗云组织并不是一个穷学生帮助富学生的跑腿游戏。俺来也给筋斗云的人定了几个标签，叫做"自己赚钱不靠妈，服务同学笑哈哈，创业起步你我他"。所以加入筋斗云的人不只是来赚兼职费，他是来服务大家的，甚至可以把这个当做大学生创业的起点。

结果，奇迹出现了。俺来也在成立不到 2 个月时，已拿到 Pre-A 轮融资 2630 万元，随后用了 75 天，落地全国 12 个城市 130 所高校，线上粉丝超过 30 万人，日订单量超过 5 万。接着，俺来也杀入蓝海，接入阿里芝麻信用，与麦子金服达成 3 年 100 亿元授信额度的战略合作，一个新型的校园消费生态链就这样形成了。

但俺来也并不满足于此。校园是时尚秀场，往往一股风潮来得快也去得快。对于校园内的创业者来说，除了创业激情之外，他们必须找到一种云应用方式，创造一种稳定的校园商业生态链，以维系公司可持续发展，让公司更好地活下去。

在俺来也的创新中，最大的创新就是云应用的创新。基于数千万大学生消费及服务的大数据分析，从学生日常生活服务需求切入，利用 LBS 软件所提供的位置服务，推出了一款十分有趣实用、专注于大学校园服务的 App 手机软件，快速覆盖，为学生们提供全方位服务。

从商业模式来看，它是一个 SaaS 化的众包平台，其结构是"互联云＋实体店＋最后 1 米众包配送"。他们在每个学校所在的商圈开设实体店，消费者在平台下单，店员送货上门，或由兼职快递员到店取货后送货上门，能够非常巧妙地转化部分快递用户到自有平台消费，从而让它具有很强大的爆发力。

实际上，这也是一个移动互联网重度垂直的模式，看起来很重，但其实很轻。在移动互联网时代，把一部分业务交给用户，一切将会不同。如果是专职快递员，成本很高，就会很重，但俺来也的"筋斗云"，让这个模式轻飘起来。由于俺来也没有很多重资产，他们起到的作用其实就是连接、平台，结果，成了一个估值很高的公司。

这些看不见的估值，就是他们的云资产。

外星人讨论：俺来也的"职业娱乐化"、"懒人经济"和"资产云端化"

原子人、比特人与数据人来到了俺来也位于上海徐汇区的公司总部，一下子被他们以《西游记》为背景的场景化设计所吸引和感染，心情大悦。他们在此做了为期四天的考察和访问，并走访了一些校园，对俺来也案例进行了广泛的研究、分析和讨论。

数据人："2014 年是 O2O 领域创业风起云涌的一年，校园 O2O 市场更是兵家必争之地。俺来也创立不到 3 个月，就成功拿到了 2630 万元的风投，覆盖了全国 10 座城市 100 多所高校，一年之后被估值为 5 个亿，实属一朵奇葩。大家跑了几天，一定感受不浅，现在讨论一下这个案例，看看从中获得了什么启发。"

原子人："当大家熟悉的一代传奇人人网谢幕之后，校园社交开始迈入了一个死胡同，但校园万亿 O2O 市场这个大蛋糕，太诱惑人了，谁来破局？恰好在这个时刻，俺来也出现了，创新了，并成了一个成功的案例。但在我看来，最抢眼的是'职业娱乐化'。"

比特人："'职业娱乐化'？"

原子人："对。他们公司的接待室叫'女儿国'，会议室叫'水帘洞'，老总的办公室叫'花果山'，办公区是'无疆界'的，把所有来到这里的人都拉到了西游记的古典场景之中。"

比特人："太耳目一新。"

原子人："还有更绝的，公司创始人孙绍瑞叫'老孙'，他的几个合伙人，叫做'唐僧'、'八戒'、'沙僧'、'哪吒'，配送员叫'筋斗云'，学生宿舍楼叫'土地庙'，楼长叫'土地公'，实体店叫'罗汉'，连公司名'俺来也'也是来自西游记里的一句话，即孙悟空的一句口头禅：俺老孙来也！"

比特人："太有趣了！"

原子人："他们在激励制度上也是别开生面的。公司对做得好的

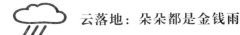

'筋斗云'，晋升为'土地公'，对做得好的'土地公'晋升为'罗汉'。'筋斗云'是免费送货的，'土地公'可以开'月光宝盒店'，在宿舍囤积商品，以便随时配送，而'罗汉'则是校区实体门店的见习店长。尤其是'筋斗云'，它的出现具有颠覆意义。因为它是由学生兼职做的，而且是免费送的，结果它使全职快递员这个职业消失了。"

此时，比特人与数据人发出了喝彩声。

比特人："原子人说得太好了！俺来也的'职业娱乐化'，太有创意了。它把人们最熟悉的《西游记》人物、场景、口头禅加入其中，并大肆渲染，让它达最大的娱乐化的效果，去完成俺来也的商业目的。所以，我今天的话题，则要说说当今时代的'懒人经济'。"

原子人："懒人经济？"

比特人："对。在我看来，俺来也抓住了校园市场的痛点。这个痛点，就是懒人经济。现在校园的宅男、宅女特别多，而且特别'宅懒'。他们的口号是：没有最懒，只有更懒。这个发现，让俺来也从中找到了商机。"

原子人："这是时代的悲哀吗？"

比特人："不。这是时代的进步！人类的进化，就是因为懒人的发明。因为人懒得走路，而有了汽车；因为人懒得洗衣，而有了洗衣机；因为人懒得带钱，而有了信用卡；因为人懒得寄信，而有了E-mail，总之，懒人推动了科技进步，懒人创造了市场商机，懒人带来了生活乐趣。"

原子人："按你的说法，懒人也成了时代的宠儿？"

比特人："也可这么说吧。拿俺来也说，他们做的懒人经济，又催生出跑腿经济，那个'筋斗云'，就让一部分学生有了赚钱的机会，有了体验创业的机会，这是一件大好事。"

原子人："那是穷学生为富学生跑腿，并不平等。"

比特人："话不能这么说。因为有了懒人，就有了跑腿的人，他们之间的关系，是一种经济交往的关系，是一种服务与被服务的关系，并不是像你所说的是主人与奴仆的关系。"

原子人："这么说来，是懒人解放了人类？"

比特人："对。信息时代推动了懒人时代的诞生，互联网则把懒人经济发挥到了极致，而俺来也这伙人把懒人经济做到了炉火纯青。所以对于懒人来说，他们要用'懒'的方式去换取他们认为更有意义的东西。用他们的话来说：我不是懒，而是在享受生活！我不懒，而是要做更有价值的事情！"

此时，原子人与数据人响起了掌声。

数据人："你们说得太精彩了！从原子人的'职业娱乐化'到比特人的'懒人经济'，这说明社会的进步，不仅让一切都变得越来越简单，分工越来越细化，职业越来越有趣味性，而且拥有财富也有了不同的方式。所以，我今天的话题，就来谈谈'资产云端化'。"

原子人："就是云资产吗？"

数据人："对。我也一直在想，俺也来为什么在这个竞争如此激烈的万亿校园市场能够脱颖而出，站稳阵脚，一定有它的不寻常之处。他们上线不到3个月，估值就达到2亿，一年之后，估值超过5亿。其根本原因在于，他们做的是价值，不是利益，是云端资产，而不是传统资产。"

原子人："唔，有道理。"

数据人："传统资产是实体资产，在账面上可以体现出来，而云资产是企业在云端建立的资产，在财务报表上是体现不出的。前者是看得见的，后者是看不见的。"

比特人："看不见的，就是云。"

数据人："太对了。对于俺来也来说，总体上，它是一家以《西游记》精神为核心价值的创业公司，但从技术层面讲，他们的创新，比其他任何一家企业在内涵上都深邃，并且更有云的价值。"

原子人："为什么？"

数据人："他们虽然也是一家O2O校园公司，但O2O也是有进化的，他们最有远见、也是最有价值的一步，把传统意义上的O2O向云端SaaS化过度。"

原子人："你能说得具体一点吗？"

数据人："好的。从模式上说，他们不仅是一个'云端信息链＋物流链＋供应链＋服务链'的高校全方位服务体系，而且还是一个'俺来买＋俺来帮＋俺来卖＋俺有才'的大学生生态文化社区体系，从而形成了一个'云端与地面、线上与线下、交易与社交'的全业务延伸大体系。"

比特人："你是说，他们不仅仅是一个单纯的 O2O 关系，线上线下的关系，还有一个从交易走向社交的关系？"

数据人："太对了！从本质上说，俺来也是一个'分享经济'的云平台，但他们的做法，却带来了另一种更新的价值，那就是改变校园中人与人之间的关系，从而创造出一种崭新的社群效应。"

比特人："你是说他们玩出了一个新的校园社群。"

数据人："对。俺来也不单从云端功能层面改善供需关系，而且还通过线上线下营造的欢乐气氛，让买卖双方在每一个交易过程中，形成一次社交事件，从而创造出企业新的核心价值。这就是你说的资产云端化。它在账面上体现不出来，在财务报表上也看不见，但这是未来企业最重要、也是最核心的资产！"

至此，原子人与比特人又是击掌而呼，大声赞叹。

第八章

从"云水系统"重建企业新的财富生产方式

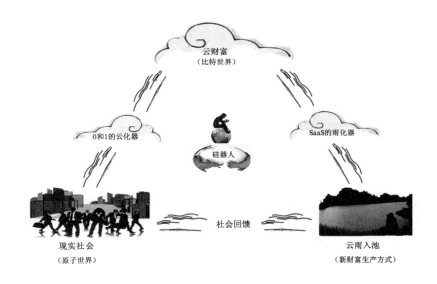

从"云水系统"重建企业新的财富生产方式

　　云落地操作技巧指南：在这个云时代，社会的意义不是生产者赋予的，而是消费者即产品的接受者赋予的。所以，中小企业必须通过"新的财富价值观"、"财富结点的传递能力"、"倒置经济体系"、"黑客式增长模式"来重建一种新的云财富生产方式，使人类因为意义而获得更高的价值。

　　　　　　　　　　　　　　　　　　　　　——陈贝帝原创观点

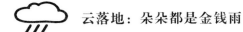

从历史长河来看，对财富的追逐是推动人类生存发展的原始动力，与"云水系统"推动地球万物生存发展的原始动力是一个道理。当天空的太阳把能量传递给地球时，也就把海洋里的水变成了云，然后以对流方式输送到地球上不同的地方，从而完成一次新的云水循环。

人们已经有了很多获得财富的方法，但对财富本质的认识仍然是云里雾里的。因为财富形态不是静止的，而是动态的，不断进化的。直到今天，在经历了农业革命、工业革命和信息革命之后，人们才基本看清了财富的全貌：原来人们追求财富的方式大都是舍本求末，只是停留在财富的本体上，而忽视了财富的根源即信息。

人类的财富是不断进化的，从物质到能量再到信息，就是它的进化轨迹。在生产力低下的原始社会和农业社会，人们对财富的认识，只停留在诸如果子、野兽、土地等物质上；到了工业社会，则上升为机器、厂房、资本及启动它们的热能、电能、核能等能量上；只有到了知识社会，人们才认识到财富的本源，那就对信息的获取方式和占有程度。

在以往的时代，人们对财富的竞争，本质上是一种彼此掠夺。因为人类所处的自然界中，食物资源是有限的，而人的欲望则是无限的，所以，当每个人都想获得更多的财富时，只能遵循残酷的丛林法则，弱肉强食，适者生存，不适者淘汰。

人类财富工具的不断进化，使人相对于自然的关系，从奴仆上升到了主宰者，并由此产生了无法遏制的贪欲和野心，不仅财富集中到少数人的手中，而且人类的生存环境受到了极大危胁。于是，人们在彷徨中，开始寻找新的出路。正在这个时候，一个改变人类的新财富工具出现了。

这就是云计算。云计算本质上是要把物理的东西变成虚化的东西，把有形的物质变成无形的应用。所以，它不是一种技术，而是一种方法论。它通过一种更有效的组织形式，让这个社会产生平衡效应，把有限的资源变成无限的应用。

由此，云计算为人类的财富生产带来了新的活力。它来到这个世界上，真正的使命就是为人类重建一个虚拟世界，并为这次重建提供一个有效的方法论，从而解决人类各自为政、莫衷一是的问题，解决物理世界所面临的各类危机问题，更好地为虚拟世界和物理世界设计连接方法，为虚拟世界和物理世界建立关联。

云计算的出现，给中小企业带来一个千载难逢的机会。因为云计算颠覆了工业时代的商业模式，让中小企业与大型企业获得同样的资源、站在同一起跑线上，去共同参与这个信息时代的财富分配，并有机会和能力去重建一种新的"财富生产方式"。

这种新的"财富生产方式"，有以下几个经验值得借鉴和探索：

第一，一定要明白财富生产即信息交换的本质。

人类追求财富的本质，实际上就是三大基本元素的交换：即物质、能量和信息的交换。原始社会和农业社会重在物质交换，工业社会重在能量交换，而网络社会则重在信息交换，信息成了财富的第一要素和主宰者。因此，拥有这样的价值观很重要。

过去，人们存储和处理信息的工具是人脑，控制信息的能力有限，获得财富的能力也有限。但计算机和云计算的出现，极大地增强了人们控制信息的能力，也大大地提高了人们获取财富的能力。

在这个云时代，过去人们引以为傲的那些传统稀缺资源，如土地、机器、资本，不再控制人的智慧，反过来，人类的智慧可以引导和驾驭土地、机器、资本的运动和流动，以及高效率地利用和放大它们。

这就是云计算的威力所在。它最大的一个贡献，就是打破信息的不对称，让人们在虚拟世界获得信息的方式，具有同等的地位、权利和机会，从而让人们在财富的博弈中，可以展开公平、公正的竞争，平抑了信息寻租的不良势力。

第二，掌握财富流动的"熵规则"，提升财富结点的传递活力。

根据"熵"的能量原理，无论哪个时代的财富，它总是流向能耗低的结点。按照这个规则，掌握云技术工具的结点更加容易吸纳财富，所以财富的争夺也转换到劳动工具的竞争上。

到了云时代，人们获取财富的方式也发生了重大改变，那就是社会财富快速地聚集在掌握科技工具的结点上，使相邻结点之间的财富出现

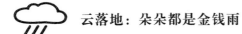

了愈来愈大的差距，使得大量的结点失去了创造财富的活力。

在这个世界上，任何财富结点都不是孤立存在的。当结点的连接通道全部失去后，该结点就会消失——这一点是非常残酷无情的。这个时候，对于中小企业来说，一定要占据一个前沿的结点位置，并与其他财富结点相连接，让企业具有多级传递财富能量的能力。

第三，重构一个以客户为中心的"倒置经济体系"。

这里所说的倒置体系，就是颠倒传统的价值生成的方向。原来是生产者到消费者，现在是消费者到生产者。这是从上到下，变为自下而上的第一重含义。这样做的目的，就是希望通过帮助人们建立关系，重塑信息的传播和消费方式，让消费者也参与财富生产和分配。

通俗一些来说，在以社交信息为代表的 SNS 和搜索引擎这种倒置的经济结构中，新的价值生成，不是从生产者到消费者，而是反过来，从消费者到生产者。消费者是以一种财富生产者和分配者身份出现的，并具有一定的主导权。

这是因为消费者在 SNS 和搜索引擎上暴露了消费意向、嗜好、购买力等信息，并进入交换的程序，才产生了消费价值和意义。所以，这是消费者的一种主动生产的行为和过程。

如果深究一下，这也是消费者的一种数据生产过程。由于大数据对消费者信息进行了加工增值处理，这就相当于对消费进行资本化处理，使消费者主权像资本一样能够获得同样的剩余待遇。

第四，建立一个新的"黑客式增长模式"。

马克·扎克伯格在他的公开信中说："作为我们构建一家强大公司计划的一部分，我们努力将 Facebook 变成用户的最佳平台，用以对世界产生重大影响，从其他用户那里学习。我们已经创建了独一无二的文化和管理方式——我们称之为'黑客增长方式'。"

在硅谷，无论是一些价值数千亿美元的巨头公司，还是一些新兴的创业公司，它们都能够以很少的成本吸引到数亿新用户，迅速扩张企业的客户规模，快速实现企业的营销战略，他们之所以能够做到，其秘诀就在于"黑客式增长"。

"黑客式增长"已经在硅谷开创了一片新天地,它从根本上改变了企业的营销方式。他们改变的不只是财富生产方式,还有企业未来的增长方式。他们也会关注"如何为产品吸引用户"这样的传统问题,但他们更多是通过 A/B 测试、着陆页、病毒因素、电子邮件和开放图谱去改善和提升这些问题。

所有突飞猛进的硅谷公司几乎都在使用"黑客式增长"。可以这么说,如果哪一家公司突然之间新增了数百万用户,那么多半是"黑客式增长"的功劳。Facebook 多年以来一直没有组建营销团队,而是把资源投入到"增长团队"中。这个团队的任务就是推动公司增长,帮助企业向正确的方向成长,而不是增加认知度或加强品牌形象。

所以,中小企业重构这样一种"云财富体系",这是时代的要求和使命。工业社会的价值结构,是从价值到意义,人们先围绕手段进行生产,然后再用目的对手段纠错;信息社会的价值结构,是从意义到价值,通过 SNS 和搜索引擎定位意义所在,然后再根据意义去做有价值的事情。

在这个云时代,社会的意义不是生产者赋予的,而是通过消费者即产品的接受者赋予的。这种新的财富生产方式,就是要生产者与消费者之间产生循环,实现价值与意义的统一,手段与目的的统一。

正是这个倒置关系,使得企业因为意义而获得更高的价值。

◎云版案例 23:Facebook 的"社交云"

在美国有一个大男孩,他把哈佛集体宿舍变成了一家惊天动地的公司,他 27 岁没有拿到大学文凭,却创办和掌管了全世界最大的社交网站,以致媒体这样评价他:"我无法在世界历史上找到一个先例,这么年轻的人却拥有这么大的影响力,等一等,只有一个人,那就是亚历山大大帝。"

这个人，就是扎克伯格，这个公司，就是 Facebook。互联网和云计算发展到今天，已有人开始作出一个预测：如果哪一天没有谷歌，人们几乎不可能在网上找到东西。但是如果有一天我们没有了 Facebook，网络几乎就无法使用了。因为这个 Facebook，地球人的生活已彻底被它改变了。

　　创立于 2004 年 2 月 4 日的 Facebook，是美国的一个社交网络服务网站，总部位于门罗帕克。美国人平均每天要在 Facebook 上待 40 分钟，也就是说人们在移动设备上所花的时间有五分之一是在 Facebook 上度过的。Facebook 拥有约 22 亿用户，大概相当于世界人口总数的三分之一，从而被人们比喻为"在世界范围内给人们签发护照"的公司，让人们在云世界拥有了一种全球公民身份。

　　创始人扎克伯格还在读哈佛二年级的时候，便与两位室友创办了一个为哈佛同学提供互相联系平台的网站，命名为 Facebook。它是一个在线目录，将校内社交圈的人们联系到一起。你可以在 Facebook 上：搜寻自己学院的同学，找到自己班级的同学，查找自己朋友的友人，勾画出自己的社交圈子。

　　意想不到的是，Facebook 开始了井喷式增长。网站开通后第四天，注册的学生已达到 650 人左右。第一周结束时，约有一半的哈佛本科生已经在 Facebook 注册了。两个月之后，注册本科生已有总数的四分之三。一时间，Facebook 成为哈佛校园食堂和课间的热点话题，大家都爱不释手。

　　2006 年 3 月，Facebook 拒绝了一个 7.5 亿美金的收购条件，后来收购价码甚至达到 20 亿美金。但在 6 年之后，也就是 2012 年 5 月 18 日，它在纳斯达克上市，IPO 定价为 38 美元，发售 4.2 亿股，融资规模达到 160 亿美元，估值 1040 亿美元；又过两年，也就是 2014 年，它的市值突破了 2000 亿美元，成为世界上最大的互联网公司之一。

　　Facebook 的成功，一方面是基于对人的社交关系的深刻理解，另一方面是在关键时刻的云转型。这两者，一个是人性的释放，一个是工具的应用，扎克伯格利用云应用工具把人性发挥得淋漓尽致，无比生动。

前者体现在以 SNS 为核心的社交网站上。SNS 可以说是迄今最典型的 Web2.0 互联网应用了。在 Facebook 之前，没有一家互联网公司如此深入细致地去分析人和人之间复杂而微妙的现实关系，并让原本很难把握的这种社会图景，变得可分析、可计量、可把控、可管理，并产生最宏大的聚集效应。

创始人扎克伯格认为，Facebook 最接近 SNS 的本义。SNS 真正革命性的意义，是彼此的分享，因为在 Facebook 服务网路上，只要是参与者，每个人在 Facebook 上的表达为对另一个人的分享。因分享而产生交换，从专用变为共享，从闲置变为活用，直至把传统的产权关系颠倒过来，甚至撼动传统社会的所有权根基。也就是说，分享才是 SNS 的灵魂。

后者体现在云计算的转型上，甚至改弦更张。扎克伯格从来就不是个墨守成规的人，但他所创立的企业，在有了该领域的领导地位和更具潜力的资质之后，Facebook 的口号已从"速行、打破常规"变成了"速行、稳定架构"。

这个观点，差点给了他致命的打击。正是这种故步自封，无法满足移动网络的需要，仅成立 6 年 Facebook 就错过了科技发展的一次重大变革。痛定思痛，扎克伯格决定把 Facebook 改造成一家移动公司，为此，他毅然推出 Facebook Home，这是一个开始，但是他的全部赌注。

Facebook Home 有三个组成部分：光鲜的 cover feed，用户可以通过它滚动查看来自主画面的 newsfeed、评论以及"喜好"；灵活的 Chatheads，通过这个功能用户不需要离开正在使用的应用程序就可以阅读和回复信息；重拾江山的 app launcher，是为更好地发布照片。从某意义上说，Home 不仅仅是一款新发布的产品，它拉开了 Facebook 统治移动网络的序幕。

2010 年，天才的扎克伯格也犯了一个大错，他没有为苹果、安卓、黑莓、诺基亚，当然还有微软的设备单独开发 app，而是让手下的工程师制作一个可以在所有智能手机上进行操作的 Facebook 应用程序。当时，他认为由于不同的操作系统为了控制移动设备而你争我夺，早晚有一天独立的 app 将不复存在，人们将用手机浏览网页，就像现在使用个人电脑一样。

他错了，但他没有掩饰。谷歌的安卓和苹果的 iOS 很快统治了移动操作系统，而 Facebook 的应用程序是以网页为基础上开发的，因此在安卓和苹果设备上都运行不畅，不但有很多问题，而且速度慢，有时整个系统还会崩溃。扎克伯格说："这也许是我们犯下的最大的一个错误。"

Facebook 的再次革新，从更大的视野，生产自己的硬件设备或者开发自己的操作系统，又或者兼而有之。但幸运的是，扎克伯格正在带领 Facebook 再造辉煌，而且他也能够担此重任，化险为夷。

但扎克伯格更想做的，是重塑人类的价值架构和体系：希望通过帮助人们建立关系，重塑信息的传播和消费方式。他认为，世界信息基础架构应当与社交图谱类似，它是一个自下而上的对等网络，而不是目前这种自上而下的单体结构。

他要建立一个以客户为中心的倒置经济体系：通过帮助人们建立关系，重塑信息的传播和消费方式。重塑就是倒置，所谓倒置，就是颠倒价值生成的方向，原来是生产者到消费者，现在是消费者到生产者。这是从上到下，变为自下而上的颠覆意义。

2014 年，对于 Facebook 来说也是一个值得纪念的年份。因为从 2004 年 2 月 4 日 Facebook 产品上线到现在，Facebook 刚好走过 10 个年头。10 年前，Facebook 创始人扎克伯格才 19 岁，是哈佛大学的一名学生。转眼间 10 年后，Facebook 已经成长为全球最大的社交网络，月活跃用户达到 22 亿，市值约 2000 亿美元，从一家创业公司成长为互联网巨头。

付出终于有了回报，Facebook 终于成了世界上最大的一朵"社交云"。

外星人讨论：脸谱的"钱而下云而上"、"黑客式增长"和"云端总统"

原子人、比特人和数据人来到了美国加州的门罗帕克。这是一个风景如画的地方，也是脸谱即 Facebook 总部。它位于硅谷的核心地带，但周围很开阔，感觉像在乡下一样。由于树木茂密，很多海鸟、野鸭和松鼠在此栖息，草坪上经常可见觅食的野鸭。不过，有一幢大楼一侧有个巨型标志，上面赫然写着"黑客公司"。并且，环绕这个公司园区所有建筑的道路，就叫黑客路。原子人、比特人与数据人在此进行了为期 1 周的考察，并对脸谱案例做了深入的探讨和剖析。

数据人："我先说吧。脸谱从美国哈佛大学学生社群网站跃升成全球性的社群网站，只花了 11 年间，全球已有注册用户 22 亿，其中 14.9 亿是活跃用户。也就是说，由公司创始人扎克伯格签证，全世界有三分之一的人口来到他的黑客广场，并让他们拥有了一种全球公民身份的感觉。脸谱也因此成了世界上一朵最大的社交云。所以，今天讨论脸谱案例，看看它有什么值得我们借鉴，去学习，去发扬光大。"

原子人："脸谱创始人扎克伯格，当他还是一个高中毕业穷学生的时候，有一家大公司看中他编程序写代码的才华，给他 95 万美元，这个数目，放到地球任何地方，都是很诱人的，而他却连想都不想一下，就给直接拒绝了。后来，他创立了 Facebook，他也不将金钱作为他最终追求的目标。为此，我今天的话题，就谈谈扎克伯格的'钱而下云而上'。"

比特人："钱而下云而上'？"

原子人："对。也就是说，他一直在追求高于金钱的东西。他从 2013 年开始，公司高管拿百万、千万年薪的时候，他却只在公司拿 1 美元的年薪。"

比特人："他为什么要这样做？"

原子人："公司发展到这个时候，他效仿了硅谷一些亿万富豪的做法，参加了'1 美元俱乐部'。比如谷歌创始人三巨头拉里佩奇、施密特和布林，苹果前 CEO 乔布斯，甲骨文 CEO 埃里森，都是这个富人独

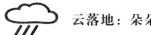

角兽俱乐部的成员。"

比特人："他们这样做，真实目的是什么？"

原子人："做一些'云而上'的事情。"

比特人："不是噱头吧？"

原子人："当然不是。这是为了信仰。"

比特人："什么信仰？"

原子人："对公司股票的信仰。你看看，那些大公司走向巅峰时的CEO，他们都不拿工资，只领 1 美元象征性的薪水，那么他们的收入来源只能靠股票了。为此，他们只有把股票价值做上去，才能让自己的财富跟上去。把公司做好，这是他们唯一的出路！所以，他们给外界展示的，1 美元就是一种信仰。"

比特人："这就他们的金钱观和价值观吗？"

原子人："不错。扎克伯格的人生轨迹，也可以证明这一点。他天生是一个写代码的高手，刚才说了，他高中时有公司出 95 万美元请他，他不眨眼就拒绝了；19 岁的时候，美国媒体巨头 Viacom 出价 7.5 亿美元买他的脸谱，他也拒绝了；21 岁时，雅虎出价 9 亿美元，他同样拒绝了。"

比特人："为了什么？"

原子人："公司赚钱本是正道，他身为公司 CEO 拿过亿薪水也是名正言顺，但他从不把赚钱放在第一，这就是一种哲学了。他说过：每天早上醒来，我们的首要目标并不是赚钱。让网站有趣，比让它赚钱更重要。所以，他的工作目标和信条是：追逐用户，而不是追逐金钱。是在做有益于世界的事情，而不是一台赚钱机器。这就是他的用户价值，这就是他的商业价值，这就是他的'钱而下云而上'的效应。"

此时，比特人与数据人发出了喝彩声。

比特人："原子人说得太有高度了！扎克伯格的'钱而下云而上'效应，说白了，就是一种崇高的职业精神，他立于价值之上，只把金钱看作是他实现梦想的一个附属品罢了。所以，我今天的话题，谈谈脸谱的'黑客式增长'。"

原子人："就是黑客文化吗？"

比特人："对。从某种意义上说，从盖茨到扎克伯格，从微软到脸谱，这两个哈佛生都是黑客出身。盖茨是老一代的黑客，而扎克伯格是新一代的黑客。"

原子人："黑客双雄。"

比特人："不过，与盖茨不同的是，扎克伯格从不掩饰他曾经是黑客的历史。早在哈佛大学一年级时他就曾经潜入临近的宿舍楼，用一根网线下载了整座楼住客的照片。不仅如此，他还写了一个对女人打分的程序，引起公愤，他也因此被处以留校察看的惩罚。"

原子人："好莱坞大片《社交网络》，就是以他的恶作剧为原型的。"

比特人："他虽然受到了处罚，但他从黑客的行为中看到了改变人与人交往方式的可能性，他为此兴奋不已，这为后来脸谱的诞生埋下了伏笔。"

原子人："这是黑客的种子。"

比特人："对。这就是为什么后来他把他的公司叫做黑客公司，公司中心场地叫黑客广场，公司外环路叫黑客路，公司迎宾大厅挂的一幅名画叫《戴黑帽的男人》，也是一个黑客模样，隐在世界的幕后，让人永远看不透。"

原子人："他的公司，就是一个黑客乐园。"

比特人："太对了。在他看来，大多数黑客都是理想主义者，希望对世界做出积极而非消极的贡献，把他们看成入侵者和为非作歹的人，这是不公平的。"

原子人："他是在为自己辩护吗？"

比特人："不全是。因为在硅谷，黑客已成为了一种流行的文化符号。我们必须看到，黑客的几行代码可能会影响世界成千上万的人。所以，商业对黑客价值来说并不是一种威胁，因为黑客价值征服了商业，让它产生了新的商业价值。从谷歌，到微软，到脸谱，无不如此。"

原子人："那倒也是事实。"

比特人："在他们那个世界，代码胜于雄辩，代码就是改变，就是未来，就是一切。天才的扎克伯格身上，就延续了这样一种黑客精神。

他认为，一个公司拥有最好的黑客，将会成为未来的赢家。"

原子人："黑客将是下一场革命的英雄吗？"

比特人："是的。所以，他的公司奉行的是一种黑客之道。每隔一段时间，他的公司就会举办一场'黑客马拉松'，让员工天才式的想法一夜之间产生，并化成一行行代码去实现它的商业价值。"

原子人："这也太黑客了吧。"

比特人："这是他们释放想象力的狂欢。他最大的杰作，就是在公司创造了'黑客增长模式'，让那些中规中矩的人望尘莫及。这些年来，他的公司爆发式的成长，销售额度火箭般地上升，但你也许不知道，他的公司没有营销团队，而只有一个增长团队，他连广告也不太做，把钱用到客户体验上，让公司产生'黑客式的增长'。"

原子人："这太不可思议了。"

比特人："在他看来，一个真正的公司，就是能够把它的工作重点放在业务的集中增长，基础知识、全新的创意和理念、对客户的深入料及，并寻找到独特的增长方式，就可以让这个企业自动地真正成长起来。'黑客式增长'，这就是他的黑客之道的灵魂！"

说到这里，原子人与数据人响起了掌声。

数据人："你们说得太前卫了！从原子人的'钱而下云而上'到比特人的'黑客式增长'，这一切都因为扎克伯格有一个处于互联网时代前沿的价值观，那就是永远让你的价值高于利益。所以，我今天的话题，谈谈扎克伯格的'云端总统'。"

原子人："他有政治抱负吗？"

数据人："当然有。你们知道吗，扎克伯格有一个外号，叫'社交网络总统'，这是网民选出来的，连奥巴马竞选总统也请他参与了。"

比特人："可见这个云端总统的魅力。"

数据人："在扎克伯格的云端政治哲学里，他也是有野心的，他想要创造并统治一种截然不同的互联网世界，那就是改变互联网世界里的人际关系定义。因为他相信，如果人们变得更加透明和开放，世界会变成一个更加美好的地方。"

原子人："他有政治宣言吗？"

数据人："他非常自信地断言，他们开发出帮助人们共享的工具，能够推动民众与政府坦诚而透明的对话，赋予民众更加直接的权利，增强官员的责任感，并为当代一些最为重大的问题提供更好的解决方案。在他的公开信中，他就明确无误地表示，脸谱诞生的任务是让世界更加开放，联系更加坚密，是为了践行一种社会使命，而不仅仅是创建一家公司！"

至此，原子人与比特人又是击掌而呼，雀跃而舞。

◎云版案例 24：WeWork 的"房产云"

在这个云时代，也许有这么一句话可以概括它的模样：全球最大的出租车公司 Uber 没有一辆出租车；全球最热门的媒体所有者 Facebook 没有一个内容制作人；全球市值最高的零售商阿里巴巴没有一件商品库存；全球最大的住宿服务提供商 Airbnb 没有任何酒店；同样，全球最大的办公场地租赁公司 WeWork，也没有一间房产。

但 WeWork 所拥有的也是最值钱的，就是它的"房产云"。

因为，WeWork 公司就是用云的思想和特性去做房产的。它的商业模式简单得不能再简单：用折扣价格租下整层写字楼，然后分隔成单独的办公空间，出租给愿意挨着办公的初创企业和小公司，向他们收取会员费及一些延伸服务费用。

不过，就这么一个不起眼的二房东，在 2016 年初全球初创公司市值排行榜中，除了 Uber 以 510 亿美元估值排名第一、小米以 460 亿美元位居次席、空中食住 Airbnb 以 255 亿美元位居第三、创业创新平台 Palantir 位列第四、刚合并不久的美团—大众点评以 183 亿美元排名老五之外，联合办公崛起者 WeWork 则以 160 亿美元与 Snapchat、滴滴快的一起并列全球第六位了。这一估值已让 WeWork 与许多互联网老

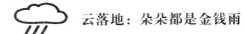

牌巨头瞠目结舌了。

WeWork 创始人亚当·纽曼生于以色列，曾在以色列军队担任海军军官，并于 2001 年来到美国寻找事业的发展机会。在创立 WeWork 之前，他曾在布鲁克林有过一家婴儿服装公司，并租赁了专门的办公楼办公。在这里，他遇到了重要的生意伙伴，也就是日后的 WeWork 的另一位创始人米古尔·迈克尔维。

2008 年，迈克尔维和纽曼发现，他们所在的大楼有很多空间都处于闲置状态。因此，他们萌发了为其他创业者建设共享办公空间的概念。在对房东进行了大量游说之后，迈克尔维和纽曼于 2008 年成立了第一家此类创业公司 Green Desk，并赚到了第一桶金，而这正是 WeWork 的雏形。

2010 年，WeWork 成立，开始为创业者提供共享的办公场所和各种各样的福利设施与活动，例如免费啤酒、装满食品的冰箱，以及桌面足球游戏，以及一年一度的灵修和为所有会员提供医疗保险等。创业者选择加入是为了获得廉价办公空间、社区、关系网、灵活性，以及 WeWork 的创业服务。

创始人纽曼表示："我们希望无所不在，为每个人提供服务。在我们全球扩张的过程中，我们希望更多成员来到我们的社区。这些成员并不一定需要专门的空间，但可以通过应用与我们建立联系，获得我们的服务。"

WeWork 倾向于在新建的开发区还有翻新或萧条的街区开设办公点，因为那些地段的租金可以有大约 10% 的折扣。截止到 2016 年 3 月，WeWork 在纽约、波士顿、费城、华盛顿特区、迈阿密、芝加哥、奥斯汀、伯克利、旧金山、洛杉矶、波特兰和西雅图等美国城市，以及伦敦、阿姆斯特丹、特拉维夫等国际城市建设了 80 处共享办公空间，其最终目标是"WeWork 火星。"

从 WeWork 的运营模式上看，它要是通过在一些租金较为便宜的地区租用楼面，并进行二次设计，将楼面设计为风格时尚、可定制且社交功能较齐全的办公空间，之后以远高于同业的价格租给各种创业者，并从租金中获利。在日常运营中，除了为各类创业者提供办公空间之外，WeWork 还为创业者提供各种跟创业关系密切的隐形服务，如定期举办社交活动和充当中间人的角色。

它的产品有有形产品，也有无形产品。有形产品包括办公室和会议室，里面包含安保、前台、宽带、打印等服务，并配有休闲娱乐、浴室等生活设施；也可召开小型、中型、大型会议。

它的无形产品，即以 WeWork 为媒介组建起来的丰富多彩的商业网络，包括合作伙伴、客户和投资人，每月至少有 51% 的会员和其他会员有一次交易。凡在这里办公的人，可以在每周的百吉饼和含羞草聚会上进行社交活动，或许能找到软件开发人员为他们编写应用程序；同时，会员在非正式演示日推荐其创意，并从一些自愿效劳的外部合作伙伴那里得到免费建议。

WeWork 充当中间人，向会员提供包括医疗、会计、法律和云计算在内的多种服务。比如通过 Trinet，WeWork 帮会员每月节省 200 美元的健康保险费，使用亚马逊 AWS 服务商提供的网络主机，在使用第一年可免除 5 000 美元费用。

还有与投资人的偶遇机会。当创业者去冰箱拿食物或是在咖啡吧休息的时候，随时都有可能遇到项目投资人或合作者。所以，不论是还没有被认可的艺术家，还是初创公司的小老板，都可在缴纳 400～650 美元之后，在 WeWork 租下一个办公室，并享有一切工作需要的东西。从企业角度看，WeWork 面对的企业规模是 1～500 人，并承诺其不需要任何前期投入，这为初创企业提供了一个无门槛的办公室。

目前，WeWork 的盈利模式主要来自向作为个人或公司的创业者收取租金：WeWork 主要是在新建的开发区或者萧条的街区开设办公点，先以折扣价租下整层写字楼，分成单独的办公空间，再出租给愿意挨着办公的初创企业，采取的是"整批零租"的形式，重点是保证好利差，从而在会员租金和配套服务上收费。

WeWork 的租金比较高，一张办公桌的月租为 350 美元，一间 64 平方英尺（约 5.9 平方米）办公室的租金为每人 650 美元；但是因为其

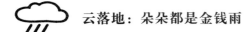

较为完善的创业环境以及完备的创业社交网络，其会员数量一直保持着激增状态。不过，公司 28％的收入来自较小会员。当较大的会员搬到自己的办公场所或者更大更新的 WeWork 办公点时，较小的会员就会升级。

此外，WeWork 还通过它的隐形回报获利：它除了会员租金和配套服务收费之外，还通过周边地价溢价、对种子公司投资等隐性回报来获利。其中，也包括了以中间人身份向会员介绍各项服务作为它的新收入来源。

WeWork 的租金的确算贵的，但是如果考虑到安保、前台、宽带、打印等服务，会员其实每月还能节约几百美元，而且在公共空间的聚会上，说不定还能找到合适的合作者，大大降低了招聘成本，这样其实是划算的。

WeWork 作为共享经济的代表，以其标新立异的风格，赢得了租客和投资者的心。它不仅解决了工作空间的共享，而且重塑了在此情景中的人际关系与社交网络。

在文化理念上，WeWork 为创业者寻找到了自由交流的灵感。为了营造社群氛围，WeWork 有自己专门的社群经理，根据他们本月、本年度内帮助多少会员建立了联系而给予奖励。这样，WeWork 就在工作空间内推动更强的社群关系。它的使命更多是颠覆新生代的工作方式，通过社区化运营和社交网络搭建，实现长期价值，将空间、服务和社区价值整体呈现给用户。

简单点说，WeWork 就是一个联合办公平台。互联网价值的本质是解决沟通问题。与传统产业地产相比，WeWork 实现了资源的共享，并很好地遏制了空间资源的浪费，属于互联网思维下的地产模式。它所打造的不仅是众创空间品牌，而是一种以云的思想和特性为场景办公的新体验。

所以，WeWork 是一朵脱离物理空间而衍生的"房产云"。

外星人讨论：WeWork 的"类谷歌办公"、"新的社群"和"云上房产"

原子人、比特人和数据人来到了位于美国纽约曼哈顿中城的 We-Work 总部。中城是曼哈顿岛最拥挤、最繁华的地区，也是世界上摩天大楼密度最高的地区。这里有世界上最大的城中花园，最豪华的住宅区，最奢侈的精品商区，几乎每一栋建筑都带着自己的传奇色彩。WeWork 公司就是在这个最土豪的城市为创业者出租一种新式的办公场所和空间。在这些公共空间里，所有会客厅、餐厅均提供免费无线宽带接入，牛奶、咖啡、茶等饮品全部免费供应，方便随时随地办公、会客。他们三人对此进行了为八天的考察，并对 WeWork 所产生的互联网效应做了深入、细致、挖掘式的研究、探讨和剖析。

数据人："WeWork 是一家分租办公空间、帮助自雇人士处理多种琐事的公司，如今已在全美、欧洲以及以色列有 54 个布点，并把触角伸向了中国。不过，在给这家成立仅 6 年的公司令人咂舌的 160 亿美元估值时，这些风险投资家看中的到底是什么？为什么这些年轻的创业者对它趋之若鹜？它凭什么一下子风靡全球和引领风骚？看来，此中必有蹊跷。希望大家在讨论这个案例时，从各个角度挖掘它的价值和意义。"

原子人："数据人说得太正确了。WeWork 作为一家分租办公空间的公司，普通得不能再普通了，但在风投估值时却高达 160 亿美元。显然，华尔街的投资家看中的并不是这个公司的房产中介这些特点，而是它给那些自由创业者提供一种新型工作场所，让年轻人拥有一个永远不想下班的地方。所以，我今天的话题，就是'类谷歌办公'。"

比特人："类谷歌办公'？"

原子人："对。办公室里到处是旗帜，沙发，宽敞的厨房，按摩椅，甚至吊床。毫无疑问，工作在谷歌让人充满了自豪，谷歌不仅仅提供传统的健康保险和极其有竞争力的待遇，而且谷歌人还享有免费的早餐、午餐、晚餐、零食，办公区里免费按摩，车接车送，办公区免费健身中心，甚至还提供休憩间，以及桌面足球游戏等。它给员工这样一种感觉：你在谷歌工作，你就吃着谷歌，睡着谷歌，呼吸着谷歌，成功着

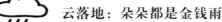

谷歌。"

比特人："谷歌为什么这样做？"

原子人："谷歌精心设计了它所有的办公室，让员工能通宵达旦地待在办公室里，不用为任何事情担忧——诸如他们的饥饿、健康，或者卫生保健。很重要的一点，就是让有能力的人，在公司里一次待上好几天不回家，让他们毫无保留地献出所有精力。"

比特人："这太有效率了。"

原子人："更重要的是，它让待在这里的人全都感觉到，这是一个有机的、自由流动的地方，而你不会感觉到自己是一台机器里的一个齿轮。"

比特人："明白了。WeWork 也试图提供这样一个工作场所。"

原子人："太对了。WeWork 所提供的'类谷歌'式的工作场所，不论你是一个还没有被认可的自由艺术家，还是一个初创公司的小老板，都可以在缴纳 400 美元～650 美元之后，在 WeWork 租下一个办公室，并享用一切工作需要的东西。WeWork 想要发掘增值的空间，不只是一间简单的办公室，而是'人的生意'，更注重人与人之间的交流和交往，以及最大效率的发挥。"

说到这里，比特人与数据人发出了喝彩声。

比特人："原子人说得太好了！WeWork 作为当下美国创业圈的明星，不仅给数量庞大的美国小企业主创造了一个共同工作的空间，自己的估值也在快速攀升，成为了即将上市的明星企业。它的成功，不只是为创业者提供一种新型的办公场所，而且是为各类的创业者建立了一种新型的社群关系。所以，我今天的话题，就是'新的社群'。"

原子人："'新的社群'？"

比特人："对。WeWork 进入纽约市场的时候，正好美国经济刚刚开始复苏。当时，涌现出了众多提供合作办公场所的公司，WeWork 只是其中一家而已，但相比那些已经有一定名气的品牌，它追求的是一个截然不同的客户群体，也就是一个完全崭新型的顾客社群。"

原子人："有何不同？"

比特人："比如提供类似办公空间的老牌公司雷格斯，在全球范围内已分布着 2000 个网点，包括 750 个城市，遍及 100 个国家和地区。不过，它所迎合的主要是会计师那样更守旧的专业人士，以及那些想要在华盛顿、威奇托或者上海开分公司的大公司。它所面对的企业规模是 1～500 人，所提供的产品，也是一种安静严肃、不苟言笑的传统环境。而 WeWork 则希望给租户的客户带来一种租户在这里长期办公的感觉。"

原子人："一种家的感觉。"

比特人："不错，但它又超出了家的感觉，创建了一个全新的社群关系。WeWork 除了收房租，还会设法让加入的会员们意识到，他们加入了一个丰富的商业网络，可以找到合作伙伴、客户、投资人。它会为创业者创造各种偶遇机会，哪怕在去冰箱拿食物的过程中、在咖啡吧休息的时候，或许你就会遇到自己的投资人。也就是说，WeWork 提供的公共办公场所，只是它产品和业务的一个方面，它真正的目的和野心，是在打造一个全球网络和一个全球创业者的新的社群。"

说到这里，原子人与数据人响起了掌声。

数据人："你们说得太独到了！从原子人的'类谷歌办公'到比特人的'新的社群'，你会发现，它的目标是发掘初创企业通畅的沟通方式、完备的社会保障网络、发达的金融服务，使美国成为一个创业活动最为活跃的国家。所以，我今天的话题，就是 WeWork 的'云上房产'。"

原子人："'云上房产'？"

数据人："对。WeWork 之所以估值暴涨，就因为它在投资人眼中是一个巨大的'项目池'，让所有的会员在其中建立新的社群关系，并使每个会员获得与其他会员做生意的机会。"

原子人："明白了。它提供的实际上就是一个'虚拟办公室'。"

数据人："太对了。目前，它已拥有了 15000 多个会员，不仅可以面对面展开协作，还可以通过 App、正式和非正式的各种活动鼓励会员相互交流，让 51％ 的会员每个月都可与其他会员做一次生意。事实上，它已经是一个'现实版的阿里巴巴'了。"

比特人："那对中国版的 WeWork，你是怎么看的？"

数据人："美国人的 WeWork 走红，让中国的一些房产商也心动不已，竞相效仿。但他们的做法，是为了提高办公楼使用效率，将办公楼化整为零后出租并回收资金，其核心目的是增加租金收入，真正挣钱的还是房地产。所以，并不是太成功。"

比特人："那美国人的 WeWork 为何受到如此热捧？"

数据人："美国人 WeWork 的成功，关键是它遵循了共享经济规律来做这件事情。从 Uber 到滴滴，从 Airbnb 到短租公寓，从 WeWork 到联合办公，最大的特点，就是提升了闲置资源利用率，改变了人们的工作和生活方式。"

比特人："同时，也赋予了互联网属性。"

数据人："太正确了。互联网价值的本质是解决沟通问题，让它具有了云的特性。WeWork 所做的事情，更重要的是，它把传统的房地产行业与互联网科技联系起来，建立了一个联合办公平台，并脱离物理空间去做它的延伸服务，变成'云上房产'，真正做到了原子产品比特化，从熟人世界走向陌生人世界，让这些原本毫不相干的陌生人在这个新的社群中获得他们想要的东西。所以，它不仅解决了工作空间的共享问题，而且重塑了在此场景中的人际关系与社交网络，从而赢得了租客和投资者的心！"

至此，原子人与比特人又是击掌而呼，大声叫好。

◎云版案例 25：oTMS 的"货的云"

在当今云时代，物流行业与其他任何传统行业一道，正在经历互联网化的阵痛，不变革就得死，这是大势所趋。如果说微信连接要交流的人，滴滴连接要打车的人，那么，oTMS 就是要连接要运货的人，就是这个变革时代的"货的"。

成立于 2013 年的 oTMS，总部位于上海陆家嘴，是一家致力于云应用、改变物流产业链的创业公司。旗下产品包含 oTMS 云平台、司机端 App "卡卡"和收货人端 App "到哪了"，有 130 家货主和物流公司使用 oTMS 产品管理运输订单，月订单约百万，完成了从"0 到 1"

的跨越式发展。

公司联合创始人段琰，是一个帅气、睿智而稳重的人。自 2003 年以来的近十年间，他先后就职于新科安达、DHL Supply Chain 和 DSV 等国内外大型物流公司，不仅拥有丰富的行业经验和对国内运输市场的深刻认知，更重要的是他始终燃烧着一颗创业的心。

他刚上大学那会儿，同学们一个个还乐此不疲地和家人以及高中同学们书信往来，后来宿舍装了电话，开始一个个排队打电话，再后来有了 QQ，再后来有了手机，现在有了微信。科学技术的发展让人和人之间的连接变得如此轻松，也让我们的生活如此美好而惬意。

他也因此有了创业的想法。他坚定地认为，通过互联网、移动互联网、云应用来改造传统运输产业链，加速产业进化，同样会让企业的运输更轻松，更有效率。这才对创业第一次产生了美好的想象空间和愿景。

从 2011 年起，他与另一个伙伴波兰籍的 Mirek 为创业做好准备工作。他们还在白天从事着全职工作，晚上回家后才扑到新技术平台的研发上，每天工作到夜里一两点钟。如此周而复始，到 2012 年 10 月才正式辞职，全身心投入 oTMS 的研发。

这期间，两人找了一家位于波兰的软件开发公司作为技术团队，这样就能利用时差在中国的晚上时间进行沟通了。他与 Mirek 都不是 IT 人员，为了达成自己的梦想，两人自学软件设计，把软件的逻辑和用户界面全部都画出来，前后共画了上千页的设计图。

而采用 SaaS 云服务的形式，这在 2011 年的时候也是相当的前沿。当时，他也不懂什么叫 SaaS，但是有一个基本的想法，就是需要通过某种低成本方式把信息都连接起来，而这只能靠互联网和云应用。

就在他与 Mirek 决定走 SaaS 路线后没多久，就看到了 Salesforce 创始人 Benioff 写的一本《Behind the Cloud》，两人发现美国其实从 1998 年开始就已经开始推广 SaaS 的模式，他们因此深受鼓舞，认为 SaaS 模式一定会来到中国。

这样，他与 Mirek 自费投入了近三百万元开始创业了。2013 年正式上线之后，短短两年多时间，就赢得了 130 多家行业企业的订单，其

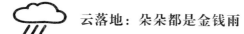

中 2014 年达 400 万订单，2015 年 3 月单月订单量更是超过百万。为此，oTMS 成了天使、经纬中国、百度和紫辉等风投追逐的目标。

oTMS 有一个很好的理念，叫做"微信连接人，oTMS 连接运输"。他们之所以不断强调连接，就是因为运输作为企业经营管理中重要的一部分，一定得通过和外部不同企业的合作才能完成一个业务的流程。

运输是一个很复杂的过程，从货主、运输公司、分包商，再到司机，最后到收货人，涉及多方人员。在这样一个业务链条下，这个货物能否完好送达，取决于所有合作企业是否能够做好自己的工作，所以，顺畅的"连接"对于运输就显得至关重要。

对于国内物流运输业来说，这是一个青涩而不成熟的市场，比如信息孤立、管理效率低、物流成本居高不下等问题，都是这个行业的致命伤。而提供 SaaS 服务的 oTMS 正是抓住了这个症结，很好地解决了运输行业的痛点。

其具体流程是：通过"SaaS 平台＋移动 App"模式连接运输，将货运环节中的货主、第三方物流公司、运输公司、司机和收货方无缝连接起来，使之形成一个基于核心流程的、透明的且开放的在线生态系统，打破传统 IT 模式中企业的疆界，构建一个新兴的、完整的、互联的运输世界。

从云应用架构来看，oTMS 云平台为货主无缝连接多级承运商，可实时监测货物状态，灵活生成各类报表以方便货主实施管理。各级承运商也能使用该云平台来实现在线接收订单，并管理下游多级分包商和司机。其中的两个 App 的设计，为司机和收货人提供简捷而便利的应用场景。

司机 App 使用的"卡卡"：不仅能帮助司机连接运输公司，获取订单，还为他们反馈运输路途状态建立了通道。同时，借助智能手机的定位功能，货主随时可以了解司机的位置，从而更好地把控运输进程，做到心中有数。

收货人 App 使用的"到哪了"：作为货运链条中的最终方，收货人可通过"到哪了"的客户端查看货运的进程，及时得知异常情况，并在收货后对运输服务进行评价，获得如同电商购物"快递式"的货运体验。

尤其是 oTMS BI 上线后，包括网页版和 iPad App，为客户的管理层提供多达几十种的数据分析报告，客户也可以自定义报告类型，让管理人员一目了然掌控运营数据，随时为管理决策提供数据参考。

经过几年的努力，oTMS 在不同的行业都有了相应的标杆客户，比如服装零售行业的 Bestseller 和 VF 及国内体育用品的领军企业安踏，医药行业的上海医药集团，汽车行业的 ZF，消费品行业的松下电器和另外一家世界 500 强 FMCG 公司等。通过 oTMS 来连接承运商、司机和终端客户，实现外部协同，这也跟微信连接人比较相似。

中国的运输市场体量很庞大，通常活跃在市场上的物流企业有 80 多万家，运输车辆有 1600 万辆，货运司机有近 3000 万个。但由于信息交流不畅，管理不到位，中国的车辆空载率在 50％左右，与美国相比，高出了 25％以上。

oTMS 有一个宏大而朴实的梦想，那就是优化中国的运输产业，改善数千万运输产业中从业者的工作和生活方式。实际上，中国的物流成本占其 GDP 的 16％，哪怕优化其中的 1％或者 0.5％，其巨大的社会效益与经济效益都是不可估量的。

2013 年，作为新兴 SaaS 软件的货运 App 开始走向大家的视野，2014 年是发展最疯狂的一年，2015 年是趋于成熟的一年。SaaS 的应用，这也是 oTMS 毕生的致力方向。未来，oTMS 希望通过这个货运的互联网社区把全国各地的物流公司、发货方、卡车司机全部整合起来，跳出企业去整合车货资源，实现更高程度的车货匹配，把车辆空载率降到最低。

这个梦想，就是 oTMS 正在飘起来的"货的云"。

外星人讨论：oTMS 的"物流进化"、"进化不革命"和"生态意义"

原子人、比特人、数据人来到了上海浦东新区的陆家嘴，oTMS 公司总部就设在这里。这是一个跨国银行的集聚地，一江之隔，就是古往今来曾有多少英雄豪杰在这里起起落落的外滩。他们在此进行了为期半

周的考察，对 oTMS 案例做了广泛的研究和讨论。

数据人："滴滴和快的两大公司炒火了出租车市场，也给货运行业带来不少启发，为此，公路货运 App 如雨后春笋般出现。oTMS 公司就是其中很抢眼一家。在它成功的背后，你们看到了什么，受到什么启示，给业界带来哪些借鉴意义，大家放开来谈。"

原子人："我来先说吧。当今的货运行业，就像春秋战国时期的各地诸侯，跑马圈地，让这个古老的物流行业躁动不安，烽火四起。这都是公司倾轧、商业竞争带来的结果。所以，我今天的话题，谈谈 oTMS 的'物流进化'。"

比特人："这是无序竞争吗？"

原子人："不全是。这些竞争者大体可以分为两个阵营，一个阵营是滴滴的跟随者，如运满满、骡迹物流、物流小秘、神盾快运等，它们的模式是信息匹配，主要为车找货，为货找车，解决空车配货问题。"

比特人："另一个阵营呢？"

原子人："就是菜鸟的追随者，如 OTMS、囤鹿物流等，就是这种货运模式，它们的方向是信息整合，提升司机、货主、物流企业各环节效率。"

比特人："这两个模式有什么不同？"

原子人："如果说前者看到物流的明天，那么后者看到了物流的后天。后者认为，空车配货并不是这个行业最关键的问题。应该说，它代表了货运的未来。"

比特人："那你的依据呢？"

原子人："从物流的进化，可以看到这一点。货运行业是一个从小黑板到手机 App 的进化过程。当年的那个小黑板，这是货运行业最原始的信息化。最初，无论是物流公司还是货车停车场，都放着许多小黑板，货主把运货信息写在小黑板上，司机挑选对路的信息与货主联系。"

比特人："我明白了，小黑板是传统的货运信息窗口。"

原子人："不借。随着互联网的普及，小黑板就变成了现在的互联网，当智能手机出现后，传统互联网又被移动端 App 取代了。更重要的是，它也是一个从软件到平台的进化过程。"

比特人："就是 SaaS 应用吗？"

原子人："太对了。从小黑板到手机 App，从软件到平台，注定一个旧时代的远去，以及一个新时代的到来。而 SaaS 应用风暴与智能平台的建立，让货运行业的信息化走上了第二次进化之道。oTMS 公司的出现，就是这个时代的产物。"

此时，比特人与数据人发出了喝彩声。

比特人："你说得太好了！物流进化是随信息进化而进化的，从小黑板到互联网到手机 App 到 SaaS，这是一个人类向云端迁徙的过程。谁的公司适应了这种进化，谁就会在残酷的竞争中生存下来，否则，只有被淘汰的命运在等待着它。所以，我今天的话题，就谈谈 oTMS '进化不革命'的观点。"

原子人："此话怎讲？"

比特人："现在很多公司一讲起模式，不是颠覆，就是革命，杀气太重。在我看来，任何商业的创新，都是基于传统土壤的，离开了它，就会失去根基。"

原子人："我也赞同你的看法。"

比特人："oTMS 公司提出的'进化不革命'，实际上就在货运行业提出了一个也许是最稳妥而有效的解决方案，在推进过程中也不咄咄逼人。"

原子人："你认为他们没有野心吗？"

比特人："那倒也不是。从内心来说，他们也希望再造一个滴滴神话。但那种烧钱的方式，他们并不敢认同。滴滴是拉人，oTMS 是拉货，比它的端口多，关系也更复杂。所以，它用 SaaS 平台＋移动 App 模式，打通物流运输的上下游，建立起一个智能化的产业链条，来完成这种多方关联者的整合和通畅。"

原子人："而且，路程、分红模式和控制方式也不同。"

比特人："太对了。传统模式是通过信息获取中介费，而 oTMS 的做法是通过'SaaS 平台＋移动 App'的模式将企业运输环节中的各部分，向企业提供一种有效的系统服务。"

原子人："什么样的系统服务？"

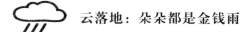

比特人："具体到产品上说，oTMS 选择的是云端部署的 SaaS 模式。通过 SaaS 模式，可以使货运业从传统的'连接运输'走向'互联运输'，就可以打通承运商、司机、收货人的全链条。通俗一点讲，如果说微信连接交流的人，滴滴连接打车的人，那么，oTMS 就是连接货运的人，并打造一种在高速路奔跑的'货的'。"

原子人与数据人响起了掌声。

数据人："你们说得太妙了！从原子人的'物流进化'到比特人的'进化不革命'，从传统的'连接运输'到当今的'互联运输'，这是货运行业一个很大的跨越。所以，我今天的话题，就谈谈 oTMS 的'生态效应'。"

原子人："可货运是高碳行业呀？"

数据人："不错。你想过没有，中国物流总费用占 GDP 比率在 16％左右，而欧美国家是 9％左右，比欧美发达国家高了近一倍。我国 3000多万辆货车，空载率高达 40％以上，这是为什么？"

原子人摇了摇头。

数据人："中国最大的问题是信息孤岛。因为货车与货物之间信息不对称，大量时间浪费在等货、配货、空车上。在货车空载率上，美国为 10％，英国为 25％，德国为 17.9％，而中国每年在公路上造成的无效消耗高达 100 亿元人民币以上，这是一个巨大的黑洞。"

比特人："这太惊人了！"

数据人："大家设想一下，如果将中国的空载率从 40％降为 20％，一年节约的油耗将减少 19.2 万吨二氧化碳排放，相当于 1000 万棵树一年的吸收量，相当于再造了数千座大型水库、数万亩森林和数亿台空调，从而为人类带来了无比美好的碳中和。"

比特人："这太不可思议了！"

数据人："所以，类似 oTMS 这样公司，它的进化，它的意义，不仅体现在模式创新和经济效益上，更体现在节能减耗和生态维护上。从这个角度上说，它超越了金钱的意义而上升到生态价值。"

至此，原子人与比特人又是击掌而呼，感慨万千。

第九章

从"云创富系统"探索伊玛云财富的实战奥秘

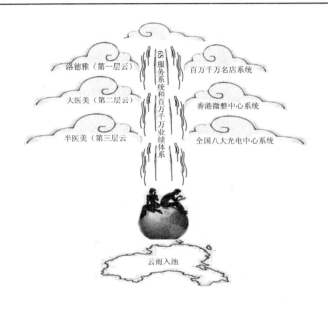

洛德雅（第一层云）

百万千万名店系统

大医美（第二层云）

香港微整中心系统

半医美（第三层云）

全国八大光电中心系统

6S服务系统和百万千万业绩体系

云雨入池

伊玛"云创富系统"的架构和生态体系

云落地操作技巧指南：伊玛作为一个初创公司，从《云创富》到"云创富系统"，从 2015 年推出的"云创富系统 1.0 版"，到 2016 年升级为"云创富系统 2.0 版"，即"云创富生态圈"，以"亏钱赚市场"的商业方式，让云迅速落地，只用了不到两年的时间，就使伊玛市场份额发生了黑客式的增长，本年度营收力争突破亿元大关，从而成为业界一匹突如其来的黑马。

——陈贝帝原创观点

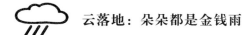

与伊玛的合作，有很大的偶然性和戏剧性。

云创富创始人陈贝帝与袁斌的见面，原本商定只有一个小时的约谈，结果谈了一个通宵，碰出了火花，激发了灵性，第二天又上蟠龙山见了一位大师，在鞭炮声中迎来了一个开山红，并且有了闪电式的合作。

伊玛作为一个初创公司，从《云创富》到"云创富系统"，从2015年推出的"云创富系统1.0版"，到2016年升级为"云创富系统2.0版"，即"云创富生态圈"，以"亏钱赚市场"的商业方式，让云迅速落地，只用了不到两年的时间，就使伊玛市场份额发生了黑客式的增长，本年度营收力争突破亿元大关，从而成为业界一匹突如其来的黑马。

伊玛公司创始人袁斌，又叫袁寿兵，他是一个典型的80后"凤凰男"。他出生于赣中农村，自小聪颖，父母也是本分的耕作人。为了改变自己的处境，实现自己的梦想，他考入了大学，放弃做公务员的机会，成了一个常年奔波于车站、码头和机场的美业人。

毕业后，他进入了一家大公司，励精图治，不懈奋斗，从一个小小的营销员做起，一步步做到了公司的片区主管及销售副总，不仅享有公司小额股份，而且在业界还享有"华南狐"的美称。如果就这样按部就班地走下去，可以说，他的职业生涯也是会很成功的。

他的敬业在业界也是出了名的。别的不说，单说他到各地去开招商会，去讲课，哪怕是在大热天，他也会像平常一样带好四套西装，黑色的、灰色的、青色的和粉红色的，根据不同的对象和场合穿不同颜色的西装出场。如果他是穿粉红色的西装出场，说明这一场课程非常重要，他一定会拿出他的看家本领，尽最大努力去征服到场的代理商和客户，而且志在必得。

他出身于农民家庭，从小到大，从读书到进入职场，一直遭遇着金钱的困扰。在进入公司的第八个年头，他开始考虑自己创业了。当然，不光为金钱，还包括他的事业。于是，他毅然决然放弃了自己已有的职位、利益和辉煌，克服了周围诧异和不信任的眼光，说服了家人，从零开始，创立了伊玛公司。

他是一个善于求变和创新的人。在他多年的职业经历中，他已逐步形成了一套"所到之处，寸草不生"的营销模式。他心里也明白，这种营销模式，是非常野蛮的，也是有效的，但要去创造一番大事业，做成一个长久公司，似乎又是有欠缺的，必须去完善的。于是，他开始寻求与文化的融入和合作。

在这个时候，他遇到了一个他所熟悉而又陌生的人。说是熟悉，他认识这个人已经很久了，说是陌生，这个人离他很远，很朦胧，所认识的只是这个人的一部分。这个人，就是云创富创始人陈贝帝，他的一个长辈。他只知道陈贝帝是一个著名作家，还有一个江西省首届"十大人文贡献人物"头衔什么的，此外对他知道的并不多。

不过，只有当他真正接触之后，才知道陈贝帝并不是一个单纯坐而论道的人，才知道他有了一个新头衔，叫"云创富创始人"。陈贝帝虽是一个作家，但他在国内企业文化运作上却有很深的造诣和很多实战案例。在企业文化运作上，他与国内一流著名企业蒙牛、新希望、华图、跨考等均有成功合作案例，其中《乳品与人生》，与蒙牛合作，书与牛奶箱一起走，一次性印量 2000 万册，创造了中国出版界的奇迹。

尤其是《云创富》的出版，一夜之间，让陈贝帝从现实步入了云端。这是一本很有故事的书。写这本书的初衷是因为一个企业奇迹般的成功，这个企业叫"华图"。当时，陈贝帝在这家公司做特邀作家兼总裁顾问。这一年底，华图对全国加盟商进行了一次业务性培训，请他去作一个演讲。他是从华图分享主义的角度，来完成了这次演讲的。演讲的题目，就是"华图：十年从零到十五亿的'分享模式'"。

谁知，演讲完之后，反应很热烈，又是签名，又是合影，又是交流，还有不少老总邀请他去他们的企业考察。但在热闹过后，有一天深夜，他忽然觉得：华图的成功，华图的分享主义，不是一个个案问题，而是有很好的社会借鉴意义，应该写成一本书，让更多人从中受益。

随着调查研究的深入，他觉得一个企业托不住了，于是，他站在了人类历史长河的角度来思考这个问题，结果发现了人类的进化是以分享为基本路线图的。当人类从原始社会的"混沌分享"，到奴隶社会的

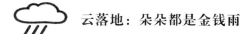

"掠夺分享"，到封建社会的"等级分享"，到资本社会的"异化分享"，到网络社会的"终极分享"，其财富生产方式也终于从弱肉强食的"丛林法则"走向了分享至上的"云法则"。

也就是说，在这个时代，当时代财富工具变了，你的思维方式就得变，你的玩法也得变。它的灵魂就是分享：你云了我，我也雨了你，你只有为别人创造价值，最后才能获得自己的价值。分享愈众，收获愈多。谁敢于分享，这个世界就是谁的。谁违背了它，谁就会被时代财富所淘汰，这是人类新的生存法则，叫"云法则"。

所以，这是人类财富生产的分水岭，也是人类创造财富新的"方法论"。

这个年轻人觉得，这正是他要寻找的人。2014年的除夕前一夜，他们终于见面了。结果，原定一个小时的约谈，竟然谈了一个通宵，一次漫不经心的见面，竟然有了波涛拍岸的故事。这天晚上，陈贝帝在茶馆里把这本新出版的《云创富》送给了他，并与他签名、合影留念，畅谈了合作的未来。

大年初一，陈贝帝引袁斌见了本耆禅师，并上了蟠龙山。本耆大师在山上放了三挂万鞭，满地红彤彤的一片，迎来了第一个开山红。这是一个难得的景观，也是一个好兆头。在享受了本耆禅师亲手做的果蔬之餐和这片莲花宝地的仙气灵雾之后，他似乎感觉到他的心灵又得到了一次极大的升华。

他终于明白了陈贝帝的良苦用心：在这个时代，无论是创业，还是做别的什么，我们必须以分享的理念和心态去做事情，必须跳出传统和坚固的物理空间去做事情，必须以云的思维方式和行为方式去做事情，只有这样，才能去改变我们的生存意义和财富意义。

大年初五，这个年轻而富有创新魄力的创业者在微信上这样记录了他的心情："2015年注定是不平凡的一年，与著名作家及云创富创始人陈贝帝见面后，碰撞出了'云思想'商业模式：云创富、云落地、云道德、云游乐、云分享、云人生等系列'精髓'。内心澎湃万千，压抑了三天，正式宣告袁斌身边所有朋友：从本年度阴历年初五开始，伊玛公司将正式在陈贝帝总裁的'云思想'体系引领下启动，正式推出'云创富'第一步战略商业模式：'云创富系统'，改变财富生产的'丛林法则'，建立财富生产的'云法则'，敬请朋友们期待！"

不同以往，这次陈贝帝与伊玛的合作是以股份形式合作的。在正式合作、签约之前，陈贝帝与伊玛还有一个试水期。在新年伊始的 3 月 18 日，他们一起在南昌打响了第一枪，启动了"云创富系统"第一场招商会，以分享两部苹果原装手机和公司产品其价值共 3.6 万元的代价让实体店家进入伊玛"云创富系统"，结果让这种以"亏钱赚市场"的商业模式在这里大获成功。

当然，起初大家对伊玛是半信半疑的。从哈尔滨来的一位代理商老总，在餐馆吃饭时，还没顾上喝上一口水，刚坐下来第一句话就问："陈总，我想问一下，您为何选择与伊玛合作？"

陈贝帝说："很简单，我有先进的云思想，他有野蛮的实战模式，这样一结合，就有了这个行业第一个吃螃蟹的'云创富系统'。更重要的是，他接受了我的云分享的思想、理念和方法，也就是'亏钱赚市场'的全新商业模式。"

那位老总皱了一下眉头："亏钱赚市场？"

陈贝帝说："对。我们初步估算了一下，如果要把全国市场拿下来，我们要先亏上千万，然后通过圈市场再赚回来。但我们认为这是值得的。因为，在这个时代，商业核心的东西是分享，公司与客户的关系，就是云与雨的关系，你只有先云出去，最后才能下起雨来。"

晚上，另一位业界老总也来到陈贝帝房间，说："我也想不明白，你怎么会与袁总合作？"

陈贝帝笑了，反问："为什么不能与他合作？"

那老总说："他有个外号，你知道吗？"

陈贝帝问："什么外号？"

那老总说："'美业之狐'。"

陈贝帝笑了："这正是我需要的，但它不是我关注的重点。"

那老总不解地问："那你关注什么？"

陈贝帝说："我关注的是分享。这是这个时代最关键、也是最有力量的品质。"

那老总又问："此话怎讲？"

陈贝帝说："我们所处的这个时代，已是一个'分享大于拥有'和'连接大于一切'的时代。过去，'占有'代表了实力和荣耀，如今，'分享'代表了未来和美德。在这个时代，独占和圈地盘只是草寇之路，分享和连接才是王者之道。也就是说，袁总也好，你也好，你们必须不断地去分享，不断地去连接，分享你们所能分享的一切，连接你们所能连接的一切，只有这样去做，你们才有可能成就一番你们想成就的事业。"

事实上，后来那个老总也成了伊玛事业的一个合作伙伴，而且是一个深度的合作伙伴。

伊玛公司的创业，就是在这个背景下开始并爆发了。

江西南昌是伊玛"云创富系统"落地的第一场招商会，由于旗开得胜，接着在西安、天津、合肥、济南、哈尔滨等 12 个省市攻城略地，势如破竹，一路凯歌，让一个名不见经传的伊玛公司从此在江湖上有了传说。

形而下者为器，形而上者为云。在这个云时代，人们需要牢记并遵循的是一句很时髦的话：个人干不过团队，团队干不过系统，系统干不过趋势。伊玛的成功，伊玛的"云创富系统"，伊玛的"云创富生态圈"，就是这句话的真实写照和天才发挥。

这个趋势，就是云时代的三根神经：分享、连接和延伸！

◎云版案例 26：伊玛的"云创富系统"

伊玛从《云创富》到"云创富系统"，从 2015 年推出的"云创富系统 1.0 版"到 2016 年升级为"云创富系统 2.0 版"，也就是"云创富生态圈",经历了一个从试水到下海,从小心分享到大胆分享,从业绩承诺到财富兑现的过程。它的成功落地,与其说它是一种新的商业模式的横空而出,还不如说它是一种云的思维方式的应运而生。

2015 年初,伊玛在业界出人意料地推出了"云创富系统 1.0 版",并且旗开得胜。它不是头痛医头,脚痛医脚,而是从云思想到产品、到模式、到服务、到落地、一直到收现,提供了一个行之有效、眼见为实的系统解决方案。它虽然令人耳目一新,但也让人半信半疑,举棋不定。

人们的怀疑是有道理的。在这个行业,以各种噱头到处忽悠的人层出不穷,让人防不胜防,人们所受到的伤害也实在太多了。但伊玛分享的力度又太有诱惑力了,两部苹果原装手机与公司产品一共价值 3.6 万元,只要是进入"云创富系统"的实体店家即可获取,这是以前从未有过的事情。为了小心起见,他们当场实时在互联网上查询了云创富创始人陈贝帝这个人,不仅实有其人,而且成果不俗,并不是那种花言巧语的江湖之人,这在很大程度上加大了他们进入这个"云创富系统"的信心。

创业之初,作为云创富创始人的陈贝帝也有一个从适应到习惯的过程。过去,他更多的是与国内一流的大型企业合作,在那里回旋的余地很大,有高度的资源也很多,给人一种高大上的感觉。如今与初创公司合作,十几个人七八条枪,小打小闹,开初确实不太习惯。但当他看到他的云思想体系在这里有了对接,他的"云创富系统"在这里有了落地,他的《云创富》新作在这里有了真正的粉丝和知音,有时一场招商会下来,会有上百的美业人在排队等他签名售书时,他的感觉慢慢地变了,变得恢弘而壮观起来,最后变成了一份"小而美"、"大而远"的事业。

值得一提的是,有一次在南京招商会的签名售书活动中,场面异常火爆。有一位清秀的美女,在与他签名、合影之后,她说:"陈总,我可以拥抱一下你吗?"他愣了一下,但随即非常开心:"当然可以。不是一下,可以想多少下就多少下。"他心里明白:她拥抱的不是他,而是

他的云思想和云知识，以及他的云创富的魅力。

伊玛的"云创富系统"分为三个云层："一亿收现百万名店系统"、"大医美火星会系统"和"美业合伙人系统"。而将三层云贯穿其中的则是伊玛精心研发而成的"6S云服务系统"。这是伊玛的"化云为雨"的秘密武器。

它是一个规范化、标准化、流程化、操作化的服务体系，具体化到了技术层面的服务，细致化到了茶果层面的服务，人性化到了私密层面的服务，为伊玛创造了一个"云雨入池"的落地方式。

事实上，伊玛的"云创富系统"是一个"亏钱赚市场"的商业模式。凡是进入"云创富系统"的实体店家，均可免费获得伊玛公司提供的两部原装的苹果手机和价值2.6万元的产品，并且承诺两个月之内为店家创造全年业绩，不兑现，不收费。

经过近一年的强势运作，伊玛依托先进的"云创富系统"，强势而快速完成了全国12个省份及直辖市第一批代理商及5000个加盟实体店的开拓，甚至创造了单店业绩破千万元的奇迹。至此，"云创富系统"网络布局呈现雏形，蓄势待发，时间之短，效率之高，前景之好，令人咋舌。

从2016年开始，伊玛"云创富系统1.0版"升级为"云创富系统2.0版"，即"云创富生态圈"。它是去解决实体店家的产业链、价值链和裂变效应的问题，使之成为一个有如云水循环的生态圈，并具有上帝之手所拥有的那种永恒的推动力。

伊玛"云创富生态圈"，它是以全国实体店家为服务中心和终端目标，环绕其外的是洛德雅的"品牌中心"、半医美的"光电中心"和大医美的"整形中心"，并相互渗透，彼此呼应，首尾相连。由此可见，从一个行业问题的系统解决方案，到一个行业三大产业的解决方案，这是伊玛价值产业链的形成和升华。

其中，伊玛"光电中心"的推出，让人大出意外。从2016年3月中旬开始，伊玛人一口气成立了八个"光电中心"，其半径覆盖了全国12个省市地区，其参加招商会参会的政策，别出生面，只要店家交300

元就可获得入场资格,但是他们所获得的"免费午餐"却是一场让人目瞪口呆的盛宴。

伊玛人的分享力度是前所未有的。2015年进入伊玛"云创富系统1.0版"的每个实体店家,其分享力度是3.6万元,外加一个"两个月为店家创造全年财富的业绩体系",而2016年进入伊玛"云创富系统2.0版",也就是"云创富生态圈",其分享力度却是68万元~98万元优立塑项目免费送、200万元高端仪器入店、外加一个"30天~50天为店家创造100万~1000万的业绩体系"。业界人惊呼:伊玛人疯了!却不知,这正是伊玛"云创富生态圈"的威力所在。

半年下来,伊玛人以一个"搅局者"的身份入场,而以一个"收割者"的姿态收场之后,又燃起了更大的战火。在这场战役中,公司创始人袁斌始终是如履薄冰的。但要走出这个行业的怪圈,只有釜底抽薪,背水一战,才能在这个如火如荼的行业中占有一席之地,才能在这场战火中形成独特而有生命力的"新形态"。

他终于明白,人类的分享是来之不易的,伊玛的分享也是逆势而上的。当分享从一个"系统"进化为"生态圈",并且把业界称之为弱势群体的实体店家作为战略重点,作为终端,作为最后一道防线,那么伊玛为之倾注了全部热情和力量所形成的以"洛德雅"、"大医美"和"半医美"为核心的全产业链,就有了生命之水,就有了破浪之舟,就有了未来之势。可以说,这是伊玛值得骄傲的"神来之笔"。

伊玛所致力开拓的,也许就是这样一个商业小宇宙!

外星人讨论:伊玛人的"洛德雅"、"大医美"和"半医美"

原子人、比特人和数据人来到了位于广州天河北路的伊玛公司。这是一块风水宝地,处于广州新中轴线上,是广州东进轴与南拓轴交汇点。早在新石器时期,这里就有人类居住活动,但先人大都是从中原南迁而来,所以,自古以来,它就具有移民城市的基因。伊玛人选择这里

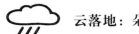

作为创业的办公地点，虽然不足 200 平方米，但寸土寸金，希望借助这个中心地带提升公司的品位，达到创业的期待，走向内心的梦想。他们三人在此作了为期一周的考察，对伊玛案例进行了认真的分析、研究和讨论。

数据人："创立于 2015 年的广州伊玛公司，是一家初创公司。但在此之前，公司创始人袁斌为此铺垫了五年之久，所以一开局便先声夺人。它虽是一个初创公司，但野心却不小，其使命是要改变和规范中国的美业市场，让其更加理性化和人性化。大家可以畅所欲言，对伊玛公司的成长和发展作一些解剖和总结。"

原子人："数据人说得不错，伊玛是个初创公司，但它是一个新生的传奇。因为，在它创业之初，不只是专注于产品，而是致力于品牌，让品牌成为伊玛的生命之泉。所以，我今天的话题，就谈谈伊玛的'洛德雅品牌'。"

比特人："洛德雅？"

原子人："对。洛德雅是台湾的一个老品牌，伊玛重金引进，但不止于此，而是加以创新，从而在这棵老树上抽出了新枝，开出了新花，结出了新果。"

比特人："这叫老而弥新。"

原子人："不错。'伊玛'在古希腊语系中，就是一条神秘的河流的意思。而'洛德雅'的寓意就更深奥了。中国有句古话叫'河出图，洛出书'，这是一种王者之象，它预示着伊玛的登场、'洛德雅'的横空而出，所迎来的不是小打小闹，而是一个王者时代。"

比特人："霸气十足。"

原子人："太对了。2015 年，是'洛德雅'在中国内地登陆的一年，'试水'的一年，也是大显身手的一年。因为，在这一年中，当它与'云创富系统'结合在一起的时候，让业界大跌眼镜的奇迹也就诞生了。它所打造的'洛德雅品牌＋大医美'双轨营运系统，它所开创的'一亿收现百万名店'系统，它所推出的'美容师合伙人'系统，它所启动的'消费股权变投资人'系统，四管齐下，让名不见经传的伊玛一下子在江湖上声名鹊起了。"

说到这里，比特人与数据人响起了掌声。

比特人："原子人说得太好了！伊玛'洛德雅品牌大系统'是公司的生命线，它的成功，事关伊玛的生存、发展和壮大。但这只是伊玛的第一层云，属于生活美容板块，是伊玛的基础板块。而伊玛的第二层云，它的前沿板块，也就是让每一个女人为之心动的、以微型整容为核心的'医疗美容系统'。所以，我今天的话题，就来谈谈伊玛的'大医美'。"

原子人："大医美？"

比特人："对。在这个时代，传统的生活美容已不能适应女性日趋强烈的爱美之心，取而代之的是具有尖端科技含量的医疗美容，走进了女人千姿百态的生活中。当先进的医学技术与高端的医学仪器以及完美的医疗产品以三维的方式结合在一起时，它就为这种更为人性的、女人所追求的后天之美提供了重塑的机会。"

原子人："就像'韩流美女'吗？"

比特人："不错。大医美不仅是传统生活美容的升级，同时也是时代发展的一种必然趋势。爱美之心人皆有之，尤其女人，有过之而无不及。所以，无论西方还是东方，无论发达国家还是发展中国家，无论什么种族和肤色的女人，大医美所显示的诱惑力是无法阻挡的。"

原子人："也是不应该阻挡的。"

比特人："太对了。伊玛把国际上最好的微整医生请过来，甚至是明星御用签约医生请过来，把台湾、香港、韩国的微整咨询师、设计师团队请过来，在全国各地巡回出场，传播女人的美丽，塑造女人的美丽，让中国女人足不出户就可享受到世界上最好的医疗整形服务，而且微整的性价比在其他地方也是无法比拟的。"

原子人："这就是伊玛的'移动大医美'吗？"

比特人："是的。它每到一处，都能掀起一番波浪，引起一场轰动。如'遇见最美丽的自己'、'佛缘之旅·名媛之约'、'重返20岁——我的美丽我做主'、'梦回上海滩——明星会'、'海天盛宴高端会'等，不

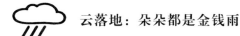

仅给女人带来梦想，还给女人带来尖叫。"

原子人："太煽情了。"

比特人："这不是煽情，而是伊玛人的使命。要知道，在这个妙曼唯美的时代，预约最美丽的自己，遇见最美丽的自己，塑造最美丽的自己，定格最美丽的自己，这是伊玛人追求的终极梦想，也是伊玛人毕生所致力的事情！"

原子人与数据人报以热烈的掌声。

数据人："你们说得太精彩了。原子人说了品牌，说了'洛德雅'，比特人说了微整，说了前沿的'大医美'，一个说传统，一个说趋势，说明伊玛既有传统的承载力，又有时代的超前力。正是这两者，让伊玛人有了承前启后的非凡能力。但我今天的话题，主要谈谈伊玛的创新力，那就是伊玛的'半医美'。"

原子人："半医美？"

数据人："对。半医美是介于传统的生活美容与前沿的医疗美容之间的项目。它组合了全球最先进的医疗仪器，如以色列非侵入式优立塑、欧洲之星私密激光等，形成价值 200 万元的医疗仪器系统进入实体店家，而且 68 万～98 万元优立塑免费送，协助店家在 50 天之内创造 100 万～1000 万元的财富奇迹。这样，公司就成立了一个新的事业部来做这件事。"

比特人："就是伊玛的'光电中心'吗？"

数据人："对。这个项目一经推出，不仅在业界创造了一个财富神话，而且又成了'云创富系统'的又一撼山之作，让业内人士对伊玛人刮目相看。"

比特人："这太刺激了。"

数据人："不过，任何一个伟大思想的产生，都不是随手拈来的，而是要经过艰难的酝酿，痛苦的煎熬，临盆的阵痛，最后才能横空出世。"

原子人："此话怎讲？"

数据人："这里有个突然而至且令人气愤的故事。按伊玛的战略规划，2015 年是伊玛圈地的一年，而 2016 年则是伊玛云化的一年，并拟定了云化方案。但就在这一年年底，公司的一个副总突然不辞而别，投奔到了一个竞争对手公司。这意味着公司费尽心机的商业计划被泄密了。伊玛创始人袁斌为此痛苦了好长一段时间，因为他被他最信任的人出卖了。他在痛定思痛之后，决定不诉诸法律，而是采取变招的方式来解决这个危机。"

原子人："这叫胸怀，也叫肚量。"

数据人："太对了。在 2015 年除夕前几天，在云创富创始人陈贝帝安排下，公司高层来到了位于武夷山余脉的蟠龙山上，住山主持本耆大师在此接见了他们，并亲手为他们做一顿素餐。他们在此与大师作了深刻而真诚的对话和讨论，终于在这个半凡半仙的莲花盆地获得了灵感。"

原子人："什么灵感？"

数据人："就是公司变招的灵感。下山之后，他们在一家咖啡馆开了一个会议，并作出了具有历史意义的决定。公司创始人袁斌认为，现在做企业，如果不能协助下游店家从根本上解决它的出货和发展问题，那么所有的合作，今天的成功，就是明天的没落。所以，他们决定，把传统的生活美容与前沿的大医美结合起来，发展半医美产业，解决店家处于行业下游的终端问题，为店家守住最后一道防线，这将是公司的整个未来和全部！"

比特人："这就是'光电中心'的前世今生。"

数据人："正是如此。伊玛'光电中心'的诞生，它的意义是重大而深远的。因为它使伊玛的'云创富系统'从'1.0 版'升级为'2.0 版'，从'产品系统'升级为'产业生态圈'。如果说'云创富系统 1.0 版'是从系统上为店家提供一个先进的解决方案，那么'云创富系统 2.0 版'则是从产业上为店家提供一个前沿的解决方案，让公司的'洛德雅'、'大医美'和'半医美'形成一个新的'产业链'，一个产业的'生态圈'，解决店家的产业链、价值链和业务裂变的问题，并三体合一，使之成为伊玛的一个商业小宇宙。"

至此，原子人与比特人又是击掌而呼，久久不息。

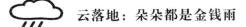

◎云版案例 27：伊玛的"微信云"

伊玛人是这个微信时代的受益者，利用连接"人与企业"的企业号，在公司实现了员工、上下游合作伙伴之间的连接，建立了决策、生产、营销、协作、汇报的云平台，不仅实现了公司的即时管理，而且大大提升了公司的办公效率。更重要的是，它与订阅号、服务号一起，成为了伊玛的"三驾马车"，将公司带入了一个全新而灵活的移动办公化时代。

这就是伊玛的"微信云"，一朵美丽、自由而轻盈的云。

在 PC 时代，传统的 OA 和 CRM，由于操作复杂、老板不喜欢，而且使用不方便，让中小企业与云接轨成为了一句空话。然而，微信企业号的出现，令人意外地终结这些历史。

由于伊玛工作界面是全国性的，它的最大特点就是分散性和流动性，如何在公司建立一个包含组织架构、销售营运、会议管理、工作汇报、报销审批等平台，而且是一个免费、安全、稳定且覆盖全地域的平台，伊玛通过反复实践，终于认识到：让"微信云"重新定义伊玛人的工作方式和管理方式。

第一，公司建立微信企业号，让公司的生产、营销、汇报、协作、审批等管理云化起来，真正与云接轨。如在移动协同上，可不限区域，从公司高层到员工，可以随时随地处理工作，其中包括外勤签到、任务分派、人事管理、财务审批等，都是在微信企业号上完成，极大地提升了公司的工作效率。

例如，在销售管理上，通过企业号，可随时随地掌握了解员工和客户的动态，在客户、代理商、店家、联系人、拜访记录、成交状态等管理上，均可做到有数可查、有据可依和有效掌控。此外，在工作汇报上，让员工在公司工作圈汇报，有当日工作业绩汇报和明天工作计划，也有月工作汇报，找出不足和发扬优点。这些汇报，不仅图文并茂，而且生动活泼，记录着公司员工的工作轨迹。

第二，在微信群里上课、培训和落地，大幅降低公司的运营成本。在伊玛公司内部，原来有很多微信群，包括每个事业部也有微信群，为了便于管理，公司决定将所有的微信群合并为三个群："公司高管群"、"公司家园群"和"公司合作群"，让公司工作群进入了一个有序而良好的管理状态。

在 2016 年 3 月推出的"优立塑 68 万～98 万免费送项目"，就是伊玛在上课、培训和落地上的一个成功案例。公司创始人袁斌在合作群里作了题为"全国百亿优立塑免费送项目"的演讲，宣布在全国成立八个"光电中心"，传授如何 30～50 天完成 100 万～1000 万业绩的奥秘，并承诺"给我 30 天、还你 300 万！给我 50 天、还你一个高端医美项目普及 80％的客户群"。

他在公司合作群中宣布了这个"半医美"项目的宏伟规划和落地策略。在他讲授了美业危机现状及其对策、如何突围保住美容店最后一道防线之后，重点传授了伊玛 200 万高端仪器入店，68 万～98 万优立塑免费送，赠送一个 100 万～1000 万的业绩体系，帮助店家打造高端仪器 80％普及、65％医美普及的样板工程店，并在 30 天～50 天之内创造 100 万～1000 万财富奇迹，从而在业界丢下了一枚重磅炸弹，让人惊呼起来：伊玛人疯了！

第三，让红包成为伊玛公司一种新型而令人尖叫的管理方式。这个公司合作群，是由伊玛公司创始人袁斌建立的。他平常是一个沉默寡言的人，但一旦走上讲台，似乎就变成了一个激情四射的人，让所有人在他的语境之中逐浪翻飞，不能自已。这是他第一次当群主，但出人意料的是，他的红包管理艺术，似乎比他的口才，还要胜出一筹，令人叫绝。

首先，他在微信讲课中开宗明义，说他是"第一次做群主，给大家发个红包，多多支持他的工作"；接着，在他讲课之后，又给大家发了一个红包：为了推动"优立塑 68 万～98 万免费送项目"，鼓励大家去建群，吸引更多的客户；再者，当各地"光电到家"招商会现场火爆，店家疯狂，签单率高达 100％时，袁斌又发了一个大红包："百万、千

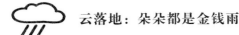

万业绩者领取红包"；当伊玛"光电移动平台"价值 200 万医疗设备仪器系统植入店家打造"打造百万、千万名店"样板店之际，袁斌又抛出了一个大红包："百亿赠送、千亿格局领取红包"。

至此，伊玛首创医疗设备移动平台，在全国首建八个"光电中心"，以"优立塑 68 万～98 万免费送"、"外赠 100 万～1000 万的业绩体系"的方式，让伊玛独创的"光电到家"模式在中国美业掀起了一场半医美的财富风暴，令业界刮目相看。

而这一切，都是在伊玛的"微信云"中巧妙完成的。

外星人讨论：伊玛人的"外化大脑"、"灵魂场所"和"腾飞翅膀"

原子人、比特人和数据人在考察了伊玛公司的"云创富系统"之后，发现这个年轻公司的"微信云"特别活跃和有效率，一场近乎野蛮而完美的"光电到家"风暴，让业界对他们刮目相看，不敢小觑。于是，他们临时决定，对伊玛的三个"微信群"作了为期一周的考察，并进行了认真而深入的分析、研究和讨论。

数据人："公司的微信群是'互联网＋'时代的产物，从某种意义上说，它颠覆和取代了传统的企业管理方式。伊玛公司的'微信云'，就是建立在这三个'微信群'的基础之上的，即'高管群'、'家园群'和'合作群'，其目的就是要在管理者之间、员工之间及管理者与员工之间形成快速的互动，让公司信息上下贯通，一目了然，没有盲点，没有灰色，一切都在透明之中。这三个'微信群'，就是伊玛的'三朵云'，让公司的管理显得轻盈而更有效率。"

原子人："数据人说得太好了！现代企业最核心的东西，就是管理扁平化、决策快捷化、权力透明化，而微信的出现，刚好为这种管理方式找到了新的通路。所以，我今天的话题，说说伊玛的'高管群'，它是公司的'外化大脑'。"

比特人："'外化大脑'？"

原子人："对。一切技术都是人的延伸，如车船延伸了双腿，弓箭延伸了双手，电话延伸了耳朵，屏幕延伸了眼睛，而互联网则延伸了大脑。"

比特人："大脑的外化。"

原子人："不错。但当人类把一切都延伸出去了之后，发现它们彼此并没有联系在一起，于是，就希望有更多的连接。"

比特人："这时，微信出现了。"

原子人："太对了。微信最大的贡献，就是把人与社会连接起来了，把人与企业连接起来了。对于公司来说，它把员工与企业连接起了，与管理连接起来了，与高效连接起来了。所以，伊玛的'高管群'便成了公司的'外化大脑'，让一切变得简捷、明了、有效起来。"

比特人："你能说具体一点吗？"

原子人："可以。对于伊玛来说，它最重要的是重新定义了公司的工作方式。"

比特人："此话怎讲？"

原子人："首先，由于在微信群里不受时空的限制，不受场地的制约，当一件事情发生了，需要马上处理，它可有效地减少决策的时间与空间成本，减轻中小企业的运行压力。"

比特人："这是虚拟管理的优势。"

原子人："其次，它可以减少'漏斗效应'。在一个公司，当老总指令下达过程之后，从高层到中层再到员工，其信息衰减度达到一半以上。这是一个沟通的灾难。而信息群的出现，可将这种'沟通漏斗'化简到最小的程度。"

比特人："甚至为零。"

原子人："再者，就是它有一个实时奖惩场景。它不仅可以实时公布决议，实时召开会议，实时财务审批，还可以实时人事奖惩。比如在伊玛公司，创始人袁斌对在实施过程中不到位的人或事，即时提出批评和警告，而对一些做得好的人或事，则实时奖励，发送红包。这种实时奖惩，这种虚拟场景，刀刀见血，包包见情，立竿见影，似乎更能激励人心。"

说到这里，比特人与数据人报以热烈的掌声。

比特人："原子人说得太棒了！从人类躯体的延伸，到大脑的延伸，到微信的连接，到高效的管理，真是妙不可言。我今天的话题，主要是伊玛的'家园群'。如果说伊玛的'高管群'是公司的'外化大脑'，那么它的'家园群'就是公司的'灵魂场所'了。"

原子人："'灵魂场所'？"

比特人："对。对于中小企业来说，微信群已经成为了它的协同工具，如决策、生产、管理、协作、运营，包括工作汇报、签到、报销、请假、客户拜访等，将员工与企业全天候地联系在一起。伊玛公司也不例外。但伊玛的不同之处在于它不仅仅把微信群作为一个工作场所，而且把它变为一个文化新村，一个精神乐园，一个灵魂场所。"

原子人："那它是怎么做到的呢？"

比特人："首先，建立一个来自五湖四海的大家庭。在伊玛有一个很特殊的现象，无论在现实场合，还是在虚拟群里，无论是请示工作，还是求得协助，不是叫职务和名字，而是以'家人'相称，久而久之，大大地提升了公司成员的亲密无间的感觉。"

原子人："很有家的感觉。"

比特人："其次，拉近生活和工作的距离。由于员工工作分布在全国各地，只能在年中或年底才能够聚集在一起，所以，哪个员工生日，一定会有很多员工在群里祝福；哪个员工工作业绩有了好的表现，一定会收到许多员工祝贺的表情和话语；当哪个员工工作碰到了困难，遇到了挫折，也有很多员工送来很多'心灵鸡汤'和'励志语录'。所有这些，让员工与企业实现了'零距离'，'遥在一起'了。"

原子人："'遥在一起'，真是太妙了！"

比特人："再者，就是制造员工的归属感。关键的，是要让员工明白，这群人走到一起究竟为什么。它不是乌合之众，而是一群有价值观的人。当初，他们是为了钱走在一起的，是一个利益共生体，随后，他们是为了一个梦想走下去的，它又是一个事业共生体。所以，这一群人是有使命感的人，可以做一场大事业的人，这是伊玛人最大的归属感。"

说到这里，原子人与数据人又响起了长久的掌声。

数据人："你们说得太精彩了！无论是原子人的'外化大脑'，还是比特人的'灵魂场所',都说明了一个道理,那就是任何企业,在当今形势下,如果要走得好、走得远,就必须与时俱进,与文化同行,与分享同在,与云端同步。所以,我今天的话题,就是伊玛的'合作群',它是公司的'腾飞翅膀'。"

原子人:"'腾飞翅膀'?"

数据人:"对。伊玛这两年的发展,有如行业的一匹黑马,在业界划过一道闪电,撕开了一道裂口,让同行刮目相看。关键在于,伊玛有两大变招,这也是同行看不懂的。"

原子人:"哪两大变招?"

数据人:"第一大变招,伊玛改变了传统的招商方式,达到了事半功倍,甚至事半功至 N 倍的效果。第一年,当大家用单纯的产品招商时,伊玛就用了'产品+文化+系统'的招商模式,以《云创富》为招商秘器,以'云创富系统'为招商法宝,在业界创造了轰动一时的营销传奇。"

比特人:"这很有创意!"

数据人:"到了第二年,当伊玛人以'亏钱赚市场'的模式完成了跑马圈地之后,从 2016 年开始,又开始变招了,他们与时俱进,大胆地改用了'公司合作群'的招商模式。"

比特人:"这是第二大变招吗?"

数据人:"太对了。因为传统的招商会成本太高了,一场招商会下来,入不敷出,捉襟见肘,只好打掉了牙往肚里吞。现在,改用'公司合作群'招商模式,就与以前大相径庭了。"

比特人:"有何不同?"

数据人:"用这种招商方式,它不仅可以大大降低公司产品发布会的成本,而且还可以'以群建群',裂变出更多的群,更多的合作者。在这个过程中,它最大的投入,就是红包的投放。也就是说,只要在产品发布会上,在群主讲课的过程中,在讲课的关键点上,不断地投放红包,不停地下起'红包雨',就可以在招商会掀起一浪胜过一浪的高潮,达到最佳的效果。"

比特人:"这正是虚拟招商的威力。"

数据人："正是如此。这两大变招，就是伊玛一对腾飞的翅膀，让伊玛公司进入了发展快车道。对于伊玛来说，在创业之初，就是一片开阔的荒草地，伊玛用跑马的方式，在那里圈了一块地，修好了道路，引进了水电，建了一间毛坯房，盖了一栋办公楼，建了一些山水景观。在此之后，又邀约了一些人，一些业界的精英，在那里盖起了一些别墅群，插上了很多旗帜，这样，人气就上来了，知名度起来了，前景也开阔起来了。"

至此，原子人和比特人击掌而呼，欢欣雀跃。

◎云版案例 28：伊玛的"云文化"

伊玛的"云文化"，是一种年轻而独特的文化现象。它就是公司一种全新而前沿的"思维模式"，即基于互联网时代云分享基础上的思维方式，那就是把物理世界和传统行业存在的问题，从单纯的物质载体上转移到物质的组织形式上，以最好的组织形式、最小的物质代价、最低的能源消耗，去获得公司最大的财富效应。

从历史根源上说，"云文化"是基于云计算新技术上所产生的文化。云计算本身并不是计算，也不是单纯的技术，而是一种方法论。它的贡献是寻找一种方法，让有限的资源，通过一种组织形式，产生无限的应用，获得最大的经济回报。

人类刚出现的时候，是没有文化的。后来，创造了文化，其过程也是漫长而痛苦的。最初，人类是按原始本能去生活，后来发明了符号，找到了逻辑图像，学会了存储方式，才有了文化。当计算机、互联网、云计算等新技术出现了以后，才又有了云文化。

云文化的出现，最关键的是通过新的技术手段建立了虚拟和现实结合的世界，人们的一些行为活动摆脱了空间的约束，由此而形成的文化也摆脱了空间的约束，让每一个人变得具有巨大的创新能力。

所以，伊玛的"云文化"，也不是凭空产生，它是与云创富创始人陈贝帝所著的《云创富》碰撞之后所产生和形成的。《云创富》的核心思想就是一种分享文化。分享文化就是一种云文化。它的灵魂，就是你云了我，我也雨了你。你只有为别人创造价值，最后才能获得自己的价值。分享愈众，收获愈多。谁敢于分享，世界就是谁的。这就是这个时代不同于"丛林法则"时代的分享至上的"云法则"。

伊玛独创的"云创富系统"，就是这样一种以分享为核心的商业模式。它不是头痛医头，脚痛医脚，而是从系统上去解决问题，即从思想、方法、产品、模式、服务和收现上去解决一系列的问题，并让实体店家从中获益。

实体店家进入这个新的商业系统，不是忽悠而来的，而是以分享的方式进来的。凡是进入云创富系统的商家，均可从伊玛公司免费获得价值3.6万元的物品和产品。当然，光是这样的免费午餐，还不足以让人怦然心动。伊玛的杀手锏，是向店家承诺：两个月为他们创造全年的财富业绩。

接下来，是如何为进入系统的实体店家解决兑现的问题。伊玛精心研发的"6S服务系统"，可以说，它是伊玛"云落地"成功的宝典和秘籍。它的服务，从培训到实施，不是传统意义上的蜻蜓点水，或模棱两可，而是一切走规范，走流程，走程序，甚至连话术，也有专门的培训。

这种服务，它不是喊口号，不是忽悠，不是打鸡血，而是用心在做，用先进的商业模式去做，所以，它是成功的。伊玛仅用了一年时间，就在业界撕开了一道口，迅速在全国12个省份站稳了脚跟，立下了口碑，树立了品牌形象，让伊玛在江湖上有了名声和传说。其实，伊玛"云创富系统"是一个"亏钱赚市场"的模式，它的战略目的，就是为伊玛"洛德雅"品牌建设赢得时间、人气和规模。

这一年，伊玛虽然没有赚到多少钱，也没有多少分红，但它是一个大赢家。因为，除了金钱之外，它赚到了一个能打硬仗的团队，一个有口皆碑的品牌，一个经过实践检验了的商业模式。更重要的是，它为伊玛人找到了自信和前进的方向。

但到了第二年，也就是2016年，当伊玛人"云创富系统1.0版"升级到"云创富系统2.0版"，也就是"云创富生态圈"时，当伊玛人的分

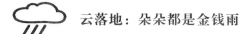
享力度从 3.6 万元加大到 68 万～98 万元时，并且承诺的力度也从过去"两个月为店家创造全年财富业绩"升级到"30 天～50 天为店家创造100 万～1000 万财富传奇"时，伊玛人所追求的最高目标，已不是赚钱了，而是希望打造一种让所有女人都渴望得到美丽的"云端世界"。

伊玛的分享文化在公司无处不在。最有说服力的例子，就是公司的合作方式，不仅是向轻资产方向转化，而且让对方得大头。在这短短的两年中，伊玛公司合作成立了两个子公司，一个是以"大医美"为核心的香港医疗整形公司，另一个是以"半医美"为核心的光电产业公司，就是以这种方式让它们快速成长和壮大，成了伊玛公司的两匹小黑马。

这是伊玛"云文化"的诉求，也是伊玛"云文化"的体现。它最大的可贵之处，就是改变传统思维的行走路径，以云的思维方式和行为方式去思考问题，且跳出传统的物理空间去处理问题，以分享和系统的观点、视野去解决问题，从而所获得的是一个整体和全局效应。

从财富的本质上说，它是人们对信息的占有量及所处产业位置的优劣，当占有量大且处于上游时，所获得的财富就多而快，反之则少而慢。为此，当伊玛人考虑问题的焦点，从财富的本身转移到了财富的组织形式，并以最大的分享、最小的耗损解决行业问题时，它就从中获得了最大的财富效应。

所以，伊玛的财富理论，不是单纯赚钱，而是一个哲学问题。

外星人讨论：伊玛人的"云分享"、"云组织"和"云连接"

原子人、比特人与数据人在广州天河考察了伊玛的"微信云"之后，得出了一个结论：它是伊玛快速成长和壮大的一个"云端引擎"，让公司走上了发展的快车道。之后，他们又发现了伊玛的"云文化"特别引人注目，于是他们又做了一个决定，对伊玛的"云文化"现象作了为期一周的考察，进行了深入细致的调查、分析、研究和讨论，才返回了宇宙飞船。

数据人："在互联网时代，人们比以往任何时候更多地希望能够参与其中，并贡献自己的思想、观点、信息，与大家一起分享、合作和创造，这就产生一种新文化，叫'云文化'。伊玛的起步，就与云文化结缘，并将其贯穿其中，发挥至极，取得了骄人的业绩。所以，我们今天对伊玛的'云文化'现象进行考察、分析、探讨。解剖一只麻雀，这是一件非常有意义的事情。"

原子人："数据人说得太好了！在互联网时代，云就是这个时代的水、煤、电，就是这个时代的公共基础设施，就是这个时代的文化本质。所以，我今天的话题，就来谈谈伊玛的'云分享'。"

比特人："云分享？"

原子人："对。人类创造文化的过程是漫长而痛苦的。从单纯用大脑搜索信息，到创造简单的形象符号，到形成系统的逻辑图像，才有了文化的产生，这之间，经历了数亿年的光阴。"

比特人："不错。文化就是人化。"

原子人："从历史进程看，石器时代造就了石器文明，青铜时代造就了青铜文明，铁器时代造就了农业文明，机器时代造就了工业文明，而互联网时代造就了一个新的文明，那就是'云文明'。"

比特人："云文明？"

原子人："对。从表面上看，'云'是互联网时代的一个理性工具，但从本质上看，它是这个时代的一种思维方式，当它将所有传统文化整合在一起时，它就成了人类历史上的一个'新文明'。"

比特人："叫'云文明'吗？"

原子人："太对了。'云'的出现是对现实的反思，是对占有的反击，是对金字塔的推倒。用一句话来说，就是对共享经济的最大化。它的终极目的，就是要建立一个内耗最小、功效最优、分享最大的新乌托邦。"

比特人："一个新的虚拟世界。"

原子人："不错。伊玛的'云分享'就是基于这样一个理念建立起来的。它经历了从《云创富》到'云创富系统1.0版'到'云创富系统2.0版'，也就是'云创富生态图'的发展过程，其分享力度也从开初的几万元到后来的近百万元。当然，它不只是物质层面的财富分享，还有非物质层面的精神、知识和快乐的分享。在这样一个发展历程中，伊玛形成了它特有的'云分享文化'。"

229

说到这里，比特人与数据人报以热烈的掌声。

比特人："原子人说得太有水平了！从人类文化符号的形成，到互联网时代'云文明'的诞生，才有了'云分享'的大行其道，方兴未艾。所以，我今天的话题，就谈谈伊玛的'云组织'。"

原子人："云组织？"

比特人："对。云组织不是设计出来的，是时代和市场倒逼出来的。互联网时代，是一个'产业互联'的时代，如果一个企业的组织架构和商业模式，还在走工业时代的路子，那肯定是难以生存下去。"

原子人："这是恐龙行为。"

比特人："太对了。在互联网时代，用户所讲究的，不是千人一面，而是无限多元、个性极致和快速迭代。在这种形势下，只有用云的组织，走向个性定制，才能真正逮住市场那个'长尾巴'。"

原子人："这叫'小而美'。"

比特人："不错。伊玛的'云组织'，就体现了这个趋势。第一，它讲究的是用户主义，一切以用户为重中心。过去是'先生产后用户'，现在反过来了，'先用户后生产'，下工夫的除了用户，还是用户，而不是'消费者'和'客户'。公司'光电到家'组合产品，就是在这种背景下创新出来的。"

原子人："为什么？"

比特人："因为，对于企业来说，'消费者'和'客户'只是'路人'，而'用户'则是'情人'。需要用心血和情感去灌溉。"

原子人："太妙了！"

比特人："第二，公司平台化，而且尽量让它扁平化，打掉多头指挥系统，减少它的边界存在，走向无边界。公司老总要做的，就是去激活这个平台。伊玛的两个子公司，就是在这种背景下产生的。"

原子人："让它产生'跨边效应'。"

比特人："正是如此。第三，就是员工'创客化'，对员工所强调的，不仅是'在册'，更重要提'在线'，在'云端'，从而实现公司外部无边界的开放生态系统。伊玛公司'在线'的员工是'在册'的员工十倍以上。"

原子人与数据人响起了长时间的掌声。

数据人："你们说得太精彩了！无论是原子人的'云分享'，还是比特人的'云组织'，都说明了伊玛是一个能够驾驭趋势的企业。所以，我今天的话题，就说说伊玛的'云连接'。"

原子人："'云连接'？"

数据人："对。在工业时代，创造财富的规则是提高生产力，而互联网时代，创造财富的规则在于连接，并且是快速地建立连接，提高连接的能力。所以说，互联网时代是一个'连接大于拥有'的时代。"

原子人："'连接一切'，就是它的主旋律。"

数据人："太对了。这个变化太快了。在此之前，处于互联网 1.0 时代，叫做'消费互联网'，但在 2015 年之后，进入互联网 2.0 时代，成了'产业互联网'，所以，在这个时代，不是基于消费去做企业，而是基于产业去做企业。"

比特人："那么移动互联网呢？"

数据人："问得好。当互联网向移动互联网进化时，过去的流量、中介与 web 开始失效，随之而产生的是场景、App 和去中心化，因而进入了一个'连接'为王的时代。"

比特人："这是新的财富生产方式。"

数据人："正是如此。互联网本质是连接，不仅是多元的连接，而且是直接的连接，还有平等的连接。这种奇妙无比的连接，不仅重新塑造了社群商业，而且也重新定义了人与一切的关系。一句话，让云定义你的企业，让连接定义你的企业。"

原子人："此话怎讲？"

数据人："伊玛成功的意义在于：伊玛'云创富系统 1.0 版'连接了美业行业的实体店家，为他们提供了从思想到产品到模式到服务到落地到收现的系统解决方案，而伊玛'云创富系统 2.0 版'则为实体店家提供了从传统的'生美'到现代'大医美'到处于这两者之间的'半医美'的产业解决方案。所以，伊玛的成功，不是偶然的，而是在重塑了公司组织、产品、用户、生态链等一切关联之后才取得的。"

至此，原子人与比特人击掌而呼，大声叫好。

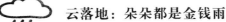

后　记

陈贝帝

写这本书，很兴奋，完全是在跑动、跳跃中完成的。

写此书的初衷，是为了帮助中小企业进行云转型，使之具有更高、更新的运行效率。但从我个人来说，我从此已不再是一个单纯的坐而论道的人，而是一个参与其中的行而布道的人，并且身在其中，苦在其中，乐在其中。当我在且行且思、且歌且悟、且惊且悦中来完成此事时，我的感觉是极其美好而隽永的。

按我的写作计划，是在完成《云创富》、《云落地》、《云道德》和《云游乐》这个云思想体系之后，身体力行地去创办一个实体企业，让这个"云创富方法论"，从云端落到地上，从空想落到行动上。但没想到的是，这一天提前来到了。

《云创富》上市之后，迎来了几个利好空间：一是应邀到北京的大学做客座教授，把《云创富》开成一门课程，常年讲授；二是到一家大型公司继续做特邀文化顾问；三是与一家即将上市的公司进行文化合作，但他们的条件是，除了正常的公司签约之外，他们还要与我本人签约，这是一个三方签约，有买断的含义。

对此，我至今心存感激。但我天生崇尚自由自在，不受约束，致力于文化，放情于山水，追逐于云端，崇尚于灵魂，希望把企业文化做到一个极高的境界。这正是我的文化创造力的源泉所在，也是我在这个机遇面前举棋不定的原因所在。

然而，一次偶然的约见，让两个平行的宇宙有了交点。

与伊玛的合作，带有很大的偶然性和戏剧性。原定一个小时的约见，结果谈了一个通宵，第二天大年初一，又上了蟠龙山，见了本着大师，他放了三挂万鞭，迎来了新年伊始的第一个开山红。伴随着漫山缭绕的雾气，呼吸着扑鼻而来的硝烟，凝望着满地红地毯似的爆花，我感觉这是一个极好的兆头。

有时候，偶然也是必然。这次见面，不仅碰撞出了火花，而且有了一个精彩的故事：从《云创富》到"云创富系统"，从"云创富系统1.0版"到"云创富系统2.0版"，从"解决行业的系统问题"到"解决行业的产业问题"，从"开初分享几万元"到"后来分享近百万元"，从"起步简单的传统美业"到"走向云端的前沿美业"，不仅让伊玛在业界成了一匹突如其来的黑马，而且也让伊玛及其事业伙伴也步入了一重梦幻之门。

当然，这是光鲜的一面。但更多的是别人看不到的、极其艰辛的一面。如果我不身在其中，我也感受不到这艰辛的程度是如何的惊心动魄。伊玛作为一个初创企业，一个草根企业，处于美业食物链的最末端，这决定了它的谋生是极其艰难的。如果要生存得好一些，必须杀出一条血路，才能在末端食物链上获得一定的话语权。

但伊玛的可贵之处大于，不是单纯活命，而是在活下来的同时，还有文化层面的追求，精神层面的追求，道德层面的追求。正是这一点，让伊玛有了先声夺人的东西，也有了后续之力的东西。企业是一个外壳，金钱是一个工具，当它有了灵魂追求的时候，它的爆发力是长远而持久的。

袁斌是一个性格坚毅且城府很深的人。他平时一般很少给我来电话，也很少打扰我。如果他主动给我打电话，那一定有什么大事情。在我的记忆中，在去年的一年中，他只给我打了两次电话，而这两次电话都伴随着公司的两次危机。

第一次危机是，由于公司用人不当，把去年上半年所取得的成果亏损殆尽，他感到非常痛心，也非常内疚。但我对这个事有个基本判断，总体是成功的，所以实事求是地安慰了他。我说："你也别太纠结了，

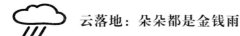

想想办法补救一下就可以了。去年一年，从整体上来讲，我们是成功的，也是值得肯定的。虽然说没有赚到多少钱，但我们赚到了一个有了传说的公司，一个能打硬仗的团队，一个行之有效的'云创富系统'，更重要的是，我们找到了极其可贵的自信和公司的发展方向，这就是子弹，就是战斗力，到明年可以打一场更大的仗。"

在2015年剩下不到两个月的时间里，他果断启动了一个"佛缘之旅"计划，在伊玛布局的全国12个省市巡回出场，效果极佳，才补上了这个漏洞。不仅如此，还让公司从中获得了极其可贵的启示。这些活动，我也参与其中，感受极深，回味极长，觉悟极大。

在我的介入下，北京广化寺的妙文大师出面，组建了一个"五人高僧大德团"，在全国12个省市巡回出场，对在2015年为伊玛作出重大贡献的优质客户进行回馈，为他们举行专场"新年祈福大会"，祝他们在新的一年里"消灾、净心、祈福和转运"，在事业上取得更大、更好、更美的成功。

在这个过程中，有几件事对我触动很大。在"新年祈福大会"巡回出场中，有很多老总把他们在农村的老父老母请过来，让他们享受这种难得的佛光普照。他们一辈子没见过高僧大德，现在突然见到了高僧，那种虔诚和喜悦是发自内心的。在南京栖霞寺，妙文大师招呼我去见一位大师，结果，他把这一路辛苦的劳酬全捐给了这个寺庙的佛学院，似乎还垫了一个整数。在物质至上的时代，我似乎看到了一尊真菩萨，在那里度化人性。

这个"佛缘之旅"，完全是伊玛一次回馈之旅，但却成了一个匪夷所思的"营销事件"。因为事情过后，伊玛发现这两个月的订单大增。在这个时代，人们过度物质化，造成了灵魂的空壳化。伊玛的佛缘之旅，以非常纯粹的精神灌溉，正好弥补了人们这方面的缺失，解决了这方面的饥渴。我想，这就是企业文化的魅力所在，也是企业文化的境界所在。

回到北京后，我又去了一次广化寺。但这一次，我是为了思考一个问题而徘徊在什刹海的湖畔。过去，什刹海古刹如林，但现在，经过近千年的洗礼，为何独存广化寺？经过与妙文大师的接触、交流和讨论，我终于明白了，广化寺之所以历尽千年沧桑而不倒，关键是它做到了九个字，即"上立德，中立功，下立言"。

于是，我把这个难得的启示移植到了伊玛公司，希望它成为公司生存、发展、壮大和永续的根本之道。创办一个百年老店也好，建造一座千年老庙也好，其实它们的永续之道，只有一个，那就是必须在立德、立功、立言上下工夫，否则它们是很难走得很远的。

值得欣慰的是，伊玛虽是一个创业公司，但在它起步之初，就有了这种立德、立功、立言的价值观和思维方式，从而为公司展现了一个很好的前景。可以说，从伊玛诞生的第一天起，似乎就埋下了做一个长久公司的大象基因。

第二个电话，也是一个危机。这一次，是公司高薪聘来的一位副总不辞而别了。更令人不可思议的是，他带着公司明年的商业计划投奔到了竞争对手的公司里。这相当于打了伊玛公司一记闷棍，把伊玛公司逼到了角落里。

这样，就有了第二次上蟠龙山。伊玛又从那里获得了灵感。公司决定，不将那位"叛变"的副总诉诸法律，而是采取变招的方式来解决公司面临的困境。这样，伊玛就诞生了"半医美"产业，就形成了"洛德雅＋大医美＋半医美"全产业链，就有了"把过去分享几万元提升到近百万元"的英雄气概，就有了"今年营收力争突破一个亿"的梦幻壮举。

由此，伊玛的两次危机变成了两次机遇，并且小的危机变成了小的机遇，大的危机变成了大的机遇。所以，它给了伊玛人一个极好的启示，那就是危机不可怕，因为危机之中往往就是机遇。更关键的是，它强化了伊玛人的危机意识，让伊玛人变得更有抵御风险的智慧、勇气和能力。

在这两年里，我有一个"苦旅计划"：在伊玛每开完一场招商会，我都要去登上一座大山，并且两年之内独自一人，徒步登上三山五岳。如今，在三山五岳之中，只有北岳恒山还没去登，其余的都登上了，而

且华山和泰山都是晚上一个人爬上去的。

夜登华山，三分之二的山，我是靠体力爬上去的，三分之一的山，则是靠我的意志、毅力、信念爬上去的。在登上了东峰，看了日出之后，我才真正明白，在这个世界上，每个人都是一个过客，但做一个有过顶点的过客，其感受和意义是不同的。因为，它使一个人的生命得到了升华和延伸，甚至走向永恒。人走到最后，所能回放和展示的，并且产生最后愉悦的东西，只有深刻而被震撼了的记忆，而这些生命的顶点，就是灵魂和永恒存在的最高形式。

在夜登泰山时，我在山脚下想，为什么泰山奇不过恒山，险不过华山，秀不过衡山，峻不过嵩山，而它为什么可以位居五岳之尊？但到了泰山之顶，这一切就明白了。因为，在这个穹顶之下，恒山是走着的，华山是立着的，嵩山是躺着的，衡山是飞着的，而唯独泰山是坐着的。它是一个盘腿打坐的思想者。

历史上，前后有过 72 位皇帝登上泰山，但也不及一句"孔子登泰山而小天下"的威力。所以，让这座山高大起来的东西，神圣起来的东西，不是它的山体，而是它的思想，它的文化，它的灵魂。

在泰山之巅等待黎明的时候，等待日出的时候，等待一轮红日划破夜空、冉冉升起的时候，我突然想起了伊玛人。伊玛的诞生，因为相信而走在了一起，因为信任而变得更有力量，因为信仰而变得更加强大，因为使命而变得更有生命力。

我想，我们伊玛人应该属于峰巅！

2016 年 6 月 9 日于北京